# 우충좌돌
## 중도의 재발견

우충좌돌 – 중도의 재발견

2011년 07월 18일 초판 1쇄 찍음
2011년 07월 22일 초판 1쇄 펴냄

지은이 | 김진석

편   집 | 김희중, 오정원
관   리 | 이영하
영   업 | 우현권

종   이 | 세종페이퍼
인   쇄 | 미르인쇄
제   본 | 은정제책

펴낸이 | 장의덕
펴낸곳 | 도서출판 개마고원
등   록 | 1989년 9월 4일 제2-877호
주   소 | 서울시 마포구 공덕1동 105-225 2층
전   화 | (02) 326-1012
팩   스 | (02) 326-0232
이메일 | webmaster@kaema.co.kr

ISBN 978-89-5769-123-6 03300
ⓒ 김진석, 2011. Printed in Seoul, Korea.

*책값은 뒤표지에 표기되어 있습니다.
*파본은 구입하신 서점에서 교환해 드립니다.

- 이 도서의 국립중앙도서관 출판시도서목록(CIP)은
  e-CIP 홈페이지(http://www.nl.go.kr/ecip)와 국가자료공동목록시스템
  (http://www.nl.go.kr/kolisnet)에서 이용하실 수 있습니다.
  (CIP 제어번호: CIP2011002940)
- 이 저서는 인하대 교내연구비의 지원을 받았음.

# 우충좌돌

## 중도의 재발견

김진석 지음

개마고원

머리말

새는 양 날개와 몸통으로 난다

**3년 전** 출간한 『기우뚱한 균형』에서 나는 '기우뚱한 균형'의 관점을 이미 전반적으로 서술했었다. 그것은 그저 기계적인 중간이나 산술적 타협은 전혀 아니며, '우충좌돌'의 움직임 속에서만 현재진행형으로 드러난다. '우충좌돌', 그것은 흔히 말하는 좌충우돌을 패러디한 말이다. '우충좌돌'은 이제까지 한국 사회를 지배했다고 여겨지는 우파적 힘의 논리에 우선적으로 부딪치지만, 거기에 그치지 않고 진보의 타성적인 혹은 다소 공허한 이념과도 부딪친다. 우파는 힘을 과시하는 뻔뻔함을 피하고 부끄러움을 알아야 하지만, 좌파도 힘과 권력 그리고 폭력의 까칠한 현존재를 무시하지 말아야 한다. '기우뚱한 균형'은 부끄러움도 알고 힘의 존재도 아는 상황에서만 잡힐 것이다.

이 책은 기본적으로 '기우뚱한 균형'과 '우충좌돌'을 연장하고 이어가는 작업이다. 그러나 차이 혹은 강조점의 변화가 있다. 『기우뚱한 균형』이 우파와 좌파 사이에서 비교적 공평하게 부딪쳤다면, 이 책은 기본적으로는 우파와 좌파에 부딪치는 '우충좌돌'의 전략을 이어가면서도 중도와 진보 사이에서 더 많이 부딪쳤다. 개인적으론 나도 흔히 말하는 '개혁·진보'에 속하기 때문에 그쪽에 세부적인 애정과 관심이 집중되었다고 말할 수도 있지만, 개인적인 이유에서만은 아니다. 보수와 진보 사이에서 우충좌돌하는 전략이 여전히 유효하다고 여기면서도, 가만히 보면 '진보'의 개념이 보수의 그것에 비해 상대적으로 더 모호하기 때문이다.

오랫동안 우파와 좌파 모두 보수와 진보의 단순한 이분법을 구축하고 그 위에서 '모여라! 모여라!' 소리를 질러댔다. 마치 보수와 진보의 양대 진영이 핵심이라는 양! 그러나 흔히 간과돼왔지만, 정치적으로 중도라고 이름할 수 있는 집단들(중도우에서 중도를 거쳐 중도좌에 이르는)이 엄연히 존재한다. 이제까지는 이 중도적인 집단들은 보수나 진보 어느 쪽에 붙어가고 묻어가는 어정쩡하고 부수적인 존재들로 치부돼왔다. 그러나 그건 아니다. 오히려 앞으로는 이 중도에 보수와 진보가 붙어가거나 묻어가는 일이 점점 더 많아질 것이다. 중도우에서 중도좌에 걸쳐 있는 사람들은 보수나 진보에 아직 속하지 못한 사람들도 아니고 그저 떠도는 부동층도 아니다. 기존 정치판은 구태의연한 기준을 강요하는 면이 크지만, 전통적인 보수와 진보의 이분법으로는 잘 잡히지 않고 포획되지 않는 사람들이 점점 증가하며, 그들의 그런 성질은 오히려 기존 정치판에 대한 도전이라 할 수 있을 것이다.

'우충좌돌'의 움직임은 이 중도적인 집단들의 존재를 드러내는 일에 국한되지는 않지만, 그 일과 겹친다. 흔히 '개혁·진보'라고 통칭하거나 심지어 줄여서 진보라고 약칭하지만 사실 그 둘 사이, 곧 '개혁'과 '진보' 사이에는 갈등과 긴장이 도사리고 있다. 우선 '개혁' 혹은 '개혁을 원하는 세력'이란 말은 모호한 점이 많다. 그런데도 우리 사회는 그 말을 오랫동안 써왔다. 흔히 '개혁·진보' 세력이라고 할 때, '개혁'

세력은 '개혁적 중도'나 '개혁적 리버럴'을 지칭할 것이다. 그런데 이 중도와 진보 사이에는 작지 않은 차이와 거리가 존재한다. 그 둘이 그저 진보로 약칭되기는 어렵고, 진보로 통합되기는 더 어렵다. 그런데도 그 둘은 '진보'로 자칭되고 총칭되며 약칭된다. '개혁과 진보'를 진보로 통칭하면, 정말 그 둘이 '진보'라는 금덩어리로 거듭날 것처럼 사람들은 기대를 한다. 말하자면, 진보의 연금술이 일어나리라는 기대가 있다. 그러나 그런 일은 유감스럽게도 일어나지 않는다. 그 둘 사이의 긴장과 갈등은 의외로 뜨겁고, 오해와 왜곡은 끈질기고 악의적이기까지 하다. 일단 그 차이가 제대로 드러난 후에야, 서로에 대한 포용이나 관용도 가능할 것이다.

중도와 진보 사이에 오해와 왜곡이 벌어지는 이유는 무엇보다 '진보'라는 말이 매우 모호하기 때문이다. 한편으로는 '진보'의 이름으로 중도·리버럴·개혁 세력을 모두 흡수하여 '진보'로 내세우는 일, 곧 '진보'를 부풀리는 일이 벌어지고, 다른 한편으로는 '진보'의 이름으로 그들을 모두 내치려는 일, 곧 '진보'를 순수한 이념으로 좁히려는 상반된 경향이 존재한다. '진보'는 그 소용돌이 가운데에서 허수아비 혹은 허깨비처럼 빙빙 돈다. 보수라는 개념이 공허함 속에서 허세를 부리듯, 진보라는 개념도 비슷한 상황에 있다.

현재 전통적인 의미의 좌파는 많이 사라지거나 퇴색되어 있다. 따라서 정치적으로나 정책적으로 신경써야 할 대상과 주체는 좌파가 아니라 중도좌파다. 그런데도 의도는 서로 다르지만, 우파든 좌파든 은근히 진보와 좌파를 동일시한다. 여기서 무지막지한 혼란이 야기된다. 이 혼란은 정치적으로도 어처구니없고, 지적인 차원에서도 마찬가지다. 그러니, 모호하게 '진보'를 내세우지 말고 차라리 중도좌파나 중도의 색깔을 명확하게 드러내라! 좌파라 불리는 걸 겁내면서 진보를 자처하는 사람들도 우스꽝스럽다. 그 사람들 태반은 실제로는 중도우에서 중도를 거쳐 중도좌로 구별될 수 있는데도, 그저 '진보'를 자처한다. 허깨비짓 아닌가? 대부분의 강남좌파가 이들이다. 내가 보기에 전통적인 의미의 좌파는 현재 10%를 넘지 못한다. 나머지는 중도좌나 중도 혹은 리버럴이라고 부를 수 있는 사람들이다. 그런데도 그들이 '진보'를 자처하고 또 그렇게 불린다. 민주당이 내거는 '진보'도 이 점에서 모호하고 우스꽝스럽다. 중도나 중도좌의 성격을 가진 당에서 말로만 '진보'를 내세우는 사람들이 있고, 그런 태도는 종종 기회주의에 가깝다. 실제로 정치는 구태의연하게 하면서, 정책에만 '진보'의 색깔을 입히는 사람들이 적지 않다.

어쨌든 '중도'란 단순히 보수와 진보 사이에 끼인 어중간한 존재가 아니라, 보수와 진보의 단순한 이분법과 싸우면서 혹은 거기에서 벗어나면서 드러나는 예민한 존재다. 그들은 보수와 진보 사이를 가로질러 자꾸 구르는 돌이자, 튀는 공이며, 비스듬히 부딪치는 삐딱이들이다. 그런 집단이 지금 많이 존재하며, 앞으로도 그럴 것이라는 점을 말하고 싶다. 그런데 이제까지 정치적 이분법의 틀 안에서 그들이 무시되거나 경시된 점이 많다. 그들은 왕왕 기껏해야 진보나 보수의 하위 파트너라고 여겨졌다. 사실은 그렇지 않다. 또 그렇게 여기는 것이 정치적으로 이롭지도 않다. 중도나 리버럴은 그저 보수의 밥이 아니다. 그렇게 생각하는 진보가 있다면, 매우 독단적이거나 어리석다.

그러나 이 책이 중도의 스펙트럼을 열어 보인다고 해서, 중도우에서 중도좌에 이르는 중도의 길이 정치적으로나 윤리적으로 옳다는 말은 아니다. 이 책이 해야 하는 속 쓰린 이야기 가운데 하나는, 중도적인 여러 흐름들의 존재는 정치적으로 인정되어야 하지만, 그렇다고 그들에게 전통적인 의미의 윤리적 정당성이나 정치적 진리가 부여되지는 않는다는 것이다. 오히려 그들은 종종 구차스럽거나 뻔뻔한 행위를 한다. 삐딱하고 엉뚱하다. 따라서 '더러운 주체'다. 그러나 그들은 동시에 세상의 우울과 상처와 허영과 불안과 판타지가 부딪치며 드러나는 표면이다. 그러면서도 제 몫의 사랑을 지키느라 안간힘을 쓰는 존재들이고, 아직은 쓰러지지 않은 존재들이다. 거꾸로 말하면, 이 중도적인 여러 존재들이 윤리적으로 옳은 것은 아니지만, 그럼에도 불구하고 그들의 정치적 실존은 인정되어야 한다는 것이다.

여기서 핵심적인 문제는, 정치와 윤리의 영역은 인정사정없이 서로 갈라지고 찢어진다는 것이다. 그리고 우리는 바로 그 갈라짐과 균열을 있는 그대로 인식하고 인정해야 한다. 이것이 어쩌면 이 책이 여러 각도에서 조망하고 성찰하고 싶은 뜨거우면서도 까칠한 문제일 듯하다.

그런데, 애초에 이익에 따라 움직인다고 여겨지는 보수에게는 이 윤리와 정치의 분리가 큰 문제가 아닌 반면에, 이른바 '자칭 진보'에게는 이 분리와 균열이 아주 껄끄러운 문제다. '진보'를 자처하는 사람들이 정치를 윤리적으로 풀려고 할수록, 그 분리와 균열은 점점 말하기 곤란한 주제, 말할 수 없는 주제가 되어버린다. 이 책은 바로 이 주제를 말하고자 한다.

이 모호한 진보, 곧 부풀려진 진보와 좁혀진 진보에 부딪치는 '우충좌돌'은 이 책에서 '좌충좌돌'로 이어진다. '좌충좌돌'이 꽤 벌어지다 보니, 이 책은 마치 진보의 바깥에서 혹은 보수 쪽에서 진보를 비판하는 것처럼 보일 때도 있다. 천만의 말씀이다. 나는 중도나 중도좌 혹은 리버럴한 관점을 견지한다. 다만 '우충좌돌' 과정에서, 한편으로는 애정 때문에, 다른 한편으로는 진보가 개념적으로 보수보다 상대적으로 모호하기 때문에 '진보'와 자주 부딪치게 되었을 뿐이다. '진보'에 속한다고 할 수 있으면서도, 거기 부딪치는 일은 피곤한 일이다. 어쩌면 '바보' 같은 짓인지도 모른다. '진보'의 보호막을 버리는 일이니까. 어쨌든 나는 착하고 근사한 이념 뒤에 숨지 않겠다. 차라리 구차함과 뻔뻔함이 만나는 소용돌이에서 빙빙 돌고, 삐딱함과 엉뚱함이 교차하는 교차로를 비스듬히 건너겠다.

어떤 이들에게는 이 '우충좌돌하면서 좌충좌돌하기'가 너무 빨리 온 일로 보일지 모르지만, 사실은 너무 늦은 일이다. 사람들이 '진보'를 과도하게 부풀리거나 좁히는 동안, 많은 문제들이 꼬이고 얽혔기 때문이다. 이 책은 이 모든 문제들을 그저 개념적인 차원에서 다루지 않고, 정치적이고 일상적인 주제를 빌려, 곧 모든 사람들이 많건 적건 생각하고 말할 수 있는 주제들을 빌려 말한다. 다르게 말하면 '우충좌돌'은 손때와 '입때'가 많이 묻은 주제들, 곧 '더러운' 문제들의 사례에서 드러난다. 그래서 예를 들면 나는 복지문제에서 얼마나 허접하게 거친 이념이 내세워지면서 차분하고 정확한 논의는 생략되는지 살폈다. 무엇보다, 현재 뜨거운 관심의 대상인 '보편적 복지'에 대한 논의에 초점을 맞췄다. 최근 논의는 너무 단순하게 '보편복지 대 선별복지'라는 대립을 둘러싸고 진행되고 있다. 그 대립구도는 내가 보기에 보수와 진보의 단순한 진영논리에 의해 유발된 면이 크다. 이 책의 논점은, 다수에게 혜택이 돌아가는 복지는 일정한 수준에서 가능하고 또 바람직한 면도 있지만 그렇다고 보편복지가 사회적 평등의 문제를 '보편적으로' 해결해주지는 않는다는 것이다. 또 복지가 전적으로 진보의 의제는 아니며, 오히려 보수적인 국가나 자유주의적인 사회가 얼마든지 개입할 수 있는 의제라는 것이다. 또 북유럽 사회를 한국 사회의 모델로 쉽게 여기는 소위 진보적 관점에도 독단적인 면이 있다는 것이다. '미친 등록금' 문제도 다뤘다. 다만 나는 이 문제를 그저 등록금을 낮추는 관점에서가 아니라, 대졸자 주류 사회의 관점에서 더 넓고 깊게 보았다. 비정규직과 '더러운' 부동산의 문제, 비난받는 신자유주의와 경쟁의 문제들도 살펴봤다.

보수와 진보의 진영논리와 싸우는 일은, 내 식으로 말하면 개념을 상당히 빼딱하게 사용하는 일이다. 진영논리에 따라 주어지고 정해진 개념의 틀에서 벗어나 구체적인 문제에 가까이 가야만 보이는 것이 중도적인 구체성이자 솔직함일 것이다. 그래서 사실, 이 책이 말하는 중도(중도우에서 중도좌까지)조차 그저 화살표 같은 기호다. 그것은 최종적인 목적이나 진리가 아니다. '중도'는 기껏해야 이 거친 삶의 소용돌이 속에서 언제나 필요한 실용적 균형 혹은 솔직한 행위 혹은 아프고 뜨거운 고민을 가리키는 화살표일 뿐이다. 그렇다, 화살표는 화살표이자 화살이다. 이 화살은 정치의 빽빽한 진영논리를 겨냥하고 그것을 쏜다. 그것을 뚫고 그것을 가른다. 그 빽빽하고 뻔뻔한 조직과 진영을 찌르고 가른다. 우충좌돌하며 가른다.

'중도'나 실용주의적 태도가 지난 역사 속에서 전혀 무대에 등장하지 못한 건 아니었다. 그러나 그것들은 그때마다 또 다른 정치적 목표나 또 다른 이데올로기로 제시되거나 이해되었기 때문에, 떠들썩한 막간 소동으로 끝나곤 했던 듯하다. 이 책이 보수와 진보의 대립 사이에서 '우충좌돌'하는 이유는 중도를 정답으로 제시하기 위해서가 아니다. 오히려 '중도적 균형'이란 화살표를 매개로 삼아, 다른 어떤 것을 맞추고 싶었기 때문이다. 곧, 집단사고에 의해 판에 박히지 않은 개인들의 솔직하고 구체적인 삶의 풍경. 정치적 논리보다 더 중요한 것은 실재의 얼굴과 몸짓이다. 따라서 이 책에서 제시된 논의들은 이미 정해진 정답은 아니다. 다만 보수/진보의 구태의연한 집단논리에서 벗어나서 갈 수 있는 길의 밑그림일 뿐이다.

보수가 힘이 너무 강할 때, 새는 양 날개로 난다는 말이 사람들 입에 바삐 오르내렸다. 우익과 좌익이 다 필요하다는 취지였겠다. 그러나 벌써 오래전부터, 보수와 진보의 경직된 진영논리가 뻗대는 상황이다. 나는 말하고 싶다. 새는 그저 양 날개로 나는 게 아니다. 그렇게 양 날개만 말하는 관점은 공허하다. 새는 몸통과 양 날개로 난다. 양 날개, 그것들은 몸통에서 나왔을 뿐 아니라 몸통을 들어올리기 위해 펄럭인다. 양 날개의 날갯짓은 몸통을 들어올리기 위한 힘겨운 노동이지만, 그 노동은 몸통과 함께 그리고 몸통을 위해, 즐거운 축제로 변한다. 몸통 없는 두 날개가 무슨 소용인가? 천사의 날갯짓조차 그 심술 사납고 변덕스럽고 연약한 인간의 몸통을 위해, 그리고 그것과 함께, 펄럭인다.

개마고원의 장의덕 사장께 고마움을 표시하고 싶다. 책이 나아갈 전반적인 방향을 잡는 데 큰 도움이 되었다. 편집부에도 고마움을 전하고 싶다.

김진석

## 차례

**머리말 | 새는 양 날개와 몸통으로 난다**

[ 01 • 부풀려진 진보와 좁혀진 진보 · · · · · · · · · · · · · · · 15 ]

조국, 자칭 진보를 내세우는 지식인 | 진보의 참을 수 없는 모호함
강남좌파란 무엇인가 | 진보는 곧 정의인가 | 남북문제에도 우충좌돌이 필요하다
강남좌파의 삶은 진보적일까 | 정치와 윤리의 균열을 넘어서 | 중도를 포용하는 정치의 길

[ 02 • 우파와도 좌파와도 싸우는 중도 · · · · · · · · · · · · · · 47 ]

솔직한 중도가 필요하다 | 우충좌돌 싸우는 중도 | 개혁과 진보의 통합은 가능할까
유럽의 사민주의와 진보 | 버락 오바마는 진보적 대통령인가
삶의 다양한 모습을 포용하는 중도와 리버럴

[ 03 • 등록금 인하운동이 놓치지 말아야 할 것들 · · · · · · · · · · 69 ]

'국가 재정지원'이 만병통치약은 아니다 | 국·사립대 분리 대응의 필요성
세금과 등록금의 함수관계 | 대학진학률과 학력 간 임금격차 | 미친 등록금과 미친 대학진학률
'북유럽'이 아니라 '미국'만큼이라도 따라가는 게 중요 | '시장'과 '국가' 사이의 현실적 균형점 찾기

[ 04 • '대졸자 주류 사회'를 직시해야 대안이 보인다 · · · · · · · · 101 ]

잘못된 대전제 | 진영논리에 갇힌 고민 없는 정답들 | '대학교육' 성찰의 출발지점
대학등록금과 대학진학률의 관계 | 높은 대학진학률에 대한 보수와 진보의 다른 해석
모방적 경쟁의 원인 | 386세대와 '대졸자 주류 사회' | 대졸자 주류 사회에 감춰진 함정 건너뛰기

[ 05 • '복지', 진보의 독점적 의제인가? - 약이지만 동시에 독인 복지 1 · · · 137 ]

'무상급식'으로 시작된 복지이야기, 왜? | 무상급식은 진보적 이슈인가
인기영합적 복지 이슈 | 복지는 진보의 독점물이 아니다 | '보편적 복지'만이 정답일까
어떤 복지가 좋은 복지일까 | 북구모델을 맹목적으로 추구하는 사람들
복지국가, 좋은 점과 부족한 점 | 세 마리 토끼를 잡을 수 있을까

[ 06 • '보편적 복지'만 정답인가? – 약이지만 동시에 독인 복지 2 · · · · · 167 ]

복지는 만능키? | 복지 논의의 초점과 맹점 | 스웨덴 모델이 한국에게 정답일까?
복지의 국가주의적 성격 | '더러운' 현실을 인정하기 | 보편적 복지국가가 정답일까
복지와 평등 | 자유주의적으로 관리된 '복지'의 역사 | 신자유주의의 발전과 복지
복지, 달콤한 약이면서 지독한 독


[ 07 • 비정규직 문제, 보수의 무책임과 진보의 무대책 · · · · · · · 209 ]

사회적으로 소외된 비정규직 문제 | 비정규직을 가로막는 정규직
기득권에 매달리는 정규직노조 | 초과 노동 시간과 연공 임금의 높은 벽
"우리 세대 다 죽고서" | 정규직 전환만이 답은 아니다
비정규직 문제 똑똑하게 해결하자 | 좌충좌돌이 필요한 이유


[ 08 • 불패신화와 거품붕괴론 사이에 낀 부동산 경제 · · · · · · · 241 ]

부동산 문제, 진보의 아킬레스건 | 성급한 기대와 저주 사이에 있는 부동산
부동산 경제의 '인질'은 누구인가 | 이기적 인간을 바라보는 중도의 관점
근거 없는 부동산 불안을 조장하지 말자 | 부동산 지위경쟁에서 벗어나기
실용적 부동산 정책이 필요하다


[ 09 • 신자유주의 반대와 찬성의 이분법을 벗어나자 · · · · · · · 269 ]

신자유주의, 보수와 진보의 경계선 | 경제적으로 무능한 진보 진영
세계화의 딜레마 | 모든 것이 신자유주의 탓?
'어떤' 자유무역이냐가 중요하다 | 세계화, 좌파와 우파 사이의 좁은 길로 가자


[ 10 • 너무 많은 경쟁, 또 너무 적은 경쟁 · · · · · · · · · · · · · 297 ]

경쟁은 나쁘기만 할까? | 대기업이 주도하는 왜곡된 경쟁 | 국가가 주도하는 왜곡된 경쟁
공정하고 다양한 경쟁이 필요하다 | 경쟁의 한국적 얼굴 | 우리가 경쟁에 몰두하는 이유
경쟁의 참모습을 보자


[ 11 • 돈도 세상의 주인이 아니고 인간도 아니다 · · · · · · · · 325 ]

자칭 진보의 오만 | '돈' 대 '사람'이라는 이분법 | 세상의 주인은 누구인가
진보, 도덕적 설교를 넘어서자 | 중도와의 연대가 필요하다
이분법으로 나눌 수 없는 세상

# 부풀려진 진보와
# 좁혀진 진보

### 조국, 자칭 진보를 내세우는 지식인

조국과 오연호가 같이 낸 책 『진보집권플랜』은 겉과 속이 따로 있다. '진보'가 2012년이나 2017년에 꼭 집권해야 한다는 주장이 겉에 드러나 있다면, 속에 살짝 숨겨진 메시지도 있다. 오연호는, 보수 쪽엔 차기 주자가 많은데 "이쪽엔 차기 주자감이 보이지 않는다"는 답답함이 책을 낸 이유라고 후기에서 밝힌다. 그는 "정치권 안에서뿐만 아니라 밖에서까지 '그 사람'을 찾아 나섰다. 기준은 하나였다. 진보이되 매력이 있어야 한다". 진보이되 대중적 매력을 겸하는 것. 그러나 기준은 사실 이것 하나가 아니다. 무엇보다 권력의지가 있어야 한다. 오연호에 따르면, 조국은 정치인의 권력의지보다 '더 큰 의미의' 그것을 가지고 있다고 한다.

진보와 대중적 매력, 그리고 권력의지가 한 묶음으로 잘 묶일 수 있을까? 조국은 그 쉽지 않은 조합을 갖추고 있는 듯 보인다. 진보와 대중적 매력이야 잘 만나기만 하면 이로울 터이지만, '진보'가 대중적 매력으로 쏠리거나 흡수될 때 거부감을 일으키는 지점도 있을 것이다. 이것은 단순히 개인에 대한 호불호의 문제가 아니다. 아래서 보겠지만, 현재 '진보'라고 자칭하는 사람들의 정체성은 예상과 달리 복잡하다. 대중적 매력을 갖추는 일은 알게 모르게 기존의 좌파적 입장에서 벗어나는 일일 수 있다. 혹은 기존의 진보에 대한 개념을 분열시키는 점도 있다. 그렇게 기존의 좌파적 입장에서 벗어나서 진보의 개념을 분열시키는 사람들이 여전히 자신을 '진보'라고 자칭한다면, 기존의 좌파적 입장을 고수하는 사람들은 거부감을 느낄 것이다. 이 갈등의 성격을 살펴볼 필요가 있다.

정치인의 그것보다 '더 큰 의미의 권력의지'라는 것도 장단점이 있다. 정치인의 권력의지는 일반적으로 인정되기도 하고 또 요구되기도 한다. 정치인의 권력의지는 비교적 명확해 보인다. 그러나 정치인이 아닌 지식인의 그것은 다소 혼란스럽다. 물론 모든 사람은 알게 모르게, 많건 적건, 권력의지를 가진다고 볼 수 있다. 최소한의 권력의지는 개인의 이기적·개인주의적 욕망을 뒷받침하거나 앞에서 이끌어주는 것이기도 하다. 그러나 지식인이, 더욱이 진보를 자처하는 지식인이 폭이 넓은 커다란 권력의지를 가졌다는 말은 무슨 뜻일까? 사회적인 주제에 대해 비판적인 작업을 하는 지식인이 자신을 위한 커다란 권력의지를 가졌다면, 그는 여전히 객관적인 혹은 비판적인 지식인일 수 있을까? 지식인이 철두철미하게 비판적이거나 객관적이어야 한다는 말은 아니다. 오히려 그런 지식인은 점점 희소해지고 의심의 대상이 되는 경향이 있는 것도 사실이다. 그렇지만 지식인이라는 사람이 커다란 권력의지를 가질수록, 그는 전통적인 지식인의 자리에서는 멀어진다고 보아야 할 것이다.

조국 개인의 권력의지를 따지는 이유는, 자신을 진보적 지식인이라고 자칭하는 사람은 어떤 사람일까라는 물음이 중요하기 때문이다. 어쨌든 조국은 권력의지를 가진 '진보적' 지식인이자 유력한 잠재적 정치인으로 자리를 차지한 듯하다. 그런데 이것은 그만의 욕망이나 의지에 의해 이루어진 것이 아니다. '진보'를 자칭하고 싶은 사람들의 욕망과 의지가 거기 함께 작용한 것이다. '진보'는 어떤 점에서 화려한 기표다.

### 진보의 참을 수 없는 모호함

이 글에서 제기할 물음은 다음과 같은 것이다. 곧 '진보'정치란 어떤 것일까라는 물음이다. '진보'를 자처하는 사람들이 내세우는 진보의 의미는 무엇일까? '진보'가 무엇이기에 사람들은 그것으로 자신의 얼굴과 이름을 대표하려 할까? 그리고 더 나아가 자신들의 정치적 행동과 상업적 광고를 정당화하려는 것일까? 본격적인 물음은 이것일 터다. '진보'가 집권해야 한다는 게 도대체 무슨 말일까? 그것만이 역사의 목적이라는 말인가? 그리고 좋은 정치가나 지식인은 당연히 '진보'를 내세워야 하는 것일까? '자칭 진보'는 그렇게 믿고 싶어 한다.

한국의 모든 언론은 보수와 진보의 단순한 구별을 재생산한다. 보수 언론이든 진보 언론이든 비슷하다. 일반적으로 정치적 스펙트럼은 최소한 보수와 중도 그리고 진보로 구성될 터인데도, 극우/보수가 아니면 모두 진보라고 자칭하고 타칭하고 통칭한다. 민주당이, 무상급식과 무상의료를 내걸었다고, 진보 정당인가? 중도에서 조금 좌로 굴렀을 뿐이다. 그런데도 온통 '진정한 진보'(정세균)와 '담대한 진보'(정동영) 타령이다. 이제껏 중도를 자처하던 손학규마저 '새로운 진보'를 말하고 있으니, 이런 코미디가 없다.

물론 조국은 마냥 진보라고 자칭하지는 않는다. 한편으론 개혁(자유주의) 세력과 사회(민주)주의 세력을 구별하면서 이 둘이 서로 연대해야 한다고 말한다. 그러나 전략적으로 말할 때면, 이 둘을 그냥 '진보'로 묶는다. 진보는 개혁과 진보를 아우를 뿐 아니라 그것들의 핵심이다.

> '진보·개혁'이라는 용어를 택한 이유는, 현재의 야권이 '개혁적·진보적 자유주의' 세력과 '사회(민주)주의' 세력으로 구성되어 있기 때문입니다. 이 두 세력 모두 넓은 의미에서는 '진보'라고 부를 수 있습니다.

우선 '사회(민주)주의'를 좌파와 동일하게 여기는 일반적인 관행은 여러 점에서 모호하다. 물론 한국에서는 아직 그렇게 여길 만하다. 그러나 그럴 경우 민노당이나 진보신당만을 좌파로 넣어야 할 것이다. 민주당은 그것과 거리가 멀다. 민주당이 2010년도 지방선거를 치르면서 보여준 진보 자처하기는 진보 포퓰리즘에 가깝다. 그리고 무엇보다 중요한 점은, 사회(민주)주의는 그 본산인 유럽에서는 더 이상 좌파의 독점적 이름이 아니다. 영국 노동당의 토니 블레어가 제3의 길을 내걸고 1997년부터 10년 동안 집권했고, 독일 사민당의 슈뢰더도 최근에 비슷한 노선을 갔지만, 사실 그것은 그전부터 일어난 일이다. 유럽의 사회민주주의는 벌써 20세기 중반 이후 점점 과거의 좌파에서 중도좌파 쪽으로 옮겨왔다고 할 수 있다. 심지어 제3의 길을 가던 때의 영국

노동당과 독일 사민당, 그리고 프랑스의 사회주의자들은 중도좌파에서 중도로 이동했다고 할 수 있다. 넓게 보면, 중도좌파도 중도에 속한다고 볼 수 있다. 무엇보다 유럽 대부분의 사민당들이 공산당과 분리된 일은 사회민주주의가 단순히 좌파를 지칭하지 않는다는 것을 말해준다. 그만큼 단순한 보수와 진보의 구별로는 대변하거나 대표하기 어려운 다중적 흐름들이 많아졌다는 것이다.

이상한 일이 또 있다. 개혁과 진보가 섞이면, 오로지 진보의 색깔만 나올까? 그건 아니다. 그런데도, 보수 언론도 그렇게 통칭하거나 타칭하고, 진보 언론도 그렇게 자칭하고 통칭한다. 흔히 보수가 아닌 사람들을 넓게 '개혁·진보'라고 부르는데, 이들을 줄여 부를 때면 거의 언제나 '진보'라고 부른다. 이런 용어 사용은 매우 오래됐지만, 사실 끊임없이 오해와 왜곡을 조장한다. 마치 '진보'가 개혁과 진보를 아우를 뿐 아니라 거기서 더 나아가 언제나 그 둘의 알맹이고 핵심인 것처럼 여겨진다. 그러나 그건 사실이 아니다.

사실 '개혁·진보'란 말에서 '개혁'이 지칭하는 대상도 모호하다. '개혁적인' 사람들의 정치적 정체성은 사실 고정된 것이 아니다. 심지어 보수도 개혁적일 수 있을 뿐 아니라, 그것이 이상한 일도 아니다. 그런데도 그 '개혁·진보'란 말은 중도적이고 진보적인 진영에서 많이 사용한다. 정치적 정체성의 관점에서 '개혁적'인 사람들은 일차적으로 중도적인 사람들을 뜻한다. 그런데 그 중도적인 층과 진보적인 층을 통칭하거나 약칭할 때, 거의 어김없이 '진보'라는 말을 사용한다. 사실 중도라고 부를 수 있는 사람들이 그저 진보로 통합되거나 진보에 흡수되는 것은 아닌데도 말이다.

이 모호함이 우리 사회에서 끊임없이 반복되었는데, 조국도 여기서 그 모호함을 재생산한다. 한편으로 그는 침묵하거나 변덕스런 대중을 이기적이라고 비난만 하면 안 된다고 말한다. 과거 민주화 투쟁을 할 때는 깃발만 들면 사람들이 지지해주었지만, 지금은 그렇지 않기 때문이다. 그러나 다른 한편으로 그는 다시 일반적이고도 당위적으로 진보적 가치에 호소한다. 진보의 깃발만 드는 것으로는 안 된다고 인식하면서도, 다시 단순하게 그 깃발을 드는 것이다. 예를 들어 조국은 386세대가 정치적으론 좌파이면서도, 생활에서는 우파로 존재하는 모순을 잘 안다. 정치적 제도가 일정 궤도에 이르지 못할 때, 개인들은 이기적으로 행동하기 쉽기 때문이다. 그것을 인정하는 조국은 다시 이들이 생활에서도 좌파가 되어야 한다고 주장한다.

진보·개혁 진영의 많은 사람들이 '정치 좌파', '생활 우파'가 되어버린 거죠. 세상이 바뀌려면 생활에서도 좌파의 요구가 관철되어야 하고, 이것이 제도화되어야 하는데 말이죠. (…) 이제 386정치인들은 과거 반독재민주화투쟁의 선봉에 섰던 마음으로 '생활 좌파'를 제도화하는 운동을 과감하게 선도해야 한다고 봅니다.

진보의 관점에서는 듣기 좋은 말이다. 그러나 이들 강남좌파가 정말 '생활 좌파'가 될 수 있을까? 이것이 문제다. 이 물음은 매우 중요한데도, 정작 사람들에게 중요하게 여겨지지 않는다. 실제로 생활 우파이면서, 말로는 '진보'를 내세우거나 생활에서도 좌파가 돼야 한다고 자처하는 사람은 어떤 진보인가? 그 사람은 '진보'의 이념 뒤에 숨어 지적 명예와 정치권력을 얻으려는 건 아닐까? 말하자면, 자칭/통칭 '진보'의 정치 플레이는 아닐까?

## 강남좌파란 무엇인가

조국은 자신이 '강남좌파'라고 불릴 수 있다고 생각한다. 이 말은 강준만이 처음 부각시킨 말이다. '생각은 좌파적인데 생활수준은 강남 사람에 못지않은 사람들'을 일컫는다. 다르게 말하면, 실제 생활은 거의 보수와 비슷하게 하면서, 자신의 정치적인 의식은 진보적이라고 생각하는 사람들이다. 본인이나 자식들의 교육문제에서는 보수처럼 학력과 학벌을 중시하면서, 의식은 조금 차이 나기를 원하는 사람들. 혹은 한나라당만 아니면 어느 정당이라도 찍는 사람들이다. 물론 서울에는 '강남좌파'와 차이가 나면서도, 동시에 지방에 사는 사람들과도 차이가 나는 '강북좌파'도 있다. 강남좌파와 강북좌파는 생활비 비싸기로 세계적인 서울에서 소비하고 산다. 높은 사교육비를 들여 고학력과 멋진 학벌을 확보하려 하고, 또 부모의 경제력에 이기적으로 의존한다.

'강남좌파'라는 말은 자신을 좌파나 진보라고 말하는 사람들의 의식과 생활, 곧 의식과 존재 사이에 있는 거리와 균열을 드러낸다. 이런 의미작용을 하면서 그 말은 나름대로 좋은 역할을 했다. 자신을 진보라고 생각하는 사람들의 의식을 인정하면서 동시에 그 의식과 차이가 나는 그들의 존재를 보여주는 역할을 한 것이다. 다르게 말하면, 그 말은 우리 사회에 존재하는 '자칭 진보'의 특이한 모습을 서술해준다. 그렇지만 한편으로 강남좌파는 기본적으로 우파와 좌파라는 이분법의 지도 위에서 나온 말이다. 한국 사회에서 특히 강한 보수와 진보의 이분법 말이다. 이 이분법 아래에서는 보수가 아니고 또 보수에 반대하기만 하면, 자동적으로 '진보'가 된다.

이들을 모두 '진보'라고 통칭하는 일은 진보 부풀리기 혹은 진보 인플레이션에 가까울 것이다. 물론 그들 상당수는 보수와 진보로만 나눈 여론조사에서는 진보로 계산될 수 있다. 그러나 그런 여론조사는 허상이고 기만일 것이다. 보수와 진보의 이분법 자체가 허상이고 가상이기 때문이다. 그래서 그들 가운데 상당수의 삶과 행위는 보수와 진보의 이념으로 걸러지지 않는다. 사실 강남좌파는 말할 것도 없고 강북좌파 다수는 중도좌나 리버럴에 가깝다.(물론 거꾸로 중도는 단순히 강남좌파는 아니다. 중도 가운데에는 자신을 진보라고 자처하지 않는 사람이 많다.)

중도나 리버럴에 가깝다는 말은, 그들이 실제로 중도나 리버럴인 경우가 많거나 혹은 중도이면서 흔히 말하는 진보와 겹치는 지점에 존재한다는 말이다. 진보와 겹치는 지점에서도 어떤 경우에는 진보적 가치를 비교적 많이 대변할 수 있고 또 덜 대변할 수 있다. 어쨌든 그들 가운데 순전한 진보 혹은 전통적인 좌파는 소수에 지나지 않는다. 강남좌파의 존재 자체가 진보·좌파보다는 중도좌에 가깝기 때문이다. 좌파 정당의 득표율도 이제까지 10% 선에 머물지 않았는가.

그래서 모호함과 오해를 피하려면, 강남좌파는 자신을 중도좌나 리버럴로 지칭하는 것이 나을 것이다. 그런데 한국 사회에서 강한, 특히 지식인들 사이에서 강한 진보의 상징적 효과 때문에, 강남좌파라는 말을 즐겨 사용하는 것이다. 그러면서 그 말은 의식과 존재 사이에 삐쭉 드러나는 거리와 균열을 지시한다. 그리고 이 거리와 균열은 이중적으로 지시된다. 보수 쪽에서는 강남좌파들의 말과 행동 사이에 드러나는 균열을 부각시켜 그들의 신뢰성을 깎아내리며 위선적이라고 고발하곤 한다.\* 거꾸로 '자칭 진보'는 진보/좌파의 상징적 가치를 누리면서 동시에, 말과 똑같이 움직이지는 않는 존재에 대해 자신이 한 움큼 양심

「동아일보」 2011년 3월 21일자. 보수 언론은 이렇게 강남좌파의 생활과 주장 사이의 균열을 비판하면서 그들의 주장을 깎아내린다.

의 가책을 가지고 있음을 표현하고자 한다.

어쨌든 강남좌파는 소위 말하는 개혁·진보 진영에 속하는 경우가 많은 건 사실이다. 그러므로 강남좌파가 사실은 중도좌나 리버럴에 가깝다고 해서, 이들 강남좌파 및 강북좌파 그리고 고학력진보를 '개혁·진보'에서 빼버리는 것은 정치의 영역을 너무 좁히는 일일 터다. 그 사이, 곧 중도와 자유주의가 좌파가 겹치거나 교차하는 지점이 '개혁과 진보'가 현재 추구해야 할 대중정치적 영토일 것이다.

● 보수신문들이 이 일을 주도한다. 김순덕 동아일보 논설위원은 칼럼에서 "조 교수가 말하는 공정, 정의, 복지 같은 이른바 진보 가치도 아름답기 그지없다"고 슬쩍 말한 후, "하지만 자기 딸을 외국어고를 거쳐 이공계 대학에 진학시키고는 '나의 진보적 가치와 아이의 행복이 충돌할 때 결국 아이를 위해 양보하게 되더라'고 털어놓는 경향신문 인터뷰를 보면 경악하지 않을 수 없다"고 강하게 비판한다. 김순덕은, 조국이 딸을 외고에 보내놓고도 '외고 죽이기'에 앞장 섰던 노무현 정부 시절의 김진표 부총리와 닮았다고 비판한다.

그런데 김규항을 비롯한 '자칭 정통 좌파'는 이 모호성을 못마땅해 한다. 중도나 중도좌 혹은 자유주의자 주제에 조국을 비롯한 강남좌파가 왜 진보를 내세우느냐는 불만을 터뜨리는 것이다. 그러나 그런 관점은 '개혁·진보'의 울타리를 너무 좁히는 일이다. 나는 진보를 자칭하고 통칭하면서 진보를 크게 부풀리는 전략에도 동의하기 어렵지만, 진보를 독점적으로 소유하려는 자칭 정통 좌파적 관점에도 동의하기 어렵다. 한쪽은 진보를 너무 모호하게 부풀리고, 다른 한쪽은 진보를 너무 독선적으로 좁힌다.

앞에서 나는 강남좌파라는 말에서 드러나는 의식과 존재 사이의 거리와 균열이 이중적으로 지시되고 사용된다고 했다. 보수는 그 말에서 자칭 좌파의 위선을 읽어내려 하고, 자칭 좌파는 그 말로 진보를 점유하면서도 의식과 존재 사이의 거리와 균열을 조금이라도 성찰하려고 하거나 그에 대한 양심의 가책을 조금이나마 표현하고 싶어 한다. 사실 그들 다수는 실제로는 중도나 리버럴에 가까운데 좌파로 자칭하고 타칭되다보니, 그런 일이 생기는 것이다. 그런데 이제 그 이중적 지시와 사용은 삼중적 지시와 사용으로 확대된다. 자신을 정통적 좌파라고 생각하는 사람들은 조국 같은 강남좌파를 좌파가 아니라고 말한다. 중도나 리버럴인데 괜히 진보를 자처한다는 것이다.

강남좌파가 중도에 가깝다는 사실이 여기서 더 드러난다. 그들은 보수에게도 타겟이 되고, 정통 진보에게도 타겟이 된다. '자칭 진보'이면서도 자신이 조금 이상하게 잘산다고 생각하는 강남좌파는 보수와 '자칭 정통 진보' 사이에 꽉 낀다. 물론 이들, 부풀려진 진보와 좁혀진 진보 모두 '자칭 진보'다.

그러면 중도와 진보가 서로 갈라져야 할까? 그럴 필요 없다. 오히려 거꾸로다. 적극 연대하고 협력해야 한다. 다만 그 둘 사이의 정치적 차이를 가리거나 지우면서 오로지 '진보'의 이름으로 연합하는 것이 정답은 아니라는 것이다. 그 둘의 차이를 가리지 말아야 하는 이유는 여럿이다. 우선, 진보와 개혁 사이의 갈등이 역사적 무게와 그림자를 가지기 때문이다. 불행한 죽음을 통해 노무현은 '진보'의 영웅으로 거듭났다. 그러나 참여정부 시절부터 비극적 죽음 이전까지 진보가 그를 끊임없이 비판했다는 사실을 기억하면, 사실 이 부활에는 겸연쩍은 점이 있다. 그만큼 '우린 모두 진보'라는 진보 부풀리기와, '너는 진보가 아니야'라는 나누기는 뿌리가 깊다. 그런데 그 차이를 지우는 일이 마치 그 둘의 연대를 촉진하는 일처럼 여겨지고 있다. 마치 개혁과 진보를 섞어 '진보'라는 금을 뽑아내는 연금술 같은 일로 여겨진다. 그리고 그런 일이 노무현의 죽음 이후 끊임없이 반복되고 있다.

물론 야권의 모든 정당들이 합치면, 일이 쉽다. 야당들이 미국 민주당처럼 통합하기를 바라는 시민과 국민이 많다. 그렇게 된다면 중도와 진보의 연합, 혹은 미국식으로 리버럴·진보 연합이라고 부를 수 있을 것이다. 미국처럼 리버럴의 전통이 강한 곳에서는, 리버럴리즘의 깃발 아래 이른바 진보적인 세력들이 통합돼 있다. 이 경우에, 사람들은 '진보' 대신에 리버럴이나 중도라고 자처해야 할 듯하다. 지금 '빅텐트'라는 이름으로 정당들을 통합하려는 방식은 따지고 보면, 미국의 민주당 방식에 가까울 것이다. 그러나 중도와 리버럴로 통합할 경우 '진보'의 고유한 가치가 퇴색할 것이라고 걱정하는 '자칭 진보'들은 이 방식을 받아들이려고 하지 않는다.

그러나 중도와 진보를 하나의 이름으로 부르려고 할 때, 이상한 일이 계속 벌어진다. 통합이나 연대도 잘 안 된다. 왜냐하면 사람들은 중

『경향신문』 2011년 4월 18일자. 조국 교수는 분명 깔끔한 외모와 뛰어난 언변으로 대중적 매력을 얻고 있는 지식인이다. 그렇지만 그의 정체성을 정말 진보라고 할 수 있을까.

도와 진보를 섞은 것을 '진보'라고 부를 때, 마치 정말 '진보'가 된 것처럼 여기기 때문이다. 그래서 '자칭 진보'는 자신들이 중도와 묶이는 것에 정색을 하고 반대한다. 꼭 그래야만 할까? 이제는 단순한 보수와 진보의 이분법 위에 '존재의 집'을 세우는 일을 그만두어야 한다.

다시 말하지만, 보수 언론들만 그 이분법 놀이를 하는 건 아니다. 진보 언론들도 이 난맥을 조장하는 점이 크다. 그들도 개혁·진보 세력을 은근히 '진보'로 통칭하는 경향을 보이기 때문이다. 중도·진보라고 넓게 혹은 포용적으로 부르면 될 텐데 굳이 그렇게 하지 않는다. 왜 중도와 진보의 연대나 협력이 꼭 '진보'의 이름으로만 되어야 할까? 그것이 그냥 이름에 불과하다면, 별일이 아닐 수 있다. 또 좋은 효과만 가

겨온다면 모르지만, 알게 모르게 환상과 모호함을 유발하거나, 실질적인 연대를 방해하기까지 한다. 중도·진보 연합은 안 되고 꼭 '진보' 연합이어야 한다고 할 때, '진보'는 일종의 이념적 판타지로 작동하기 때문이다. 끊임없이 타자를 배제하면서 자신에게 밑줄을 쫙 그으려는 이념적 기표 혹은 이념적 판타지.

물론 문제는 한국적 정당분포의 특수성에 있다기보다 현재 '진보'가 처한 모호한 상태에 있다. 노조가입률은 10% 정도에서 허덕이며, 진보정당 득표율도 마찬가지다. 대중정치의 차원에서 진보정당만을 진보로 여기고 나머지 반反 한나라당 목소리를 모두 내친다면, 어리석은 일일 것이다. 그럼 나머지는 누구인가? 우선, 중도가 있다. 그리고 강남좌파 혹은 강북좌파가 있다. 학력과 학벌 경쟁이 치열한 곳에서 살면서 개인적인 '스펙'을 확보하고, 따라서 학력과 학벌에서 손해를 보려 하지는 않지만 의식은 '진보적'인 사람들. '진정으로 진보적'(사실 이것은 아직 모호하다)이지는 않고, 중도에서 리버럴에 걸쳐 있거나 중도에서 좌파에 걸쳐 있는 사람들. 여론을 지배하는 언론의 잣대 때문에 알게 모르게, 혹은 못 이기는 체, '진보'로 자칭하거나 타칭되는 사람들. 이런 사람들 가운데 '진보로 자처하는' 사람들이 은근히 늘어났다.

중요한 점은 이것이다. 대중정치 내부에서 개혁적 중도와 진보 사이에는 균열이 있다. 그 차이는 사소하지 않다. 이념이나 가치만 보면, 중도와 진보는 확연히 구분될 만큼 차이난다. 그러나 그렇다고 그 차이가 그 둘을 가르기만 하는 건 아니다. 연대를 방해하기만 하는 것도 아니다. 중도는 진보와 갈라지기도 하지만, 충분히 연대하고 협력할 수 있다. 그들은 다름 아니라 김대중 정부와 노무현 정부가 들어설 수 있게 연대했던 사람들이기도 하다.

그들 사이의 연대와 협력은 어디서 생길까? 중도가 유별나게 진보를 자처하지도 않고, 진보가 중도를 오만하게 내치지만 않으면 된다. 그 둘의 차이를 부인하지 않으면서, 연대와 협력을 낳고 키우기 위해서는 관용이 필요하다. 관용은 단순히 너그러움을 말하는 것이 아니다. 차이와 균열을 인정하면서, 함께 가는 것이다.

## 진보는 곧 정의인가

그러나 현재는 중도를 슬쩍 지우거나 괄호 안에 집어넣으면서 '진보'를 부풀리는 사람들이 많고, 거꾸로 '진보'의 이름으로 중도와 리버럴을 내치면서 진보를 좁히는 사람들도 적지 않다. 이들 모두 '진보'를 대문자로 쓰거나 굵은 문자로 쓰려고 한다. 이들에게 진보는 항상 정의로운 것이다. 진보적인 사람의 얼굴은 빛나고 당당하게 보인다.

그런데 진보를 자처하면서 자신을 정의롭게 여기는 이들은 서로 갈등을 빚는다. 서로 다른 방향에서 '진보'를 전유하려고 하기 때문이다. 선거 때가 되면, 진보적인 언론은 '진보 대연합'을 외치지만, 실제로 그것이 잘 이루어지지 않는 이유가 무엇이겠는가? 개혁·진보라는 이념 내부에 존재하는 차이와 균열을 진지하게 인식하거나 인정하지 않고, 인위적으로 '진보'의 깃발 아래 통합을 성사시키려고 하기 때문이다. 선거 때마다 잘 안 되면서도, 선거 때만 되면 또 비슷한 소동이 벌어진다. 사람들이 현실을 잘 보려고 하지 않기 때문이다. 사실상 중도와 진보는 연대할 수도 있고, 따로따로 갈 수도 있다. 따로 가다가도, 다시 연대할 수 있다.

중도와 진보의 통합 문제는 다만 정당들 사이의 이해관계의 조정에만 걸려 있지는 않다. 그것보다 깊이 자리 잡고 있는 문제는 '부풀려진' 진보와 '좁혀진' 진보에 공통적으로 내재하는, 진보 혹은 좌파에 대한 이상과 가상이다. 이들은 서로 다른 방향에서 출발하고 서로 다른 위치에서 생활하지만, 특이하게도 내세우는 이상과 가치는 비슷하다. 그들은 '진보'가 정의와 평화를 지향하며, 약자와 빈자의 편이라고 여긴다. 조국이 진보를 정의하는 말을 들어보자.

> 남북문제에서는 군축, 평화공존, 평화통일을 지향하고 (…) 계급적으로 보면 진보는 강자나 부자의 편이 아니라 약자나 빈자의 편입니다. (…) 저는 서민과 보통 사람이 자존감을 가지고 당당하게 살 수 있는 사회가 정의로운 사회라고 봅니다. 진보의 길이 곧 정의를 구현하는 길이라고 확신하기 때문에 저는 어디에 가서든 공개적으로 진보를 자처하고 있습니다.

이런 말은 조국만 하는 게 아니다. 진보를 자처하는 김규항이나 홍세화도 그 못지않게 열성으로 한다. 말하자면, 부풀려진 '자칭 진보'나 좁혀진 '자칭 진보' 모두 비슷하게 그것을 내세운다.

'진보'에 대한 이런 식의 정의 혹은 규정은 일반적이어서, 거의 당연하게 여겨진다. 그러나 '자칭 진보'가 생각하거나 말하는 이 '진보성'은 사실 당연하지 않다. 그리고 그 진보의 길이 명확한 것도 아니다. 때로는 과거의 강자와 약자라는 관념적이고 추상적인 구별에 의존하며, 때로는 이상적 목적을 실제 상황과 혼동하고 뒤섞는다.

우선, 진보의 길은 정의를 구현하는 길일까? 물론 모든 정치적 이념이나 가치 가운데 '진보'나 '좌파'가 비교적 정의를 충실하게 지향하는 건 맞다. 그렇다고 해서 보수나 중도가 철저하게 정의와 담을 쌓고 사는 걸까? 한국에서 이제까지 제대로 된 보수나 자유주의가 없다보니 그들은 아예 정의와 거리가 먼 것처럼 보인다. 그러나 정의로운 길이라는 것이 오로지 진보에게만 속하는 불변의 이상은 아닐 것이다. 2010년 베스트셀러가 된 『정의란 무엇인가』를 쓴 마이클 샌델의 포지션도 진보적이라고 보기 어렵다. 미국에서 리버럴과 대립하며 공동체의 가치를 선호한다는 점에서 보수 혹은 중도에 가깝다.

'자칭 진보'들은 '사회정의'에 대해서 이상적 혹은 가상적 판타지를 가지고 있는 듯하다. 하지만 시대가 달라지고 사회적·경제적 구조가 달라지면서, 정의의 모습도 조금씩 달라지는 게 아닐까? 예를 들어보자. 조금 우스운 비교이기는 하지만 한국이 필리핀보다도 못살고 아프리카 가나와 비슷하게 살던 때가 있었다. 당시에 정의에 대한 생각은 88올림픽을 치르면서 자존심이 생길 때의 그것과 다를 것이고, 2002년 월드컵을 치르면서 단군 이래 자존심이 최고로 높던 때의 그것과도 다를 것이다. 일반적으로 경제적 여유가 생기면 사회적 정의에 대한 기준도 높아지고 따라서 정의도 많이 실현된다고 여겨진다. 이 경우 사회적 정의에 대한 요구나 욕망은 경제적 지표와 연관되어 있으며 그것에 상당 부분 의존한다고 할 수 있다. 민주주의의 역사에서 정치적 권리가 먼저 실현된 다음에 경제적 권리가 인정되고 그다음에 사회적 권리가 인정된다는 점도 이것과 관련이 있을 것이다. '곳간에서 인심이 난다'는 속담도 그 점을 말하고 있는 것이다.

다르게 말하면, '진보'를 자처한다고 해서 저절로 사회정의를 추구하는 사람이 되는 것은 아니고, 진보만 정의를 추구하는 것도 아니다. 정의가 그렇게 진보에만 속한다고 여기는 것은 진보의 판타지다. 좋든 나쁘든, 보수도 정의를 요구한다. 또 단순히 똑같은 이념만 반복하는 보수와 진보의 이분법으로는 가늠하기 어려운 정의의 문제들이 중도의 영역에서 점점 많이 생기고 있다.

'진보적인 사람들은 약자와 빈자의 편'이라는 말도 너무도 당연해서, 거의 의심하거나 이의를 달기 어려운 듯이 보인다. 그러나 우리가 진보를 자처하는 일이 그 자체로 일종의 권력의지와 분리되기 힘들다는 점을 인정한다면, 약자의 편이라는 말도 조금은 분석할 필요가 있을 것 같다. 특히 강남좌파의 경우에는 그렇다. 그들은 실제로는 보수적인 사람들과 비슷하게 자신의 이익과 명예와 권력을 위해 살고 투자한다. 그렇게 사는 사람들이 약자와 빈자의 편이라는 말은 무엇을 말하는 것일까?

강남좌파 방식의 삶을 사는 사람들은 전통적인 의미의 프롤레타리아 혹은 빈곤한 노동자는 아니다. 그러나 선거에서 진보적이거나 리버럴한 정당을 지지하는 등 약자를 돕는 일을 한다고 할 수 있다. 그것은 좋은 일이며, 부정하거나 깎아내릴 필요는 없다. 다만 그런 정치적 행위는 그들에게도 도움이 된다. 공개적으로 진보를 자처하고 진보적으로 발언하는 일도 지적이고 문화적이며 상징적인 자본이기 때문이다. 그 지적·문화적·상징적 자본 덕택에 그들은 사회생활이나 직업생활에서 이익과 명예와 권력을 확보하는 것도 사실이다. 이 사실은 나쁜 것도 아니며 비난할 대상도 아니다. 다만 그 사실은 사실대로 인식되어야 한다. 다르게 말하면, '공개적으로 진보로 자처하기'는 보수와 구별된 진보 진영에서 일종의 상징적 자본으로 작동한다.

엄밀하게 말하면, 한 개인이 약자를 돕고 있는지는 공적인 차원에서는 드러내기도 어렵고 또 드러내는 것으로 진보를 평가하는 기준으로 삼기도 어렵다. 그러니 실제로 약자와 빈자를 위해 행위하거나 애쓰는 사람을 진보나 좌파라고 부르는 일은 애초에 가능하지도 않고 바람직하지도 않을 것이다.

사실 '약자에게 도움이 되는 것'이 무엇인지도 확실하고 명백하게 평가하거나 측정하기 어렵다. 아직도 많은 약자들은 선거에서 보수 정당을 찍는다. 그들은 과연 '자칭 진보'들이 주장하듯 허위의식에 빠져서 그러는 걸까?● 그런 판단이야말로 '자칭 진보'의 허위의식이나 이데올로기일 것이다. '약자에게 도움이 되는 것'이나 '약자가 원하는 것'을 진보적인 지식인이 규정하고 대변할 수 있다는 생각도 여러 점에서 독단적일 수 있다. 이 점에서 '약자가 원하는 것'은 실제로는 매우 복잡하고 모호하다. 사람들은 꼭 도움이 되는 것을 원하는 것은 아니며, 어떤 것이 실질적으로 필요하기 때문에 원하는 것도 아니다. 욕망은 많은 경우에 다른 결핍을 가리거나 대체하기 위하여 끼어드는 대타인 경우가 많다.

약자를 돕는 것이 진보적이라는 관점은 진보를 자처하는 사람들에게는 확실할지 모르지만, 그것이 오직 진보적인 방식으로만 이루어진다고 주장하기는 어려울 것이다. 오히려 요새는 가장 자본주의적인 혹은 신자유주의적 방식으로 돈을 많이 번 사람들이 약자를 위한 일을 통 크게 한다. 빌 게이츠와 워런 버핏의 막대한 기부가 그 예다. 그 행위에 모호한 점이 없는 것은 아니지만, 어쨌든 약자를 돕는 행위는 이 모호하고 복잡한 중도나 리버럴의 영역으로 많이 옮아가고 있는 것이다.

나도 적지 않은 점에서 약자의 편을 든다. 나는 진보정당이 가능한 한 빨리 집권하기를 바라며, 그래야 그들도 정치적으로 현명함을 익힐

●이런 주장을 홍세화와 박노자, 그리고 김규항 등이 흔히 한다.

수 있다고 믿는다. 그러나 나는 진보라고 공개적으로 자처할 마음은 없다. 나는 할 수 있는 한 약자의 편을 들려고 하지만, 진보로 자처하지는 않는다. 여기서 '약자를 돕는 것이 진보나 좌파'라는 정의는 많건 적건 기우뚱거린다.

### 남북문제에도 우충좌돌이 필요하다

앞의 인용문에서 조국은 또 진보가 "남북문제에서는 군축, 평화공존, 평화통일을 지향한다"고 말한다. 일반적으로 보수와 진보를 이분법적으로 구별하고 요약할 때, 그런 기준과 목표가 제시되곤 한다. 그러므로 틀린 말은 아니다. 그러나 우리는 여기서도 정말 실질적인 안보정책과 외교전략이 오직 군축과 평화공존과 평화통일을 지향하면서 결정되는지 물어볼 수 있다. 장기적인 목표나 근본적인 지향점의 차원에서는 개혁·진보의 외교 전략이 그런 목표를 가진다고 할 수 있지만, 실질적인 외교전략과 안보전술은 그런 지향점만으로 이루어지지는 않는다. 단기적으로 외교와 안보 차원에서의 전략과 전술은 북한과의 끊임없는 씨름이며 노회한 정책적 싸움의 연속이다. 그뿐 아니다. 통일이 되기 전까지는, 북한의 무력도발에 대응하고 또 거기에 맥없이 당하지 않을 정도의 안보실력을 갖추는 것이 필요하다. 무엇보다 북한의 핵을 둘러싸고 벌어지는 피곤하고 짜증 날 정도의 당근과 채찍의 교대는 기술적이고 정보적인 차원에서의 실력과 수완과 배짱과 현명함을 요구한다. 근본적으로 평화공존과 평화통일이 중요하더라도, 그런 근본적인 목표만으로는 충분하지 않다는 것이다. 이 점은 남북관계뿐 아니라 동북아시아 관계에서도 마찬가지다.

물론 군축, 평화공존, 평화통일을 지향하는 것은 좋은 태도다. 김대중 정부 이후 노무현 정부도 기본적으로는 햇볕정책을 지향하고 추구했다고 할 수 있으며, 그것이 얼마나 중요한지는 이명박 정부가 북한을 대하는 태도를 보면 알 수 있다. 북한을 대화로 이끄는 차분하고도 끈기 있는 외교는 저절로 되는 게 아니며, 그 점에서는 개혁적이고 진보적인 지향점이 필요하다고 할 수 있다. 그러나 실질적인 햇볕정책조차도, 비록 궁극적으로는 군축·평화공존·평화통일을 추구하더라도, 단기적이고 전술적인 차원에서는 안보에 대한 자신감과 군사적인 실력을 갖추고 있어야 하며, 또 외교적으로 능력과 수완이 있어야 한다.

다르게 말하면, 실질적으로 한국의 대북 및 동북아 외교는 오로지 위의 진보적인 목적만으로는 이루어지기 힘들며 중도적 전략과 전술의 도움을 받아서 이루어진다는 것이다. 근본적이고도 궁극적인 목표는 군축·평화공존·평화통일을 지향하는 데 두어도 좋지만, 현재적이고 단기적인 목표는 외교안보와 군사력 차원에서 실력과 능력을 확보하고 또 그 토대 위에서 외교전략을 수립하는 것이다. 이명박 정부처럼 비굴할 정도로 미국의 말만 들으며 중국과 북한에 대한 자주적인 외교안보 전략을 버리는 것은 한심하고 비참한 일이다. 그러나 그렇다고 군축·평화공존·평화통일을 지향하는 것이 진보의 태도라며 그것만을 중얼거리는 일도 현명한 일은 아니다. 북한이 지금과 같이 폐쇄적인 정책을 유지하는 한, 실제의 외교안보 정책은 상당한 정도로 돈과 정보와 무기의 힘에 의존할 것이다. 북한에 대해 햇볕정책을 쓸 수 있는 여유도 사실 남한이 경제적인 우월성을 확보한 채 군사적인 대응력을 갖출 때만 생길 것이다.

이 점은 북한이 3대 세습을 하는 과정에서 내부의 불만을 은폐하기 위해 남한에 대해 알게 모르게 도발을 자행하는 상황에서도 확인된다. 보수층은 북한을 빨리 붕괴시킨 후 미국의 힘을 빌려 통일하기만 하면 된다고 생각하는 경향이 크다. 그러나 외교를 잘하는 것과 외세에 의존하는 것은 엄연히 다른 일이다. 정부는 미국에만 기대지 말고, 같은 민족의 마음을 얻는 노력을 해야 한다. 북한의 붕괴 상황을 통제할 외교적 실력과 북한 사람들의 마음을 얻을 노력이 있어야 한다는 것이다. 베를린 장벽이 붕괴할 당시, 동독인들은 자발적으로 벽을 부수면서 통일을 원했다. 마찬가지로 북한 주민들이 같은 민족끼리의 통일을 원하게 해야 한다. 그렇지 않으면 미군과 같이 들어간 한국군도 나쁜 점령군으로 보일 것이다. 미군의 특수전 전문가인 모 대령도 이 점을 확인해주었다. 그는 북한 인민들은 모든 점령군에 대해 이라크나 아프가니스탄에서보다 더 격렬하게 저항할 것이라고 예측했다. 물론 그는 무력으로 진압할 수 있다고 말하지만, 그것은 미국의 다소 무책임한 태도일 뿐이다. 무참한 내전을 겪을 우리는 다르게 생각해야 한다. 북한 주민들이 자발적으로 통일을 원하도록 진지하게 노력해야 한다. 그래야 내전의 위험이 줄어든다.

나는 3대 세습을 하는 북한에 대해 다음의 칼럼을 쓴 적이 있다.(한국일보, 2010년 10월 31일)

북한은 점점 남한과 이질적인 사회가 되고 있다. 세계적으로 유례를 찾기 어려운 독재정권이며 부패도 심하다. 과거 동독 정권은 서독 주민이 동독 돈으로 일정 금액 환불해서 동독 안에서 쓰기만 하면 방문을 기본적으로 허용했다. 돈과 개방이 서로 잘 교환된 셈이다. 그와 달리 북한정권은 이산가족의 방문조차도 허용하지 않는 폐쇄적 정권이다. 이렇게 이질적이며 부패한 정권이 오래 지속하는 것도 통일에 좋을 리가 없다. 과도하게 이질적인 사회들은 서로 합쳐도 오히려 도움이 안 될 수 있다. 특히 왜곡된 상황에서 오래 산 사람들은 어쩔 수 없이 사회병리적 상처를 간직하게 되고 따라서 한동안 일그러진 행동을 하기 쉽다.

이 상황에서는 단순히 보수와 진보의 해법이 통하지 않을 것이다. 미국에 기대어 무조건 힘으로 밀어붙이는 일도 좋지 않고 북한의 붕괴를 공공연히 부추기는 일도 좋지 않다. 그러나 그렇다고 무조건 북한의 구태의연한 정치를 묵인하거나 못 본 체하는 것도 능사가 아니다. 이렇게 보수가 단선적으로 강경한 태도를 보인다면, 비슷한 상황에서 진보는 다소 모호한 태도를 보이기 쉽다.

그러므로 갑작스런 통일이 좋지 않다는 말이 일리는 있지만, 이질적이며 부패한 체제가 안정적으로 지속하기만 바라는 일도 무책임한 일이다. 북한이 빨리 붕괴하기만 바라는 관점이 단선적이라면, 북한의 안정적인 지속을 바라기만 하는 관점도 그 못지않게 단선적인 셈이다. 전자는 폭력에 너무 의존하고, 후자는 폭력을 너무 무시한다.

그러므로 여기서도 '우충좌돌'의 전략이 필요하다. 일단 이명박 정부의 꽉 막힌 옹졸함이나 비굴할 정도로 미국에 예속된 외교정책을 비판하는 일이 필요하지만, 마치 군축·평화공존·평화통일이 모든 것을 해결해주는 것처럼 말하는 진보의 태도에도 부딪치는 일이 필요하다. 겉으로는 햇볕정책을 추구하더라도, 속으로는 급변상황이나 위기상황에 대처할 수 있는 여러 실질적인 대처능력을 갖추어야 한다. 힘과 군사력에 의한 진압에만 기대는 일은 단견이지만, 근본적인 평화에만 호소하는 일도 너무 장기적이거나 추상적이어서 공허할 수 있다.

### 강남좌파의 삶은 진보적일까

조국은 "진보의 길이 곧 정의를 구현하는 길이라고 확신하기 때문에 저는 어디에 가서든 공개적으로 진보를 자처하고 있다"고 말한다. 글쎄다, 이런 확신이 한편으로는 부러우면서도, 다른 한편으론 의심스럽기도 하다. 더욱이 어디서나 공개적으로 진보를 자처한다? 이런 확신이 진보적인 행동을 하게 만드는 힘이기도 하겠지만, 그것 자체로 권력의지라는 점도 인정되어야 할 것이다.

조국은 강남좌파 중에서 유독 진보를 자처하는 사람들의 대표적 예다. 그들은 실제로는 많은 점에서 중도적일 터인데도, 진보를 자처하는 경향이 크다. 나는 실제로는 중도에 가까운 강남좌파를 비판하거나 비난하고 싶은 마음은 전혀 없다. 그들의 중도적 삶 자체는 문제가 없다. 더욱이 강남좌파는 많은 점에서 소위 '개혁적이고 진보적인' 의제를 위해 말하고 행동한다는 점에서, 긍정적인 면을 가지는 사람들이다. 다만 언제나 진보를 자처하는 제스처나 포즈, 곧 진보를 부풀리면서 자처하는 그들의 태도는 비판적 분석의 대상으로 삼고 싶다.

강남좌파 방식의 삶은 실제로는 중도적 혹은 자유주의적으로 사는 사람들의 삶과 가까우며, 우파적 가치를 따르는 사람들의 삶과도 크게 차이가 나지는 않는다는 점은 이미 언급했다. 강남좌파에도 보통 강남좌파가 있고, 언제나 진보로 자처하는 강남좌파가 있을 듯하다. 전자들은 자신을 굳이 진보라고 자칭하려는 욕망에 사로잡혀 있지는 않을 것이다. 다만 미디어들이 판에 박힌 잣대로 계속 뉴스를 생산하거나 여론을 조성하기 때문에, 혹은 후자들이 자꾸 진보로 자처하기에, 진보로 자칭하고 타칭되기를 바랄 것이다. 강남좌파라는 지표는 그런 역할을 하는 대표적인 기호일 것이다. 많은 사람들은 중도나 리버럴이라는 호칭이 통용되면, 자신을 비록 항상은 아니더라도 종종, 그렇게 호명할 것이다. 그러나 언론이 그런 호칭을 좀처럼 사용하지 않는다. 보수적인 언론과 진보적인 언론은 이 점에서 같은 노선을 취하는 듯하다. 특히 지식인이나 활동가들이 그 '진보'의 이념을 확대 재생산하는 경향이 크다.

나는 이들 강남좌파, 곧 실질적인 강남중도나 강남리버럴도 좋은 의미의 개혁층으로 존재할 수 있으며, 인권과 공정함을 떠받치는 세력으로 존재할 수 있다고 생각한다. 곧 중도와 진보의 연대나 연합이 가능하며, 그것이 바람직한 일이라고 믿는다. 그러나 그들이 어디에서든 공개적으로 '진보'를 자처하는 행위에는 의심이 가고 이의를 제기할 수 있다고 본다. 왜냐하면 '공개적으로 진보 자처하기'가 진정으로 그 사람의 윤리적 주체성을 증명하거나 확인해주는 일은 아니라고 보기 때문이다. 그것은 그 사람의 지적 허영심 때문일 수도 있고, 혹은 정치적이며 상징적인 자본을 축적하는 방식일 수도 있다. 그렇더라도 나는 이 점을 비난의 대상으로 삼고 싶지는 않다. 다만 '자칭 진보'는 자신이 진보의 이슬을 먹고 산다고 여기는 경우가 많다.

'정통 좌파'들은 그런 점을 들어 리버럴한 혹은 강남좌파적인 삶의 방식을 비판하거나 비난하기도 한다. '정통 좌파'들이 일반적으로 강남좌파보다 약자의 편에 서 있고 일상적으로도 그들에게 도움을 준다고 생각해보자. 개별적으로 그 점을 증명하거나 입증하기는 어려운 일이지만, 평균적으로 그럴 가능성이 높다고 하자. 이들은 강남좌파처럼 좋은 학력과 학벌을 얻기 위해 많은 지출을 하지도 않고, 부동산에 투자도 하지 않는다고 여기자. 이들도 물론 '어디에 가서든 공개적으로 진보를 자처한다'. 그렇지만, 그들이 주장하는 대로, 그들만으로 '진보'의 축을 삼는다면, 좋은 정치는 너무 좁혀지고 형편없이 쪼그라들 것이다. 또 그 진보적인 삶의 방식을 모든 정치행위에서 입증하라고 요구할 수도 없다. 그것은 프라이버시를 침해하는 과도한 요구가 될 것이다.

이 점이 중요한 지점이다. 이들 '자칭 정통 진보' 혹은 좁은 의미의 '자칭 진보'가 개인적으로는 윤리적인 삶을 산다고 하더라도, 그 윤리적 기준을 정치영역에 그대로 적용하거나 확대하기는 어렵다. 대중정치와 삶의 윤리 사이에는 균열이 있다는 것이다. 물론 그 균열은 좋은 것은 아니다. 그렇다고 그저 나쁜 것도 아니며, 무시할 것도 아니다.

## 정치와 윤리의 균열을 넘어서

그 균열이 그저 나쁜 것도 아니고 무시할 것도 아니라는 점에 주의를 기울이자. 왜냐하면 이 차이와 균열은 있어서는 안 될 '나쁜 결함'과는 다르기 때문이다. 이 차이와 균열은 오히려 서양에서는 고대 그리스 시대 이후, 그리고 동양에서도 공자 시대 이후 정치와 윤리 사이에서 끊임없이 터져 나오고 또 반복된 구조적 결함일 것이다. 플라톤은 철인정치를 시도하다 실패했고, 공자 역시 희망과 좌절 사이에서 방황했다. 물론 근대 이후 대중민주주의가 진행하고 발전하면서 그 균열은 점점 확대되었다.

20세기 이후 많은 나라에서는 거의 모든 사람들에게 정치적 기본권을 부여하고 있다. 그들이 어떤 삶을 살든, 곧 그가 어떤 윤리적 수준의 삶을 살고 어떤 정신적 활동을 하든, 그들에게는 정치적 권리가 있다. 국내 선거법에 따르면 범죄를 저질러 현재 감금되어 있거나 선거법을 위반한 사람들, 그리고 의식불명인 경우를 제외하고는, 모든 사람들이 폭넓게 정치적 기본권을 행사할 수 있다. 그리고 이들의 투표 결과에 따라 정치권력이 배분되고 조정되는 민주주의는 일정한 정도로 정치와 윤리 사이에서 간격과 균열을 인정하는 시스템이라 할 수 있다.

이 점은 사실 아주 특별한 비밀도 아니다. 사소하지 않은 범죄를 저지른 개인들도 일정한 기간이나 조건을 채우면, 다시 정치적 기본권을 획득한다. 또 정신적 판단능력이 적지 않게 손상된 노인들도 한 번 얻은 정치적 기본권을 인생의 끝까지 계속 유지한다. 심지어 구체적인 상황에서 심각한 윤리적 문제가 있는 사람들, 예를 들면 무책임하거나 파렴치한 짓을 한 사람들도 선거권을 유지한다. 이것은 무엇을 말하는가? 민주주의 안에서 정치적 권리와 삶에 대한 윤리적 책임은 크건 작건 언제나 차이가 나고 균열이 생길 수밖에 없다는 것이다. 거꾸로 말하면, 정치적 권리와 윤리적 책임 사이에 차이나 균열이 발생하지 않는 민주주의는 존재하지 않는다. 이것은 대중에 근거한 민주주의의 엄청난 장점이자 심각한 단점일 터다. 그런 민주주의가 어떻게 존재하느냐고? 바로 거기에 진부한 민주주의의 신비가 있다. 혹은 거꾸로, 놀라운 민주주의는 그렇게 진부하게 작동한다.

이렇게 정치의 차원과 윤리의 차원이 분리되면서 나타나는 중요한 현상 가운데 하나가 보수와 진보의 단순한 이분법은 점점 의미를 잃는다는 것이다. 그 대신 중도의 영역이 점점 확대된다. 위에서 언급했듯이, 유럽에서조차 사회민주주의가 두드러지게 중도좌파 혹은 중도의 성격을 띠게 된 것도 이런 이유에서다.

정치와 윤리 사이에 틈과 균열이 있는 만큼, 이 중도가 대변하는 가치는 보수와 진보만큼 동질적 정체성을 확보하기 어려운 것도 사실이다. 모호하고 불연속적인 지점들, 이질적인 것들이 복잡하게 중첩되는 교차점들이 상당히 많다. 그것을 단순히 결함이나 흠으로만 볼 필요는 없다. 의식과 존재 사이에 드러나는 틈과 균열을 과거에는 부정적인 '이데올로기'로 혹은 '허위의식'이라고 여겼지만, 꼭 그런 것만은 아니다. 틈과 균열은 어떤 점에서 비정상이 아니라 정상에 가까운, 일상적으로 일어나는 일이다. 그만큼 인간 존재는 모호하고 복잡하다.

강남좌파도 이런 현상에서 생긴 존재다. 그것이 최근에 갑자기 등장했다고 볼 수는 없다. 1987년 시민들이 민주화의 주축으로 등장했을 때부터, 한국의 대중민주주의는 중산층의 존재에 많이 의존하게 되었는데, 이들 중산층은 많건 적건 정치의 판과 윤리의 판이 분리되는 지각변동이 일어나는 지점에 존재하는 사람들이다. 88올림픽을 치른 후 샴페인을 너무 빨리, 혹은 선진국과 비교하면 너무 늦게 터뜨리면서, 그리고 중산층과 지식인 상당수가 강남으로 옮겨가면서, 그들이 늘어났다. 그들은 정치적으로는 민주화를 지지하지만, 실제생활에서는 경제적인 자본뿐 아니라, 교육적·문화적·상징적 자본을 축적한다. 물론 경제적 자본과 이들 후자의 자본들이 언제나 비례하는 것은 아니지만, 그 사이에는 상당히 끈끈한 끈이 존재한다. 흔히 개혁·진보라고 부르는 집단의 작지 않은 몫을 이들이 구성한다고 할 수 있다.

이들 강남좌파의 상당수는 실제로는 중도에 가깝다. 전통적인 좌파의 이념으로는 그들의 복잡하고 모호한 삶을 담을 수 없기 때문이다. 넓게 보면 중도우에서 중도를 거쳐 중도좌에 이르는 영역에 때로는 산발적으로, 때로는 집중적으로 분포되어 있다. 물론 그들만 중도를 구성하는 건 아니다. 굳이 진보를 자처하지 않는 중도들도 많다. 이들 중 상당수는 때로는 이명박 같은 보수적인 정치세력도 지지할 정도로 모호하게 중도우파적 성향을 띠기도 하지만, 그렇다고 개혁과 민주화를 반대하는 건 아니다. 그들 가운데 적지 않은 숫자는 개혁·진보에 동참하기도 한다. 예를 들면 노무현을 지지했던 사람들처럼.

실제로는 꼭 진보적으로 살지 않으면서 언제나 진보를 자처하며 진보를 부풀리는 일은 이상하고 심지어 수상하기도 하다. 또 그 일은 이 땅에서 보수와 진보라는 두 진영이 다소 공허한 집단 논리를 게으르게 반복하고 재생산하는 데 일조하기도 한다. 강남좌파의 모호한 존재를 중도적 지점에서 측정하고 평가하는 일이 필요하다. 그와 더불어, 이제까지 간과되고 배제되기까지 했던 여러 중도적 흐름들을 차분하게 서술할 필요가 있다.

그래서 나는 강남좌파라는 표현 대신에, 중도(넓게 말하면 중도우에서 중도를 거쳐 중도좌까지)나 리버럴이라는 표현이 사용되기를 바란다. 엄밀하게 말해서, 그들은 의식은 좌파인데 생활은 우파로 하는 사람들이 아니다. 그들의 의식조차도 더 이상 좌파적이지 않다. 전통적인 좌파는 자본주의와 돈에 대해, 그리고 자신의 이익에 대해 비판적이었다. 그러나 지금 강남좌파라고 불리는 사람들은 거의 그렇지 않다. 아직 부분적으로 말로는 그런 비판적 제스처를 취하는 사람이 있겠지만, 대부분 사람들은 과거의 전통적 좌파와는 다른 방식으로 자본주의와 돈과 이익을 이야기한다. 달리 말하면 그들은 좌파적인 태도가 아니라 중도적이거나 중도좌파적인 태도를 취한다. 또한 그들의 의식과 언어, 문화와 취향은 많은 점에서 후기 자본주의적이거나 신자유주의적 경향들과 겹친다.

그래서 강남좌파라는 표현이 사용되고 그들이 진보를 자처할수록, 진보의 대열은 비틀어지거나 꼬일 것이다. 그리고 보수 쪽에서 비판을 가할 수 있는 지점도 늘어날 것이다. '위선적 강남좌파'라는 비판이 끝없이 반복되는데, 그 가운데 상당수는 바로 '진보'를 자처하는 '강남좌파'가 자초한 것이다. 왜냐하면 진보·좌파의 핵심 가운데 하나는 일관된 윤리인데, 강남좌파는 그것을 유지하기가 어려울 정도로 모호하고 분열된 생활을 하기 때문이다. 우파가 강남좌파의 위선을 지나치게 고발하는 것이 다소 편향되거나 악의적이기는 하지만, 자신들을 중도나 리버럴로 자칭하는 대신, 진보나 좌파라고 자칭하는 '강남좌파'의 책임도 있다. 진보·좌파가 가진 상징적 우월성이 역효과를 가져오는 셈이다.

물론 강남좌파만 모호한 것이 아니라 일반적으로도 중도는 모호한 점이 많다. 극단적인 명분에 사로잡히지 않은 채 흔들리는 균형을 기우뚱 잡아야 하는 일이기 때문이다. 내가 이 책에서 서술하려는 주제들은 보수/중도/진보의 스펙트럼에서는 중도에 속하겠지만, 구체적이고 실제적으로는 '우충좌돌'하는 움직임의 표현들이다. 우파가 빠진 부패와 성장 제일주의, 그리고 과도한 이기주의와 먼저 부딪치지만, 좌파의 관념적인 경직성 및 독단과 위선과도 부딪치기. 그래서 솔직한 중도는 사실 양쪽으로 싸우는 피곤한 일이다.

## 중도를 포용하는 정치의 길

그러나 솔직한 중도는, 포용하는 일이기도 하다. 진보를 부풀리는 일과는 다르게, 정치와 윤리의 틈과 균열 속에서 정치적 민주화와 인간적 윤리에 대해 포용적 태도를 가지는 일이다. 정치적 민주화와 인간적 윤리를 완벽하게 요구하지 않고 일정한 정도까지만 요구하며 포용하는 일. 물론 사적으로는 인간적 윤리나 인간적 품격이 중요하다. 그러나 대중 민주주의의 차원에서는 부패를 막고 공정하게 통치를 하는 쪽으로만 가면 충분하다고 여기면서, 정치와 윤리를 포용하는 일이다.

이 책에서 내가 '자칭 진보'라는 표현을 다소 부정적이거나 비판적인 관점에서 사용한 것은 사실이지만, 그렇다고 단순히 그들을 비판하기 위해 사용한 것은 아니다. 그 표현을 사용한 기본적인 목적은 '진보를 자처하는' 일이 어떤 행위인지를 분석하는 것이었다. '진보를 자처하는' 행위는 특히 '진보'를 과도하게 부풀리거나 좁히는 사람들이 하는 듯하다. '진보'의 내용이 솔직하게 드러나지 않는 상황에서 그것을 과도하게 부풀리거나 좁히면서 자처하는 행위, 곧 '진보'를 그 자체로 정치적으로 우월한 것으로 여기면서 보수와 진보의 이분법을 조장하는 행위를 분석할 때, '자칭 진보'라는 표현은 약간의 조롱을 담고 있다.

중요한 점이 또 있다. 내가 '자처하기'라는 언어 행위를 콕 집어내서 분석한 이유는, 언론 매체가 표현된 언어 행위에 너무 매달리는 경향이 있기 때문이다. 사회적이고 정치적인 과정은, 어떤 가치를 드러내고 그것을 말하는 일로 그치지 않는다. 그 과정에 참여하는 사람들이 성실하고도 공정하게 행위하는지, 조직과 제도가 잘 작동하는지를 따지는 일이 더 중요하다. 또 좋은 말을 누가 먼저 하느냐가 중요한 것도 아니다. 오히려 좋은 일을 누가 먼저, 그러나 제대로 하느냐가 중요하다. 복지든 등록금이든 통일이든 비슷할 것이다. 뻔뻔한 구호보다는 차분하고 정확한 프로세스와 적절한 개입에 더 관심을 가져야 한다. 한 예를 들면, '반값 등록금'을 정치적이고 정책적인 주제로 만든 것은 민주당 쪽이다. 그런데 한나라당이 그 주제를 받아들이면서, 그 주제가 힘을 부쩍 받고 있다. 그리고 보수 언론 쪽도 사립대학들의 개혁을 다각도로 촉구하고 있다. 물론 보수 언론의 동기는 진보 쪽의 그것과 다르다. 그렇지만 어쨌든 한나라당과 정부가 이 문제에서 가시적인 성과를 이끌어낸다면, 그건 일정 부분 여당의 업적이 될 것이다. 이처럼 정치적이고 정책적인 성과와 효과는 처음의 동기나 내용과는 다른 차원에서 실행될 수 있다.

 물론 정말로 진보적으로 좌파적으로 행동하는 사람들이 존재할 것이다. 괜찮은 방식으로 진보적으로 행동하는 사람이 진보를 자처한다면 아무 문제도 없을 것이며, 따라서 '괜찮은 진보'는 얼마든지 가능하며 많을수록 좋을 듯하다. 그러나 이 책이 드러내고 싶은 논점은, 모든 점에서 확실하고 고정된 정답을 가진 진보는 존재하기 힘들다는 것이다. 중도좌파가 좌파와 분리되는 과정은 이 점을 역사적으로 확실히 보여주었다. 정책이나 문제에 따라 얼마든지 중도우에서 중도를 거쳐 중도좌에 이르는 지형이 선택될 수 있다. 또 진보나 좌파가 윤리적으로는 좋아 보일지 모르지만, 실제로 진보나 좌파가 정치나 현실을 홀로 좌우하는 것만도 아니다. 강한 우파에 대항한다면서 진보적 이념이나 조직을 키우는 것만이 해답은 아니다. 그 둘은 서로 다른 방향을 향하면서도 짝패로 존재하기 십상이다. 실제로는 '우충좌돌'하는 움직임이 훨씬 더 실존적이고 솔직한 모습일 수 있다.

○2

# 우파와도 좌파와도 싸우는 중도

### 솔직한 중도가 필요하다

이 책은 이론을 다루지 않았다. 우리 사회에서 사회적으로 예민하고 뜨거운 문제들, 그것들을 다루기 위해서는 보수와 진보가 신봉하는 원리나 이론에 너무 얽매이면 안 된다. 보수와 진보 진영은 집단적으로 사고하는 경향이 크며, 틀에 박힌 원리와 이론을 반복하곤 하기 때문이다. 이 책은 그래서 보수와 먼저 부딪치지만 진보와도 부딪치는, 곧 '우충좌돌'하는 움직임을 이전 책들에 이어 계속하고 있다. 『기우뚱한 균형』(2008)이 그것의 직접적이고 본격적인 표현이었지만, 그 이후의 책들, 『니체는 왜 민주주의에 반대했는가』(2009)와 『더러운 철학』(2010)도 철학적인 차원에서 비슷한 주제와 문제를 다뤘다고 할 수 있다. '우충좌돌'은 이전의 책들과 지금 이 책에서 공통적인 전략인 셈이다.

이 책에서는 중요한 의제나 이슈들을 주제로 삼아 '우충좌돌'의 움직임이 구체적인 상황에서 어떻게 변주되는지를 살펴볼 것이다. 그러면, 이 '우충좌돌'의 움직임은 정치적 스펙트럼 위에서는 뭐라 부를 수 있을까? 정치사상의 지형도를 따르자면 '우충좌돌'하는 움직임은 아마도 중도/중도좌나 리버럴의 이름으로 불릴 수 있을 것이다. 그러나 개별적이고 구체적인 사건에서 우충좌돌에 그저 중도/중도좌 혹은 리버럴이라는 정치적 스티커를 붙이기는 어려울 듯하다. '우충좌돌'은 때로는 상당히 미세한 지점들에서 서성이고 거기서 양쪽으로 부딪치는데 반해, 중도/중도좌 혹은 리버럴이라는 스티커는 비교적 일반적인 지표로 작동하기 때문이다. 또 중도나 리버럴의 입장에 서는 것은 한국에서 꽤 쉬운 일로 여겨진다. 그와 달리 '우충좌돌'하며 움직이는 일은 매우 까다롭고 많이 싸우는 일이다. 정치적 이분법의 틀 안에서 보호받는 안전한 집단 논리와 비교하면, 매 사건마다 자신의 실존을 걸어야 겨우 할 수 있는 일이다.

더욱이 '중도'는 아직 한국에서 그에 걸맞은 존중을 받지 못하고 있다. 심지어 보수와 진보의 이분화된 정치지형에서는 왕따를 당하고 있다고 할 수도 있다. 보수와 진보라는 두 자극磁極이 사람들을 끌어당기고 있기 때문이다. 자잘한 쇳가루들이 새까맣게 자석에 달라붙듯, 사람들은 그 두 자극에 달라붙어 있다. 집단사고와 진영논리를 따라하지 않으면 피곤하고 차별받는 사회이기 때문이다. 그러면서 우파는 좌파를 위선자라 부르고, 좌파는 우파를 뻔뻔한 욕심쟁이로 여기는 갈등이 여러 층위에서 계속되고 있다.

이렇게 중도/중도좌가 우리 사회에서 쉬운 것으로 여겨지고 또 존중도 받지 못하니, 그 말이 매력이 있을 리 없다. 반면에 진보란 말은 어느 순간부터 좌파라는 말을 대체하면서, 멋있는 것으로 여겨진다.

진보를 자처하는 사람들은 진보가 좌파와 거의 동일한 의미를 가진다고 말하면서도, 좌파라는 말은 버리고 진보라는 말을 사용한다. 이렇게 진보를 좌파와 거의 동일한 의미로 사용하면서도 좌파란 말은 사용하지 않는 것은 정말 이상한 일이다. 거의 우리 사회에서만 일어나는 일일 듯하다. 진보라는 말은 부풀려지고 또 부풀려져서 거의 인플레이션 상태에 있다.

물론 좌파라는 단어가 한국 사회에서 부담스러운 말이었기에, 그런 일이 일어났을 것이다. 특히 북한과 대치하고 있는 상황과 국가보안법이 그 부담의 원인이었다. 그래서 좌파라는 말 대신에, 다소 모호하고 가치중립적으로 보이는 진보라는 말이 애용된 것일 터다. 그러나 좌파라는 말은 숨고 진보라는 말이 과도하게 돌출되는 상황은 지금 적지 않은 정치적 혼란을 야기하고 있다. 진보라는 말을 애용하는 사람들도 결국 보수와 진보의 이분법을 조장하고 또 확대하는 경향이 크다. 그리고 무엇보다 이제 솔직해질 필요가 있다. 유럽에서도 지난 세대 동안 전통적인 좌파는 크게 줄어드는 대신 중도좌가 확대되었다. 그런 상황에서 '진보는 좌파와 동일하지만, 좌파라는 말은 조심해서 써야 하는 대신 진보라는 말은 편하게 사용해도 좋다'는 생각은 게으르기도 하고, 오해를 불러일으킨다. 진보를 자처하는 사람은 정말 자신이 믿는 좌파적 가치에 따라 행동하는지 아니면 중도좌 지점에 있는지, 솔직하게 살펴볼 필요가 있다. 꼭 과거의 노동자처럼 살아야 좌파가 된다고 생각하지는 않지만, 기본적으로 나는 좌파 정당을 지지하면서 좌파/사회주의가 믿는 가치에 따라 사는 사람을 좌파라고 생각하고 싶다. 좌파 정당을 지지하지도 않고 또 좌파적 가치에 따라 살지도 않으면서 그저 좌파나 진보를 자처하는 일도 거품이다. 좌파가 부담스러운 사람은 자신이 중도좌 정도에 있다고 생각하면 된다.

사실 '진보'란 말은 '개혁'이란 말처럼 어떤 점에서는 일반적인 경향을 지칭하며 따라서 모호한 말이다. 또 그 자체로는 특정한 정치색이나 정치적 정체성을 가지지도 않고 요구하지도 않는다. 개혁은 누구든지 할 수 있다. 보수도 개혁을 할 수 있다. 마찬가지로 진보도 과거의 특정한 상태에 비교해 좀 나은 미래를 그린다는 점에서는, 누구든지 선택할 수 있는 목표다. 역사적으로는 부르주아 시민계급이 귀족계급에 대항해 자신들의 요구를 관철시키면서 사용한 측면도 있다. 그처럼 특정한 역사적 시점에서는 나름대로 의미를 가질 수 있는 말이지만, 보편적인 가치를 가지기는 어렵다.

그래서 정치적 이념으로서 진보라는 말은 서구에서는 전반적으로 사라지고 있다고 할 수 있다. 중요한 정치 선진국의 주요 정당 당명에서 진보가 들어가 있는 경우는 거의 사라졌다. 그나마 가까운 예로, 캐나다의 '진보 보수당'을 들 수 있다. 1942년까지 '자유 보수당'이란 당명을 가졌던 정당이 '진보 보수당'으로 이름을 바꾸었는데, 물론 정치적 성격은 여전히 보수당이었다. 기본적으로 보수를 표방한 정당이 '자유'와 '진보'라는 수식어를 연이어 사용한 것이다. 그러다가 개혁당을 모태로 한 '캐나다 연합'의 당수인 스티븐 하퍼가 2003년 두 당을 통합하여, 단일 '보수당'을 탄생시켰다. 스티븐 하퍼의 보수당은 2006년 이후 집권하고 있다. 캐나다의 예를 일반적이라고 하기는 어려운 점이 있지만, 그래도 그 예는 여러 가지 점을 시사해준다. '자유주의'는 19세기에서 20세기 초반까지는 비교적 보수적 색채를 많이 띤 이념이었다. 그러다 20세기 중반 이후에는 점점 현재의 중도적 혹은 리버럴한 색채를 많이 가지게 되었다고 할 수 있다. 그와 달리, '진보'라는 말은 정치사상으로는 점점 모호한 경우가 되었고 따라서 많이 사라졌다고 할 수 있다.

그런데 우리 사회에서는 좌파적인 정치적 정체성을 기대하고 요구하는 사람들이, 이 모호한 말인 '진보'를 과도하게 사용함으로써, 여러 오해를 불러일으키고 있다. 아마도 그 말이 여러 판타지를 유발하고 여러 상징적 효과를 주기 때문에 선호되는 것일 터다. 그러나 바로 그 때문에 그 말은 지금 매우 모호한 상태에 있다. 정치적 개념(개혁이나 실용주의 혹은 진보 같은)을 둘러싸고 우리 사회에서 갈등과 싸움이 끊이지 않는 큰 이유도, 중도와 중도좌라는 비교적 명확한 개념을 숨긴 채 개혁과 진보라는 모호한 말을 남용하면서 그 말로 정치적 정체성을 표현하려는 이상한 관행 때문일 것이다. 정치적으로는 진보란 말 대신에 중도/중도좌 혹은 좌파라는 말을 사용하는 것이 더 명확하고 솔직하다.

### 우충좌돌 싸우는 중도

이렇게 불리한 상황에 있고 매력도 없는 말이지만, 이 책은 몇 가지 점에서 '중도'라는 말을 사용하고자 한다. 첫째, 지금 강남좌파라고 불리는 사람들, 더 나아가 진보라고 불리는 사람들의 다수 혹은 상당수는 중도와 리버럴에 가깝기 때문이다. 강남좌파와 진보 가운데 전통적인 의미의 좌파로 불릴 수 있는 사람은 사실 많지 않은데도, 그들이 본래 이름 대신 모호하게 진보로 불림으로써 혼란을 야기하는 일이 많다. 중도와 중도좌, 그리고 때로는 리버럴까지 진보를 자처하는 형국이다. 이 혼란을 없애고 오해와 쓸데없는 왜곡을 피하기 위해서는 우파와 좌파 사이에 중도/중도좌를 설정하는 것이 필요하다.(리버럴에 대해서는 조금 아래에서 다시 이야기할 것이다.) 둘째, 중도좌와 좌파의 거리는 때로는 큰 문제가 되지 않을 수도 있지만, 때로는 상대적으로 중요성이 크다. 이 상황에서 모호하게 진보라는 말을 사용하여 그 둘을 함께 부르는 일은 도움이 되지 않는다. 그러므로 중도좌와 좌파라는 말을 구별하여 사용하도록 하자. 셋째, 중도/중도좌는 우파와 좌파 못지않은 실체로, 그에 해당하는 정치적 지점들과 그룹들을 명확히 표시하는 게 좋다.

'우충좌돌'의 움직임을 일반적인 정치적 지형도의 표시방식을 따라 중도라 부를 수 있을 것이다. 다만 '우충좌돌'하는 중도는 그저 보수와 진보, 우파와 좌파 사이에 어중간하게 있는 그런 집단이 아니다. 보수든 진보든 경직된 이념이나 진영 논리에 부딪치는 일이 '우충좌돌'이기 때문이다. 말하자면, 까칠한 중도 혹은 삐딱한 중도 혹은 실존적으로 싸우는 중도다. 이렇게 까칠하고 삐딱한 '우충좌돌' 중도와 일반적으로 이해되는 정치적 중도가 아주 동일한 것도 아니지만, 그렇다고 아주 동떨어진 것도 아닐 터다. 그래서 다소 위험이 있지만, 나는 '우충좌돌'이라는 실존적이고 철학적인 움직임이 일반적인 의미의 중도/중도좌 혹은 리버럴과 겹치는 지점이 많다고 말하고 싶다. 따라서 이때의 '우충좌돌 중도'는 일반적으로 사용되는 중도에 매 순간 겹치거나 교차할 것이다.

이 책은 의도적으로 '우충좌돌'하면서 이 중도의 풍경, 다소 모호하고 삐딱하고 까칠한 풍경을 그리려고 했다. 그 풍경이 삐딱하고 모호하고 까칠한 이유는 무엇보다 다중과 개인들이 기존의 이분법적인 정치지형을 따르지 않기 때문이다. 그들은 말하자면 매우 이질적인 다중

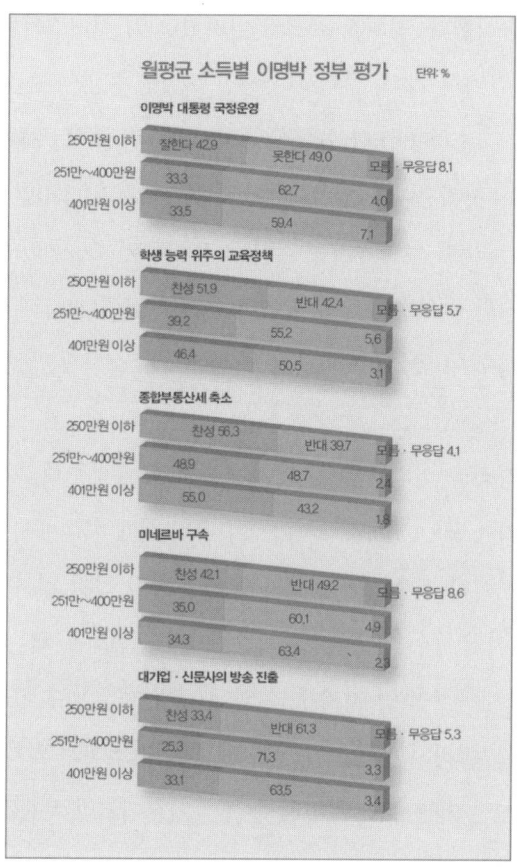

소득별 정치 성향을 분석한 결과들을 보면 가난한 사람들이 오히려 더 보수적인 선택을 하는 것을 알 수 있다. 현실은 단순한 이분법으로 나눌 수 없다.

들이다. 그들은 단순히 강자인 것도 아니고 약자인 것도 아니다.

이제까지 약자의 영역은 자동적으로 흔히 좌파의 의제라고 여겨졌다. 자칭 좌파는 아직도 그렇게 여기는 경향이 크다. 그러나 그것은 사실이 아니다. 실제로 선거에서도 저소득층이 흔히 말하는 진보적인 정당이 아니라 보수정당을 찍은 예가 빈번했다. 2011년 4월 실시된 보궐선거에서 손학규후보는 전통적으로 한나라당의 텃밭이라는 분당을 선거구에서 승리했다. 정치적 쇼크로 여겨졌던 이 선거결과는 시사하는 점이 여러 면에서 크다. 무엇보다 중산층은 민주당후보를 많이 찍고, 고소득층과 저소득층은 한나라당후보를 많이 찍었다는 것이 두드러진다. "A여론조사기관이 24일 실시한 조사에 따르면, 300만~400만 원과 400만~500만 원 소득자는 각각 66.9%와 56.4%가 민주당 손학규 후보를 지지한 것으로 나타났다. 반면 한나라당 강재섭 후보는 200만 원 이하에서 많이 앞섰고 500만 원 이상에서 근소하게 앞섰다."(조선일보, 2011년 4월 29일)

물론 전통적 의미의 사회적 약자는 아직도 존재한다. 그러나 현대 사회의 약자는 모든 면에서 약자는 아니다. 현재 사회에서 약자는, 지속적인 신분이나 계층으로 존재하는 면도 아직 적지 않지만, 삶의 주기에 따라 여러 우여곡절을 겪는 등 주기적인 변화를 겪는 경향이 크다. 빈곤도 지속적인 면 이외에, 삶의 주기에 따른 변수로서 작용하는 면이 커진다. 따라서 우파는 강자의 편을 들고 좌파는 약자의 편을 든다는 전통적인 이론은 이 지점에서 그저 이론이거나 부분적인 진실이거나 구태의연하다.

그런데도 개인적인 불행과 집단적인 갈등 앞에서 우리 사회는 아직도 이 구태의연한 정치적 이분법에 지나치게 매달리며, 경직된 진영 논리를 재생산한다. 그래서 나는 좋든 싫든 우리 사회가 이 '우충좌돌'의 움직임에 주의를 기울여야 한다고 생각한다. 중도적 태도가 옳아서가 아니다. 이 점이 상당히 중요하다. 중도는 옳은 원칙을 소유하고 있는 것도 아니며, 그것으로 자부심을 삼지도 못한다. 그런 점에서 '우충좌돌'하는 일 혹은 중도는 애초에 진리의 길이 아니다. 중도는 정도도 아니고 곧은길도 아니다. 하루하루 자신의 실존의 바닥을 스스로

쓸어야 하는 일이고, 바로 자신의 얼굴에 부딪치는 바람의 웅웅거리는 소리를 듣는 일일지 모른다. 굳이 말하자면, 중도적 관점은 사람들의 행동에 스며든 구차스럽고 뻔뻔한 면면들을 들여다보고 되돌아보고, 또 자신에 비춰보는 일이다. 실제로 중도적 태도는 세상의 결들 속에 사정없이 껴서, 때로는 구차스럽고 때로는 뻔뻔스럽기도 하다. 그래서 이기주의와 이타주의 사이의 좁은 길을 자주 걷게 된다. 이 중도적 길은 울퉁불퉁하며 각이 많은 삶의 풍경에 걸맞은 것인지 모른다. 그렇기에 사회적 정책도 삶의 그런 모습을 가능한 대로 반영하는 게 좋을 것이다.

### 개혁과 진보의 통합은 가능할까

여기서 한번 사람들이 많이 제기하는 물음을 생각해보자. 개혁·진보가 잘 되려면 지금 이 중도가 왼쪽으로 움직이고, 자칭 좌파는 조금 가운데로 와서 합치면 좋을 듯하다. 그러면 둘은 중도좌쯤에서 만날 테니까. 지금의 중도가 왼쪽으로 가면 중도좌가 된다. 그것 자체는 별로 어려워 보이지 않는다. 유럽의 경우 중도좌는 사회민주주의를 표방하는 정당들이 대표하는데, 민주당이 일관되게 그런 정책을 대변하는 것 자체는 크게 어려운 일이 아닐 것이다. 그런데 2010년 지방선거에서 무상급식이 바람을 탄 후 민주당은 진보 포퓰리즘이라 부를 만한 짓을 하고 있다. 단기적으로 인기를 끌고 시류를 타려는 진보 색깔 입히기가 유행이 됐다. 또 민주당이 중도좌로 움직인다고 해도, 진보정당들이 비슷한 지점으로 움직일지는 알 수 없다. 진보정당들 안에는 중도적인 정당과 같이 갈 수 없다는 강경한 그룹들이 있기 때문이다.

이들은 진보·좌파를 이념적인 원칙으로 숭상하는 사람들이다.

　따라서 이 문제는 그저 민주당은 조금 왼쪽으로 가고, 진보정당은 조금 오른쪽으로 움직이기만 하면 될 문제가 아니다. 위에서 이미 언급했듯이 개혁·진보가 통합되기 힘든 커다란 이유는, 우리 사회에서 진보를 너무 부풀리거나 거꾸로 진보를 너무 독선적으로 설정하는 일이 많이 벌어지기 때문이다.

　현재 한나라당은 정작 보수적 가치(공정과 엄정, 가족과 고향 등)을 지키지도 못하는 웃기는 보수정당의 모습을 보이는 반면에, 민주당과 진보정당들은 여러 점에서 과도하게 진보의 판타지 혹은 진보 포퓰리즘에 빠져 있다. 민주당은 진보를 부풀리는 쪽으로 기울고 있고, 진보정당은 진보를 좁히는 쪽으로 기우는 경향이 있다. 국가의 기본적인 정책을 크게 바꾸려면 집권해야 하고, 그러려면 다수의 선택을 받아야 하는 게 아닌가? 그런데 개혁·진보정당들은 이 목표에서 엇나가는 움직임을 하고 있다. 선거 때에만 연합을 하는 것은 성공하기 힘들다. 에너지도 너무 소비되는 일이다. 내각제로 가지 못하는 한, 결국 정당들이 과감하게 통합을 하는 게 필요하다. 선거 때만 되면 통합하는 시늉을 하는 정당들도 우스꽝스럽고, 또 선거 때만 되면 정당들에게 통합하라고 권고하는 시민단체들도 썩 보기 좋은 것은 아니다. 시민단체 사람들도 정당 바깥에서 선거 연합을 부추기고 권고하는 일을 습관적으로 하는 경향이 있는데, 이런 습관도 우스꽝스러운 면이 있다. 정당 통합을 원하는 사람들은 차라리 민주당과 진보정당 내부로 들어가서 직접 그 당들의 체질을 바꾸는 행동을 하는 게 나을 것이다.

　여기서 진보 진영에서 도입을 주장하는 독일식 비례대표제에 대해 이야기해보자. 독일 방식의 비례대표제는 매우 좋은 제도다. 나도 개인적으로 그 제도가 제일 좋다고 생각하는 편이지만, 우리 정치 현실에서 얼마나 현실성 있을지는 의문이다. 비례대표제가 독일에서 효과를 발휘할 수 있는 이유는, 독일이 분권화된 사회이고 무엇보다 내각책임제이기 때문이다. 우리처럼 대통령중심의 중앙집권제 사회에서는 그런 철저한 비례대표제가 도입되기도 힘들고, 비슷한 제도가 도입된다고 하더라도 비슷한 효과를 보기는 힘들 것이다. 독일 방식의 비례대표제는 철저하게 정당들이 얻은 득표율에 따라 의석을 배분한다. 한 정당이 지역구에서 많은 의석을 차지했더라도, 전체 의석수는 득표율에 근거해서 배분한다. 이렇게 철저하게 정당별 득표율로 의석을 배분하는 것이 의미를 가지는 큰 이유는, 내각책임제에 덧붙여 다양한 색채의 정당들이 골고루 존재하기 때문이다. 보수정당과 사민당이야 유럽 많은 나라에서 공통적으로 존재하지만, 녹색당과 자유당이 오래전부터 따로 존재하는 것은 특이한 점이다. 또 사민당에서 떨어져 나온 좌파당이 따로 존재한다. 말하자면 녹색당과 좌파당이 사민당이 채워주지 못하는 부분을 채워주고 있고, 자유당은 보수당이 채워주지 못하는 부분을 채워준다. 그런데 한국처럼 대통령중심제가 유지되는 한, 정당들이 통합되어야 정치적 의제를 효과적으로 다룰 수 있을 것이다. 그리고 그러려면, 개혁·진보 쪽에서 진보에 대한 모호한 판타지를 과도하게 부풀리거나 응축하는 일을 삼가야 한다. 진보 포퓰리즘이 성행하는 한 정당의 통합도 힘들고, 설혹 통합된다고 하더라도 쓸데없는 이념 싸움이 계속될 것이다. 오히려 중도와 중도좌를 내걸고 통합하는 정당이 필요하다.

## 유럽의 사민주의와 진보

　그렇지만 한국 사회에서는 중도와 중도좌, 또는 리버럴이라는 가치는 제대로 평가되지 못하고 진보라는 이름이 이를 뭉뚱그려 대신하고 있다. 그렇게 진보의 가치를 신봉하면서, 나아가 유럽의 사회민주주의와 미국의 리버럴 역시 모호하게 진보로 통칭하고 있다. 이 점을 유럽의 사민주의와 미국의 리버럴을 보도하는 매체의 관점을 통해 한번 살펴보자. 특히 '진보적인' 매체의 관점을 통해 살펴보자.

　우리가 흔히 유럽 사회민주주의라 부르는 정치의 색채는 어떤 것일까? 오늘날 한국식으로 부르면 진보일지 모르지만, 그것은 모호하고 거의 쓸데없는 지칭이다. 유럽 사회민주주의는 정당 정치의 틀 안에서 활발하게 분화를 일으켰고, 정당들도 분화하면서 진화하는 중이다. 나라마다 조금씩 편차는 있지만, 어쨌든 사회민주주의는 벌써 꽤 오래전부터 전통적인 좌파에서 분리되는 과정 속에 있다. 1990년대에 영국의 노동당이 제3의 길을 내건 사례가 대표적이지만, 다른 나라들에서도 비슷한 시기에 혹은 그 이전에 중도좌파가 좌파에서 분리되는 과정이 있었다. 스웨덴에서 사민당은 공산당의 후신인 좌파당과 분리되어 존재한다. 정치적으로는 사민당이 독자적으로 정부를 구성하는 경향이 크지만, 중도좌인 사민당은 좌파당과 녹색당의 지원과 협조를 이끌어내고 후자들도 정책에 따라 사민당에 협력하는 쪽에 서 있다. 이탈리아에서도 1990년대 초 공산당이 중도좌파와 좌파로 분리되었고, 이 두 집단은 때로는 연대하고 때로는 연대를 철회하면서 분화와 진화를 거듭하고 있다. 중도좌파를 대변했던 좌파민주당은 이후에 중도좌우가 결집하는 과정에서 아예 '좌파'라는 말을 당명에서 빼버렸다. 프랑스에서도 사회당은 이미 오래전부터 공산당과 분리된 상태에서 중도좌 정도의 색채를 유지하고 있다.

독일의 경우도 비슷하다. 사민당은 좌파당이 아니다. 서독에서 사민당은 벌써 1945년부터 공산당과 결별하기 시작하여 1959년에는 좌파 계급정당에서 완전히 벗어나 중도좌파적 대중정당을 지향하기 시작했다. 그 후 사민당은 때로는 중도좌파의 길을, 때로는 중도의 길을 걸었다. 그리고 거기 반대하는 사람들은 1990년대 들어 좌파당Die Linke으로 갔다. 이 좌파당은 전통적인 좌파의 가치에 비교적 충실한 편이다. 그래서 과거 동독 지역의 공산당 조직을 많이 흡수했다. 독일의 중도좌파와 좌파 사이에 다른 나라들과 조금 다른 점이 있다면, 중도좌파인 사민당과 좌파당이 연대를 하기에는 서로 먼 관계라는 것이다. 사실 사이가 안 좋다고 말할 수 있다. 중도좌나 중도인 사민당이 1990년대에 좌파당과 연합을 하지 않고 보수정당인 기민당과 연정을 구성했을 정도로, 서로 적대적이기까지 하다. 참여정부 시절 노무현 대통령은 그 대연정이 부러웠는지 돌출적으로 비슷한 걸 하자고 했으나, 보수와 진보로 나뉜 채 단순하게 대립하는 한국에서 그것은 너무 나간, 너무 앞선 일이었다.

개인적으로는 나도 '독일이나 프랑스 혹은 북유럽의 사회민주주의'를 선호하는 편이다. 그러나 사실 '독일이나 프랑스 혹은 북유럽의 사회민주주의'이라는 말은 오해의 소지가 크거나 모호하다. 독일과 프랑스에서는 정말 사회민주주의가 유일하고도 일관된 정치적 기준이나 정책의 목표일까? 그렇지 않다. 한국에서 많은 사람들이 '유럽식 사회민주주의'라는 말을 입에 달고 다니지만, 사실 유럽 여러 나라들의 정치적 풍경은 각기 다르게 구성된다. 사회민주주의적 방식이라는 것도 나라마다 서로 다르다. 북유럽의 그것과 독일이나 프랑스의 그것은 상당히 다르다. 또 사실 놀랍게도, 독일과 프랑스에서도 사회(민주)주의가 지배적인 정치적 관점은 아니었고 사회(민주)당이 지배적인 정당도 아니었다. 오히려 중도적이거나 보수적인 정당들이 더 오래 집권했다. 이 사실들을 알아야, '유럽식 사회민주주의'를 오해하지 않고 제대로 평가할 수 있다. 사회민주주의를 모호하게 혹은 단순하게 '진보'로 여기고 다시 '진보'를 좌파라고 여기는 일은 얼마나 게으르거나 어리석은가!

어쨌든 그런 정치적 분화와 진화 과정을 이제는 대부분의 매체들도 받아들인다. 사민당을 그저 진보정당이나 좌파라고 부르는 일은 많이 사라져서, 지금은 대부분 중도좌파라고 받아들인다. 사민당이나 녹색당을 아직 '진보'라고 표현하는 일이 종종 있지만, 그런 일은 점점 줄어들고 있다. 이른바 '진보적인' 매체들도 사민당은 중도좌파라고 보도한다. 한 예로, 2011년 3월 독일 바덴뷔르템베르크에서 있었던 선거 결과를 보자. 이 주는 독일에서도 부유한 주에 속한다. 메르체데스-벤츠와 포르셰 본사가 있는 슈투트가르트가 주도다. 그래서 제2차 세계대전 이후에는 보수당인 기민당이 줄곧 집권해왔다. 그러나 그렇다고 사람들이 단순히 보수적이기만 한 것은 아니었다. 슈바르츠발트(흑림)가 있는 지역이기도 해서, 주민들은 환경에 많은 관심을 가지고 있다. 그래서 그 지역에서 녹색당이 처음부터 계속 강세를 보였다. 그리고 2011년 3월 선거에서 놀랍게도 녹색당이 사민당에 앞서는 득표율로 제1당이 되었다. 놀라운 사건이었다. 그 소식을 다룬 『한겨레』의 기사를 보자.

「한겨레」, 2011년 4월 19일자. 진보 언론들은 오바마에게서 '진보적' 정책을 기대한다. 그렇지만 오바마를 진보적이라고 볼 수 있을까.

녹색당은 바덴뷔르템베르크 주 의회 선거에서도 사민당에 앞서는 24.2%를 득표해 중도좌파 연정의 구성을 주도하고 있으며, 이에 따라 사상 첫 주총리 배출이 유력하다. 녹색당은 같은 날 열린 라인란트팔츠 주 의회 선거에서도 득표율을 5년 전에 비해 무려 4배나 높인 덕분에 사민당 단독집권을 밀어내고 적록 연정을 시작할 예정이다.

'중도좌파 연정', '적록 연정'이라는 비교적 정확한 표현이 들어 있다. 사민당이 전통적으로 '빨간색'을 대표하고 유지해왔지만, 지금은 중도좌파의 자리에 있고 또 언론들도 '중도좌'로 정확하게 번역하고 보도한다. 빨갛다고 그냥 좌파는 아닌 것이다.

## 버락 오바마는 진보적 대통령인가

그런데 이런 정확한 표현이나 보도가 아직 미국에 대해서는 잘 이루어지지 않는다. 미국은 사민당도 없고 그 대신에 그저 민주당뿐인데도, 아직도 소위 '진보적인' 언론은 미국에서 '진보'를 찾는 경향이 작지 않다. 예를 들어, 오바마에 대한 기사를 보자. 위 신문의 미국 특파원이 쓴 기사다.

버락 오바마는 '아직' 진보적 대통령인가? 재정적자 감축을 위해 대규모 복지예산 삭감을 결정한 오바마 대통령에 대해 미국 진보 진영에서 불만의 목소리가 잇따라 터져나오고 있다.

매우 한국적 관점에서 쓴 기사다. '진보 진영'이 한국에서 일반적으로 사용되는 말이니, 기자도 비슷하게 썼을 것이다. 그것이 지난 시대 동안 굳어진 관행이었으니. 물론 위 기사가 말한 진보 진영에 속하는 단체인 '무브온Move On'이나 '진보변화캠페인위원회Progressive Change Campaign Committee'가 '진보적progressive'이라는 기치를 내걸고 있는 건 사실이다. 그러나 그때의 '진보'는, 우리 사회에서 좌파라는 말과 거의 비슷한 의미로 사용되거나 혹은 모호하게 사용되는 '진보'와는 상당히 다르다고 할 수 있다. 정치적으로 그들은 민주당을 지지하는 그룹들이기 때문이며, 유럽의 사민주의적이거나 좌파적인 의미는 거의 없는 편이다. '진보변화캠페인위원회'는 '진보적인 민주당원'을 의회에 보내는 데 적극 나서는 단체다. 다르게 말하면, 미국에서는 '진보'라는 말을 리버럴이라는 의미로 많이 사용한다고 할 수 있다. 그리고 리버럴에 제일 가까운 정치적인 색채는 자유주의라 할 수 있다. 정치적 스펙트럼 위에서 리버럴이나 자유주의는 우파와 좌파 사이에 있는 중도에 상응할 터다. 그런데 우리 사회에는 진보를 말하면서 리버럴이나 자유주의는 제대로 인정을 하지 않는다. 중도를 인정하지 않는 것과 마찬가지다. 그래서 사실 미국 민주당원이나 리버럴을 그냥 '진보적이라고' 지칭하거나 번역하는 일은 혼동과 오해를 유발하는 일이다. 진보적 리버럴 혹은 진보적 자유주의가 비교적 정확한 표현일 것이다.

위 기사를 더 읽어보자.

> 진보적 싱크탱크인 운동비전 연구소의 창시자인 샐리 콘은 17일 『워싱턴 포스트』 기고를 통해 노령자와 저소득층 의료서비스인 메디케어, 메디케이드 대폭 삭감을 지적하며, "오바마에 대한 진보 진영의 슬픈 노래가 점점 길어지고 있다"며 (…) 비판했다.

나는 위 기사에 인용된 기고를 찾아보았다. "오바마에 대한 진보 진영의 슬픈 노래가 점점 길어지고 있다The list of liberal laments about President Obama keeps getting longer"는 문장의 원문에는 '진보'라는 말은 없고, '리버럴'만 있다. 이것은 기자의 실수라기보다는, 한국 진보 진영이 오래 유지해온 관행의 결과일 것이다. 그러나 '리버럴'을 일반적으로 '진보'라 번역하는 관행은 이제 수정되어야 한다. '리버럴'은 말 그대로 자유주의적 색채가 강하다고 할 수 있다. 그리고 자유주의의 기본적 특성은 개인의 자유를 적극 긍정하는 것이다. 물론 그렇다고 해서 오로지 개인의 자유만을 강조하는 것은 아니다. 사회적 약자를 위한 의료보험을 오바마가 도입했듯이, 전통적 자유주의는 소수자의 평등을 무시하지 않는다. 기본적으로는 개인의 자유를 긍정하되 사회적 평등도 일정하게 지원하는 것이 자유주의 혹은 '리버럴'의 기본적인 색채라고 할 수 있다. 그리고 무엇보다 중요한 점은, 자유주의는 개인의 자유를 시장 내부에서 적극 받아들인다는 것이다.

그와 달리, 우리 사회에서 '진보'는 많은 점에서 좌파적 이념을 많이 내포하고 때에 따라 생태적 적극성을 내포하는 듯하다. 물론 보수에 대립된다는 점에서 미국의 '리버럴'과 한국의 '진보'가 통하는 점도 있지만, 미국에서 전통적인 의미의 좌파적 가치는 정치적으로 거의 없다고 볼 수 있다. 그런데 한국에서는 진보가 아직 이런 의미를 많이 내포한다. 최소한 이념적으로는 그렇다. 미국에서 '리버럴'이 자본주의를 비판하는 전통 좌파적 가치를 거의 가지지 않으며 또 폭넓게 시장의 역할을 긍정한다는 점에서, '리버럴'을 단순하게 '진보'로 번역하는 습관은 이제 바뀌어야 한다. 말 그대로 '리버럴'이라고 표현하는 것이 훨씬 낫다. 그리고 어쨌든 미국의 자유주의 혹은 리버럴도 미국의 국가이익이라는 틀 안에서 존재한다는 것도 사실이다. 그런 점에서 '리버럴' 역시도 전적으로 보편적인 가치에 봉사한다기보다는 미국의 국가이익 안에서 존재하는 특수한 정치적 가치인 셈이다. 그와 달리 한국에서 '진보'는 보편적인 가치를 대변하는 경우가 은근히 많다.

위의 기사는 묻는다. 버락 오바마는 '아직' 진보적 대통령인가? 한국의 진보 진영에서는 그런 물음을 많이 제기한다. 그렇지만 오바마는 애초부터 '진보적' 대통령은 아니었을 것이다. '진보적인 민주당원'이기는 했었지만, 그 '진보'는 우리 사회에서 사용하는 '진보'라는 의미와는 사뭇 다르다. 국내 정치적으로뿐 아니라 국제정치적으로도 그는 철저하게 미국의 이해를 대변하는 미국의 대통령일 뿐이다. 물론 아들

부시가 표방한 공화당 스타일과는 다른 스타일을 오바마가 대변하고, 심지어 그 상징성 때문에 노벨평화상까지 받았지만, 그렇더라도 그를 그저 일반적 의미의 진보적 대통령이라고 보기는 어렵다. 그런데 한국의 진보 진영은 마치 진보라는 가치가 보편성을 가지는 것처럼 생각한다. 그러면서 다른 사회를 한국식으로 재단하곤 한다. 개별적인 차원에서 나는 중도좌파적 정책에 많이 동의하는 편이다. 그렇지만 진보의 진영 논리는 적지 않은 경우, 보수 못지않게 타성에 젖어 있다.

### 삶의 다양한 모습을 포용하는 중도와 리버럴

더욱이 이미 앞에서 우리가 살펴본 대로, 현재 한국에서 '진보'의 색채는 모호하다. 한편으로는 중도와 중도좌를 폭넓게 흡수할 수 있는 것처럼 오지랖이 넓은가 하면, 다른 한편으로는 그것들을 사정없이 내칠 정도로 오지랖이 매우 좁다. 그리고 그 모호함은 일부 사람들의 개인적 변덕이나 고집에서 기인하지 않는다. '진보'라는 개념 자체가 끊임없이 그 모호함을 재생산한다. 그 이유는 무엇보다, 중도좌와 좌파를 구별하지 않은 채 그 모두를 '진보'라는 이름으로 총칭하는 게으름, 그러면서 보수와 진보라는 이분법으로 사람들을 단순하게 나누는 폭력적 진영논리에서 찾을 수 있을 것이다. 그런데도 사람들은 여전히 그 이분법적 진영논리에 의존한다. 이른바 보수 진영이든 진보 진영이든 비슷한 집단사고를 유발한다. 여론조사도 그 단순한 이분법의 틀을 그대로 들이대는 경우가 많다. 마치 보수와 진보가 확실한 양대 진영으로 존재하는 양.

그러나 한국에서 좌파 정당의 지지율이나 노조가입율이 10% 정도에 지나지 않는다는 것을 보면, 실제로 진보라고 자처하는 사람들 중에 전통적 좌파는 얼마 되지 않을 것이다. 여기서 실제로는 중도나 리버럴에 가까운 사람들이 너무 흔히 진보라고 자처한다는 사실을 알 수 있다. 기본적으로 진보를 좌파와 동일하게 여기는 관점이 존재하는 상황에서 좌파가 윤리적으로 우월한 가치라고 여기는 관념적·과시적 관행이 존재하기 때문일 것이다.

그러나 어쨌든 미국의 리버럴이 자본주의를 비판하거나 자유주의를 비판하는 좌파의 관점을 대변하지는 않는다. 그러니 리버럴을 쉽게 좌파적 의미의 '진보'로 옮길 수는 없다. 그런 관행은 한국의 진보를 게으르게 만들고, 세상의 발걸음과 변화를 제대로 읽지 못하게 만든다. 그래서 '진보'는 진보 진영 안에서만 번쩍거리는 가상적인 효과가 되고 있다.

중도와 자유주의를 무시하는 한국 진보·좌파의 태도는 우스꽝스럽고, 솔직하지도 않다. 보수가 이전에 좌파에 색깔 공세를 퍼부었다면, 자칭 진보·좌파는 지금 중도나 자유주의에 비슷한 일을 한다. 특히 자칭 진보·좌파들은 중도나 자유주의는 우파가 꿀꺽 삼켜도 상관없다는 제스처를 한다. 정치적으로 이렇게 오만한 아니 한심한 태도가 또 있을까? 그런 태도를 보이는 사람들은 자신의 윤리적 우월성이나 상징적 기득권만 내세우곤 한다. 그저 자본주의를 비판한다는 시늉으로 먹고 들어가려는 '진보적' 태도는 구태의연하다. 또 자본주의나 신자유주의를 비판한다는 제스처로 윤리적 우월성을 전유하려는 태도도 우스꽝스럽다. 신자유주의가 어느 정도 문제를 일으키는 것은 사실이지만, 모든 것을 신자유주의 탓으로 돌리는 것은 또 너무 단순한 비판이다. 우리는 뒤에서 이 문제를 다시 볼 것이다.

삶의 윤리는 진보나 좌파의 이름으로만 독점되는 가치는 아니다. 윤리는 수많은 개인들의 이질적이고 복합적인 정체성에 따라 다양한 수위에서, 그리고 다양한 모습으로 존재할 수 있다. 민주주의는 그런 수많은 개인들의 토대 위에서 다수의 통합을 목표로 삼고 있다는 것을 명심하자. 나는 이 점에서는 유럽적인 의미의 중도좌파와 더불어, 영미적인 의미의 리버럴 혹은 자유주의가 좀 더 공식적으로 인식되고 인정되기를 바란다. 좋든 나쁘든, 한국 사회는 이미 미국식 주식회사의 형태를 많이 띠고 있기 때문이다. 나아가 그런 제도나 관행이 이미 많이 있다는 것만이 문제는 아니다. 오히려 그 점이 제대로 인정되지 않은 상태에서, 미국보다도 저질스럽게 제도가 운영된다는 데 문제가 있는 듯하다.

영미식 자유주의는 원칙적으로 개인의 선택과 그 선택에 따른 책임을 강조한다. 그리고 개인들이 이기적이고도 합리적인 방식으로 자신의 이익을 추구한다는 것을 인정한다. 그런 개인들 다수의 결정에 힘과 권력을 부여하지만, 동시에 소수의 이익도 상당히 보호한다. 나는 이 점이 정치적이고 사회적인 무대에서 공식적으로 인식되고 인정되는 것이 필요하다고 본다. 그런데 우리 사회에서 과잉 사용되는 '진보'는 이 이기성과 합리성을 너무 무시하고 억압하는 경향이 있다. 실제로 한국 사회는 오히려 이미 이기성과 합리성의 과잉에 시달리고 있는데도! 그 이기성과 합리성을 인정하면, 이 과잉이 더 과잉되지 않겠느냐는 걱정은 습관적인 핑계이거나 쓸데없는 걱정인 경우가 많다. 사회가 일정한 게임의 룰과 합리성에 따라 관리되고 운영되는 것이, 사회가 가식적인 원칙과 그 원칙을 무시하는 과잉현실의 이중성에 시달리는 것보다는 나을 것이다. 다르게 말하면, 우리 사회는 합리성의 과잉을 걱정할 상황이라기보다는 그것의 부족 혹은 내용과 형식 사이의 괴리를 더 걱정해야 할 상황이다. 그런데 한국에서 사용되는 '진보'는 이런 합리적인 뜻의 자유주의를 억압하거나 배제하거나 무시하는 경향이 크다.

이 책에서 서술된 '우충좌돌'은 그렇다고 해서 합리주의나 자유주의를 전적으로 신봉하지는 않는다. 개인들의 선택이라는 것도 많건 적건 추상적이고 관념적인 면이 있기 때문이다. 또 사람들이 항상 합리적으로 행동하는 것도 아니다. 오히려 비합리적인 에너지와 충동들이 많이 작동한다. 이 책은 이 비합리적인 에너지와 충동들을 폭넓게 다루지는 않았다. 그들 가운데 한국 사회를 분석하는 데 필요한 몇 가지만 선별적으로 서술했다. 그것들은 불안과 모방욕망, 지위경쟁 등이다. 그러나 이 책은 그 비이성적인 에너지와 충동의 존재를 인정하고 강조하면서도, 동시에 개인들의 다소 이기적이면서도 합리적인 행동도 사회와 정치의 차원에서 일정하게 인정되어야 한다고 본다. 특히 교육·복지·부동산에서 이 이기적이고 합리적인 행동이 드러난다.

물론 개인들이 비교적 이기적이면서도 합리적으로 행동한다고 해서, 그것들의 집합인 사회도 같이 혹은 저절로 합리적으로 운영된다는 말은 아니다. 오히려 개인들의 합리적인 행동들은 사회적인 차원에서는 다시 여러 비합리적 힘과 폭력에 간섭받는다. 그것들은 여러 면에서 긴장과 갈등을 유발할 수 있다. 그렇더라도 어쨌든 개인들이 이기적이면서도 합리적으로 행동하는 면들을 냉철하게 인정해야 한다. 그런데 우리 사회에서는 그것이 잘 이루어지지 않고 있다. 자유주의와 리버럴의 관점이 여러 방향으로 꼬이고 비틀려 있는데, 특히 그 관점들은 보수와 진보의 이분법에 의해서 무시되거나 간과된다. 이 점에서 자유주의와 리버럴을 제대로 조명하는 일은 보수와 진보의 진부한 이분법을 넘어가는 데 기여할 것이며, 그 과정을 통해 드러나는 중도적 지점들은 다시 자유주의와 리버럴의 잠재력을 보완할 것이다.

## 03

# 등록금 인하운동이
# 놓치지 말아야 할 것들

### '국가 재정지원'이 만병통치약은 아니다

해마다 등록금은 더럽고 추한 문제로 등장한다. 학생들을 괴롭히고 부모들도 괴롭히는 악질적인 문제의 모습을 띤다. 신입생들에게 대학 합격의 기쁨은 인생의 목표를 달성이라도 한 듯 불꽃처럼 터지지만, 그 불꽃놀이는 오래가지 못한다. 많은 가정에게 대학의 실체는 등록금 고지서와 함께 드러나기 시작한다. 빚을 내거나 학자금 대출을 받아야 하거나, 혹은 그 정도까지 나쁘지 않은 경우에도 그것은 억지로 감당해야 할 부담이다. 이 와중에서 『미친 등록금의 나라』(2011)라는 책이 출간되었다. 제목이 조금 자극적이기는 하지만, 등록금이 거의 미친 수준에 이른 것도 사실일 터.

이 책은 '반값 등록금'이, 의지만 있으면, 당장이라도 가능하다고 말한다. 모든 대학의 등록금을 정부가 해결해야 한다고 기염을 토한다. 사립대의 비율이 높으니 사립대 등록금이 상대적으로 더 큰 문제인 건 사실이다. 그래서 사립대 재정의 50% 이상을 정부가 지원하자고 말한다. 그러면 정부가 등록금을 내릴 수 있다는 것. 그러나 과연 이것이 가능하거나 혹은 꼭 필요한 정책일까? 모든 대학의 등록금을 내리는 것을 정답으로 생각하는 사람들은 진보 쪽에 많은 듯하다.

그 방안을 논의하기 전에, 일단 보수적인 사람들의 생각도 잠깐 들여다보자. 그들은 교육을 전적으로 시장에 맡기고 싶어 한다. 그들은 개별 가정들이 사교육비를 많이 지출하는 것도 교육에 대한 나름의 자발적 투자라고 생각하며, 큰 문제가 아니라고 여긴다. 사교육비를 통한 교육의 불평등이 극심해지는 데도 관심을 거의 기울이지 않는다. 심지어 대학등록금이 사회적으로 문제가 되자 그 해법을 아예 대학들을 민영화하는 데서 찾고 싶어 한다. 복거일은 오래전부터 아래와 같이 그런 이야기를 해왔다.(한국일보, 1998년 3월 13일)

정부에서 소유한 대학들은 민영화하고 사립대학들은 대기업에 걸맞은 주식회사 형태를 갖추는 것이 바람직하다. 그렇게 조직이 현대화하고 효율적이 되어야 대학의 경영이 효율적이 될 수 있다. 주식회사가 아닌 대기업이 열린 시장에서 살아남는 것을 상상하기는 어렵다.
그러나 지금 대학들이 그런 처방을 따르기는 현실적으로 거의 불가능하다. 고등교육 시장에 대한 정부 규제는 하도 엄격해서 규제가 심한 우리 사회에서도 그것만큼 심한 규제를 받는 시장은 없다. (…) 이렇게 철저하게 규제된 시장엔 경쟁이 들어설 자리가 없다. 그리고 경쟁이 없는 시장에선 기업들이 생산성을 높일 까닭도 없고 방법도 없다.

국립대학도 모두 민영화하자고? 정말 뜬금없는 외통수 생각이다.

심지어 미국에서도 주립대학은 강한 공공성을 가지지 않는가? 무조건 모든 것을 다 시장에 맡기자는 생각은 시장근본주의일 뿐이다.

우파의 극단적인 시장근본주의가 한편에 있다면, 다른 한편에는 좌파의 다소 국가주의적인 주장이 있다. 국가와 정부가 교육에 대해 전적으로 책임져야 한다는 것이다. 이 연장선 위에서 사람들은 국공립대학뿐 아니라 사립대학의 등록금까지 정부의 예산으로 해결하려 한다.

나는 '반값 등록금' 자체가 불가능하다고 생각하지는 않는다. 그러나 모든 대학의 등록금을 반값으로 한다? 나는 이 방향에 회의적이다. 국립대뿐 아니라 사립대 재정의 반도 국민의 세금으로 지원하자는 정책에 회의적이다. 그런 정책은 현재의 대학진학률 수준에서 모든 대학생들의 등록금을 무조건 반 정도 낮추자는 목표 아래 설정된 것일 터인데, 그 대전제에 나는 회의적이다.

그러나 물론 애초부터 그런 정책에 정면으로 반대했던 건 아니다. 오히려 나도 등록금을 비롯한 한국 대학의 여러 문제점들에는 진보 쪽의 의견에 동의하는 편이다. 그리고 한동안 나도 그런 방향으로 개혁이나 개선이 있기를 기대했다. 개인적으로는 진보적인 정책의 가능성을 믿으면서 이른바 진보적인 시민단체에 몇 년 참여한 적도 있다. 그런데 오히려 그런 경험을 통해 나는 '유럽식 사회민주주의' 정책을 한국에 그대로 적용하는 게 어려울 뿐 아니라 때로는 불가능에 가까운 일임을 깨닫게 되었다. 유럽식 사회민주주의를 원칙대로 적용하기 가장 어려운 영역이 다름 아닌 교육 현장이다. 복지 분야에서는 그래도 정부가 국민연금이나 건강보험을 강제로 도입하고 시행할 틈과 권한이 있었다. 그러나 교육 분야에서는 정부가 자기 책임과 권한을 이미 오랫동안 사학재단에 위임하면서 그것을 포기한 꼴이 되어버렸다. 위임의 범위가 너무 크고 위임의 기간도 너무 오래되었다. 지금도 정부는 사실 교육 분야에서 재정을 책임 있게 부담하지 않고 있다. 그러면서 여러 비효율적이고 단기적인 정책으로 통제만 하는 형국이다.

나도 사립재단의 부패와 비리를 안다. 그리고 사립학교법을 개정해서 사학재단들의 부패와 비리를 막을 수 있기를 정말 바란다. 검찰이 적극 수사를 하면 얼마나 좋을까, 생각해본 적이 많다. 그러나 이렇게 기대하고 바라는 일과, 실제로 정책이 이루어질 수 있는 방향을 예측하는 일은 다른 것이다. 사립대학의 비율이 압도적으로 높은 상황은 개탄스럽고 한심하다. 그러나 어쨌든 오래된 그 법인들을 국립이나 공립으로 통합하는 일은 거의 불가능하지 않은가? 이 점을 똑바로 보아야 한다. 이 상황에서 사립대학의 재정을 세금으로 지원하거나 거기 다니는 학생들에게 거의 등록금의 반 정도를 지원할 수 있을까? 또 그럴 필요가 있을까?

우선, 내가 보기에, 국립대학의 등록금은 반 정도로 내릴 수 있다. 조금 재정 부담이 있더라도, 정부가 재정지원을 결정할 수 있는 권한이 있기에 그 정도는 얼마든지 가능하다.(그러나 진보신당의 '국립대 무상교육'안은 현실성이 떨어진다. 이 점은 뒤에서 다시 얘기하자.) 그리고 그렇게만 해도, 공공성은 크게 확보될 것이다. 현재 한국 대학의 등록금 수입비율은 69%로 미국의 34%보다 2배 이상 높고, 국고보조금 비율은 4%로 미국의 17%에 비교해 4분의 1밖에 안 된다. 최소한 미국만큼 높이는 일은 가능하기도 하고 또 필요하다.

그렇다면 사립대학에도 그것이 가능할까? 우선, 국가가 재정적으로 과연 사학에 그렇게 지원할 여유가 있느냐는 물음. 사립대 비율이 87%에 이르니 재정 부담이 만만치 않을 것이다. 적지 않은 정치적 타협이나 싸움이 요구될 것이며, 꼼꼼히 재정 부담을 따져야 할 것이다. 물론 개혁적인 정부가 들어서서 그 일을 하면서 재정 차원에서도 곤란을 겪지 않는다면 나는 전혀 반대하지 않는다. 그러나 몇 해 전부터 모든 국가들이 재정 부담에 신경을 많이 쓰고 있다. 과거에 케인스주의적 관점에서 공공적 지출을 확대하던 경향이 많이 수정된 것이다.

그러나 이는 재정 부담만의 문제가 아니다. 왜 다수가 대학에 진학하는 왜곡된 상황을 전제한 채, 그들 모두의 등록금을 세금으로 해결해야 하는 걸까? 이미 기형적으로 비대해진 사립대학의 존재는 어처구니없지만, 정부가 세금으로 사학재단의 재정을 크게 지원할 필요가 있을까? 대학에 대해 사적 재산권을 요구하는 사학재단에, 더욱이 지금 부패와 비리를 끊임없이 저지르는 사학재단이 많은데, 왜 국가가 예산을 거기 쏟아부어야 할까? 다시 말하지만, 사학의 비율이 이렇게 높은 구조는 개탄할 만하다. 그러나 그 구조를 지금 획기적으로 바꿀 수 없다면, 60년 동안 지속해온 역사의 경로를 인정하는 일도 필요하다는 말이다.

『한국일보』, 2011년 2월 19일자. 등록금 인하운동을 주도하고 있는 이들은 사립대까지 포함해야 한다고 말한다.

## 국·사립대 분리 대응의 필요성

그런 생각을 밝힌 나의 칼럼 「미친 등록금, 미친 진학률」에 대해 『미친 등록금의 나라』 공저자 가운데 한 명인 이수연 씨가 반론을 제기해 왔다.(한국일보, 2011년 2월 19일)

김 교수는 사적 재산권을 요구하는 사학재단에 왜 국가가 예산을 쏟아부어야 하는지 반문한다. 그러나 '반값 등록금'은 학생과 학부모를 위한 정책이지 사립대를 지원하기 위한 정책이 아니다. 김 교수는 사학 비율이 높은 구조를 개탄하면서도 그런 현실을 인정해야 한다고 하는데, 사립대 문제를 그대로 두고서는 어떠한 비책秘策을 쓰더라도 등록금 문제를 해결할 수 없다는 점에서 선뜻 동의하기 힘들다.

사립대 재학생들에게 세금으로 장학금을 주든 혹은 직접 사학에 재정지원을 하든, 그것은 단순히 학생과 학부모를 위한 정책으로 그치지 않는다. 사립대를 지원하는 정책이기도 하다는 말이다. 물론 그것이 잘못이라는 게 아니다. 재정 부담에 문제가 되지 않는 한에서, 정부가 결단을 내려 실행할 수도 있다. 그러나 그것이 국가재정에 부담이 되지 않으리라고 과연 장담할 수 있을까? 그것만 문제인 것도 아니다. 나도 사학재단법을 고치고 검찰이 사학재단의 부패를 엄정하게 수사하자는 개혁·진보의 방향에 적극 찬성한다. 그러나 한국 사회가 사학에 교육을 60여 년 동안 위임했던 역사로 인한 현실적 문제는 외면하고 싶어도 외면되기 어렵고, 그것을 지금 단번에 바꿀 묘책도 없지 않느냐는 것이다. 당연히 국가가 '사학'을 '국립'처럼 다룰 수는 없는 노릇이다.

이것은 매우 중요한 논점이다. 그리고 내가 유럽식 대학의 장점을 몰라서 이런 말을 하는 게 결코 아니다. 오히려 거꾸로다. 유럽 대학의 재정은 대부분 국가가 부담한다. 그래서 몇 년 전까지만 해도 독일을 비롯한 여러 나라의 등록금은 거의 없었다. 필자가 1980년대에 독일에서 유학할 때, 외국인들도 대학에 등록금을 내지 않았다. 얼마나 좋은 제도였는지, 나는 정말 어안이 벙벙했다! 대충 그렇다는 것을 알고 독일 유학을 결정했던 것이지만, 첫 학기에 의료보험료를 포함해 기본적인 비용만 몇 만 원 낼 때 정말 실감이 났다. 그러나 그런 상황이 바뀐 지 벌써 10여 년이 된다. 독일의 대학 재정은 기본적으로 지방정부가 책임지는데, 재정 부담이 늘어나 정부가 등록금을 부과하기 시작한 것이다.

물론 독일을 비롯한 유럽 대학에서 재정 부담이 단순히 늘어났다고 하기는 어렵다. 한편으로 대학진학률이 조금씩 증가하고 학생들의 재학기간이 늘어난 것이 재정적인 부담을 늘린 주된 원인이다. 한국에서는 외국에 연수를 가는 관행이 생기기 전에는 학생들이 대부분 4년 만에 졸업을 했다. 연수를 갔다오는 일이 많아진 사회적 이유는 무엇보다 취업이 어려워졌기 때문이었다. 취업하기 힘든 상황이 지속되자, 상당수의 학생들이 졸업을 늦춘 것이다. 졸업한 지 오래된 사람의 채용을 기피하는 기업들의 관행도 해외연수를 부추긴 원인 가운데 하나였다. 독일을 비롯한 유럽 여러 나라에서도 이미 1980년대부터 그런 일이 일어났다. 더욱이 정부가 학비를 보조해주니, 적지 않은 학생들이 학생 신분을 가능한 오래 유지하려는 경향이 크게 늘었고, 그래서 재정 부담도 계속 커졌다. 물론 다른 한편으로는 공적 지출을 줄이고 재정 부담을 통제하려는 새로운 경향(우리가 '신자유주의적 경향'이라고 단순하게 말하는)이 그때까지의 정부의 책임 구조에 변화를 주었다. 즉, 1990년대 들어 유럽에서도 전반적으로 개인의 책임을 강조하는 경향이 거세졌다고 할 수 있다. 그 후 여러 나라의 대학들에서 등록금을 올리기 시작했고, 그래서 최근 몇 년 동안 영국과 프랑스, 그리고 이탈리아에서도 학생들이 등록금 인상에 항의하는 시위를 자주 벌이게 된 것이다.

그럼에도 불구하고, 유럽 여러 나라들의 대학 시스템은 기본적으로 '국립'이다. 등록금이 전혀 없거나 거의 없던 수준에서 100~200만 원 정도를 부담하는 것도 큰 사회적 문제가 될 수 있는 것이다. 또 대학이 거의 국립대학 체제이다보니, 정부는 등록금을 인상하는 주체이자 학생들의 항의와 시위를 받는 객체다. 그러나, 이와 달리 한국 대학의 다수는 사립대학이다. 두 세대 동안 지속되어온 이 사립재단 체제는 이제 와서 어떤 정부라도 함부로 바꾸기 어려운 대상이 되어버렸음을 어쩔 수 없이 인정해야 한다. 유럽 대학과 한국 대학 사이의 이 차이는 뼈아픈 것이지만, 역사적 경로를 단숨에 바꾸기는 어렵다. 한국의 대학체제는 해방 후 미국의 제도를 모방한 점이 크다. 일종의 '광역 지방자치단체별로 국립대학을 하나씩 두고 나머지는 사립대학에 위임하기'였다.

이 상황에서 나는 등록금 문제에서 국립대와 사립대는 분리해야 한다고 여긴다. 국립이 아닌 사립대학은 일정하게 시장에 맡겨두자. 그 대신 국립은 지금보다 많이 싸게 하자. 무상 수준으로까지 가기는 힘들 듯하다. 고등학교 수업료도 무상으로 못하는 상황에서 대학등록금을 무상으로 한다는 게 힘들 뿐만 아니라, 사회적으로 공정하지도 않다. 그러나 이른바 '반값' 수준의 획기적인 인하는 가능하다. 다만, 사립대학들은 시장에서 합리적으로 경쟁하도록 하자. 그리고 사학재단들이 전입금을 지금보다 더 많이 부담하게 하고, 재정을 투명하게 집행하도록 정부가 더 엄밀하게 감독하고, 사법부도 사학비리에 대해 엄격한 판결을 내려야 한다.

그래서 어쩌면 지금 상황에서 다소 과격한 이야기로 들릴 수 있지만, 나는 상위권 사립대학들은 자신들의 책임 아래 등록금을 올리려면 더 올려도 된다고 본다. 그런 상황이 되면 정말 비싼 등록금을 내고 어떤 사립대학에 가야 할지, 과연 그럴 필요가 있을지 사람들은 따지게 될 것이다. 그랬을 때 대학들에 대한 평가도 제대로 이루어질 가능성이 크다. 등록금을 올리더라도 대학들은 미국처럼 장학금 혜택을 많이 부여하는 방향으로 가야 할 것이다. 어쨌든 사립대학들은 상대적인 자율성을 가지고 등록금을 책정하고 교육시장에서 제대로 경쟁하게 하자는 것이다. 그리고 중앙정부와 지방정부는 국립대학 재정을 확고히 책임지는 방식으로 가는 것이다.

이런 정책은 결과적으로는 미국 방식을 따라가는 길이 될 수 있다. 대학에 자율성을 주자는 주장도 대개는 보수적인 언론들과 지식인들이 하는 주장이다. 따라서 그 길은 개혁·진보 세력이 공식적으로 인정하기 어려운 길일 수도 있다. 이 점이 정말 어려운 대목이다. 교육정책이 지금처럼 보수와 진보 양 진영의 각기 상반된 주장으로 맞서는 상황에서는, 거기 속한다고 여겨지는 사람들이 자기 진영의 논리를 따르고 반복하는 경향이 거의 절대적이다.

그러나 나는 이런 오래된 진영 논리에 부딪치고자 한다. 나는 개별적인 정책의 차원에서는 진보적인 정책에 많이 동의하는 편이지만, 실현 가능성이 적거나 공정성의 관점에서 무리가 있는 정책에 대해서는 아무리 진보 진영의 공식적 주장이라도 유보하거나 반대하는 편이다. 등록금 문제가 바로 그렇다. 나는 '전반적인 반값 등록금'이나 '무상 등록금'에 회의적이다. 다만 국립대학에 대해서는 그것을 강하게 밀어붙여야 한다고 생각하며, 거꾸로 사립대학들은 과감하게 시장 안에서의 경쟁에 맡기는 방안이 좋다고 본다. 일단 국립대학 등록금을 낮추고, 국고에서 지원하는 학자금 융자의 상환기준을 개선하는 데 일차적인 목표를 두는 것이 좋을 듯하다. 지금은 학자금 융자를 받으면 재학중에도 이자를 내야 한다. 그것은 심한 일이며, 개선해야 할 필요가 있다.

### 세금과 등록금의 함수관계

'반값 등록금'을 외치는 사람들은 정부 세금으로 대학재정 문제를 충분히 해결할 수 있다고 말한다. 다시 『미친 등록금의 나라』 공저자 이수연 씨의 반론을 들어보자.

> 이미 한나라당과 민주당에서 '고등교육재정교부금법'을 국회에 제출해 이 법만 통과되면 재원은 충분히 마련할 수 있다. 재정지원은 국가의 의지 문제다.

물론 재정지원은 국가의 의지에 크게 달려 있다. 그러나 전적으로 국가의 의지에 달려 있는 것은 국립대학의 재정지원이다. 사립대학까지 재정지원을 해야 하느냐는 것은 다른 문제다. 더욱이 우파들이 사학에 더 큰 자율성을 부여해야 하며 대학들도 시장원리에 따라 운영되어야 한다고 계속 강하게 주장하는 상황에서, 그게 과연 무리가 되더라도 추진할 필요가 있는 정책일까?

다시 말하지만, 내가 사립대의 재정지원에 유보적이거나 회의적인 것은 사학재단을 옹호하거나 보호하기 위해서가 결코 아니다. 사학재단 가운데서도 기독교 사학재단이 높은 비율을 차지하는데, 사학재단들은 여러 가지 탈법과 비리를 저지르고 있다. 종교재단들은 폐쇄적으로 학교를 운영하면서 공공성과 동떨어진 모습을 보이며, 족벌경영 같은 문제도 너무나 흔하다. 그렇기 때문에도 등록금으로 인한 가정과 학생의 고통이야 크겠지만, 수준이 낮거나 엉터리 사학재단에 재정지원을 하는 방식은 최대한 신중해야 한다.

이렇게 세금으로 손쉽게 등록금 문제를 해결하려는 태도는 바람직하지 않다. 현재 국회에 제안된 '고등교육재정 교부금법안'의 한 제안에 따르면, 그해 내국세의 5% 정도를 대학에 장학금으로 지원하자는 안이 들어 있다. 그래서 2010년을 기준으로 했을 때, 국가가 7조 3115억 정도를 장학금으로 지원한다는 것. 그러면 전국 대학과 대학원에 재학중인 246만 명에게 297만 원의 장학금을 지원할 수 있게 되며, 따라서 거의 '반값 등록금'이 된다는 것. 어떤 정부가 신속하게 그런 결정을 내린다면, 괜찮은 일일 수도 있다. 그러나 한 학기에 70만 원 정도 수준인 고등학교 수업료도 무상은커녕 반값으로도 하지 못하는 상황을 고려하면, 대학생 모두에게 그런 혜택을 주는 데 대한 사회적 합의가 가능할지 의문이다. 또 그것이 바람직한지도 의심스럽다. 재정 부담에 대한 우려는 이전과 달리 점점 심각해지는 상황이어서, 어떤 정부도 그 부담을 가볍게 여길 수는 없을 것이다.

세금으로 등록금 문제를 해결하려는 발상에는 또 다른 문제점도 있다. 교육뿐 아니라 다른 분야에서도, 진보적인 정책을 제안하는 사람들은 모두 다 세금을 가져다 쓰려고 한다. 거의 모두 4대강사업에다 쓸 돈을 옮겨다 쓰기만 하면 된다고 말하는 것 같다. 나도 4대강사업엔 반대한다. 그러나 너도 나도 자기 분야의 문제를 세금으로 해결하면 된다고 하는 건 너무 손쉬운 말이다. 부자감세에는 나도 반대한다. 그러나 실제로 세금을 증액하는 정책을 써서 수입을 늘리지 못하는 한, 세금으로 충당할 수 있다고 말하는 것은 섣부르고 안이한 생각이다.

또 무엇 때문에 모든 대학생에게, 부모의 소득이나 재산에 상관없이 장학금을 주어야 한단 말인가? 고등학교 나온 사람들에게는 지원을 하지 않으면서 왜 대졸자에게 혜택을 더 주어야 한단 말인가? '대졸자 주류 사회'라서? 장학금 지급은 비교적 목적이 뚜렷해야 한다. 성적이 좋거나 혹은 재산과 소득이 적을 경우 등으로. 그렇지 않으면 장학금 지급은 애초의 취지와 달리 왜곡된 효과를 낳을 수 있다. 한 예로, 현재 많은 대학의 로스쿨은 우수한 학생을 유치한다는 명분 아래 많은 장학금을 지급하고 있다. 2009년도 로스쿨 신입생 2000명 가운데 장학금을 받는 학생이 57%에 이른다. 전액장학금을 지급하는 비율이 강원대는 심지어 100%, 건국대는 50%, 인하대는 34%였다. 이 지급비율은 다른 전공과 비교해도 매우 높은 것이며, 실제로 대학 예산의 상당 부분을 로스쿨이 남용하고 있는 실정이다. 대학의 일그러진 자화상이 아닐 수 없다.

물론 국가가 등록금 문제를 부분적으로나마 해소하기 위해 일정 정도 고등교육 예산을 확대하는 방식은 가능하기도 하고 또 바람직한 일이다. 사립대학에 대한 지원을 늘려서 지금보다 훨씬 많은 학생들에게 장학금을 주는 방식이 현재로서는 아마도 사립대 학생들의 등록금 문제를 해결하는 최선의, 아니 차선의 길일 듯하다. 위에서도 언급했듯이, 대학에 대한 국가의 지원을 미국 수준으로 높이는 일은 가능하고도 필요한 목표일 것이다. 수치로만 보면, 현재 전체 교육예산 가운데 고등교육에 대한 배분 비율은 12% 수준이다. 최근 등록금문제에 대한 관심을 증폭시키는 데 기여한 한나라당 황우여 원내대표도 그 비율을 20%까지 점차적으로 확대해야 한다고 했다는데, 그것 역시 가능하기도 하고 또 필요한 일일 것이다. 그러나 고등교육 예산을 확대하는 일이 필요하기는 하지만, 예산을 증액하는 것으로 끝나서는 안된다. 장학금 혜택을 확대해서 등록금 문제를 일정 부분 해결할 수는 있지만, 그렇다고 현재의 대학구조를 그대로 둔 채 모든 학생들에게 혹은 가능한 최대다수에게 장학금을 주는 방식만을 정답으로 생각할 필요는 없다.

국립대 등록금은 빠른 시일 안에 반 정도로 줄이되 사립대학은 국고지원 확대를 통해 장학금 혜택을 늘리는 방식으로 등록금 문제에 접근하는 게 최선일 것이다. 다만 지금처럼 고졸자의 80%가 대학에 진학하는 풍토에는 변화가 있어야 한다. 4년제 대학 진학률은 지금보다 많이 낮아져야 교육의 질도 높일 수 있을 터, 무엇보다 중고등학교에서 지금처럼 거의 맹목적으로 대학에 진학하려는 사회적 경향과 관행이 변해야 한다. 중고등학교가 대학 진학을 위한 수단으로만 기능하는 방식을 바꾸는 노력을 하지 않은 채 그저 모든 대학생의 등록금만 낮추려고 한다면, 사회적 비용만 늘어나고 대학의 문제는 그대로 온존할 것이다.

사립대 학생들에 대한 장학금 혜택은 성적이 좋은 학생들에게 주되,

성적이 상위는 아니더라도 가정형편이 좋지 않은 학생들에게도 주는 것이 취지에 맞다. 문제는, 과연 국가의 예산만으로 이 일을 전적으로 할 수 있겠느냐는 것이다. 힘들 것이다. 사립대학들은 등록금 수입을 적립해놓는 관행을 버리고 과감하게 학생복지에 지출해야 할 이유가 여기에 있다.

### 대학진학률과 학력 간 임금격차

최근 『중앙일보』(2011년 6월 3일)는 대학예산을 학생을 위해 많이 사용한 수원대를 등록금 문제의 해답으로 꼽았다. 교수들의 연구년을 1년에서 6개월로 줄이는 등 대학 차원에서 학생장학금을 확보하기 위한 노력을 많이 했다는 점에서, 수원대는 모범적인 사례라고 할 수 있다. 예산을 절약하기 위해 교직원 숫자도 낮게 유지한다고 한다. 그것도 좋은 예다. 그런데 교직원 수가 107명이라는 데서 알 수 있듯이, 수원대는 규모가 아주 작은 대학이다. 다르게 말하면, 일차적으로 학생수가 적기 때문에 교직원 숫자도 적게 유지할 수 있고, 또 장학금 혜택을 통한 지원이 가능한 셈이다. 따라서 수원대 모델을 추구하기 위해서도 높은 대학진학률에 의존하는 현재 한국의 일반적인 종합대학은 근본적인 개혁이 필요하다.

사립대학이 장학금 혜택을 크게 확대한다면, 정부가 사립대학을 획일적으로 규제하지 않아도 될 것이다. 상위권 사립대학이 장학금 혜택을 미국 일류 사립대 수준으로 높이고 공적인 책임도 지금보다 더 높은 수준에서 수행한다면, 정부가 그들 대학에 일정한 자율권을 부여한다고 문제될 게 없다. 좀 심하게 들릴지 모르지만, 그들 대학은 지금보

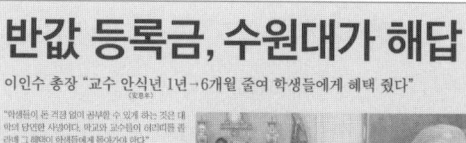

「중앙일보」, 2011년 6월 3일자. 수원대 모델은 적은 학생 수 때문에 가능하다. 한국 대학들은 군살을 빼려는 노력이 필요하다.

다 등록금을 더 많이 받기를 원할 수도 있으며, 그것도 가능한 이야기다. 어차피 사학재단이 소유권을 주장하는 대학들에서는, 이런 방식도 기본적으로 논의될 수 있다고 나는 본다. 일단 시장에 내맡겨진 분야에 대해 지금처럼 국가가 간섭하거나 개입하는 게 좋은 것만도 아니기 때문이다. 정부는 일단 국공립대학부터 제대로 관리하는 게 마땅하고 또 필요하다.

4년제 대학진학률은 낮추되 상대적으로 2년제 대학진학률은 높이는 것이 바람직할 테지만, 2년제 대학진학률도 무조건 높이 유지할 필요는 없다. 가능하면 고등학교 차원에서 좋은 직업교육의 기회를 많이,

그리고 실질적으로 제공하는 방향으로 가는 게 좋다. 지금 2년제 대학에 다니는 학생들 다수는 4년제 대학 진학을 목표로 삼아 교육하는 인문계 고등학교를 거쳐왔다. 따라서 고등학교 수준에서 질이 높은 직업교육을 제공할 수 있다면, 불필요한 교육에 따른 사회적 비용도 줄일 수 있을 것이다. 예를 들어 미용과 요리 등을 직업으로 삼으려는 학생들 다수가 2년제 대학에 진학하는데, 고등학교에서 제대로 직업교육을 할 수 있다면 적잖은 학생들이 인문계 고등학교에서 방황하는 대신 자신의 길을 비교적 일찍 그리고 안전하게 찾아갈 수 있을 것이다.

이제까지 불안 때문에 4년제 대학에 진학했던 관습이 줄어든다고 생각해보자. 그 대신 기술을 익히거나 취업에 직접 도움되는 2년제 대학 진학률이 높아진다고 생각해보자. 또 실업계 고등학교의 수준을 높이는 데 많은 투자를 해서, 고등학교 다니면서 수준 높은 직업교육을 받을 수 있다고 생각해보자. 맹목적으로 4년제 대학에 진학하는 일과 무조건 인문계고등학교에 진학하는 일은 서로 이어져 있다. 따라서 무조건 대학등록금에만 초점을 맞추는 일은 오히려 해로울 수 있다. 어떤 점에서는 고등학교 진학방식이 중요한 역할을 한다. 지금 인문계 고등학교 진학방식은 크게 잘못되어 있다. 공부에 적성이 맞지 않아 성적이 나쁜 중학생들도 대부분 쉽게 인문계 고등학교로 진학한다. 이 방식부터 바뀌어야 한다.

물론 성적을 기준으로 삼으면 또 학부모들이 사교육에 비용을 쏟는 경향이 더 심해질 수 있다. 구조적 순환의 문제이기에 그럴 가능성도 있지만, 그 악순환의 고리를 끊는 방향으로 과감하게 움직일 필요가 있다. 쓸데없이 사교육비를 지출하지 않고, 또 불필요하게 4년제 대학에 진학하지 않는 방향으로 말이다.

그렇게 하기 위해서는 부모들이 자신들의 불안을 다스려야 할 숙제가 생긴다.('너무 많은 경쟁, 또 너무 적은 경쟁' 참조) 물론 개인들에게 책임을 다 돌릴 수는 없다. 선순환이 일어나기 위한 사회적 조건 가운데 큰 것은, 고졸과 대졸 사이에 임금격차를 줄이는 일이다. 무엇보다 최저임금을 올리는 일, 개혁이든 진보든 보수든 해야 할 가장 중요한 일 가운데 하나가 이것이라고 나는 본다. 대졸자들은 자신들이 비교적 좋은 일자리를 얻을 것이라고 기대하기 때문에, 사실 최저임금과 같은 의제에 크게 관심을 기울이지 않는다. 이 점이 매우 중요하다. 고학력·고소비 사회는 최저임금을 올리는 노력을 상대적으로 덜한다는 말이다. 그러다 보면, 대졸자와 고졸 이하 사이에 임금 차이는 더 벌어지고, 그러면 사람들은 또 대학에 진학하려는 동기에 사로잡힌다.

4년제 대학이나 인문계 고등학교 진학에 사람들이 목을 매지 않는 상황을 만드는 게 중요하다. 그것이 여러 문제들의 교차점에 존재하기 때문이다. 그러면 학교도 일정한 권위를 가지고 교육을 할 수도 있다. 구체적으로 말하면, 무조건 혹은 쉽게 인문계 고등학교로 진학하지 못하도록 그 결정권을 학교에다 주는 방식으로 말이다. 사실 독일에서 등록금이 거의 무상이었을 때도 대학진학률이 높지 않았던 데는, 초등학교 과정에서부터 공부가 적성에 맞지 않아 성적이 나쁜 학생은 유급시키는 엄격한 교육제도가 자리잡고 있었기 때문이다. 그리고 그렇게 유급을 당하고 성적이 나쁜 학생들은 아예 인문계 중고등학교로 진학하기 힘들고, 실업학교로 진학해야 한다. 부모들도 대부분 이런 학교의 정책에 따른다.

그런데 이제까지 한국의 부모들은 그런 정책을 따를 마음의 여유가 없었다. 차별이 심한 사회이다보니, 사람들이 불안해하는 것도 이해할 만하다. 한국에서 독일처럼 성적이나 적성을 이유로 인문계 고등학교 진학을 제한했다면, 학교에 따지러 달려가는 부모가 엄청나게 많았을 것이다. 사실 진보적인 사람들 다수는 지식엘리트들이고, 따라서 지적인 차원에서 인문계와 4년제 대학을 선호하기 십상이다. 어쩌면 그래서 진보적인 언론들도 그런 정책을 실행하는 데 도움이 되지 못한 채, 그저 기존의 관행에 무비판적으로 편승해왔다는 지적을 받아 마땅하다. 과감하게 필요한 정책을 중장기적으로 채택하도록 뒷받침하지 못했다는 점에서 말이다.

### 미친 등록금과 미친 대학진학률

앞에서도 잠깐 언급했듯이, 유럽 여러 나라에서 사회민주주의적 성격을 가장 많이 띠는 의제가 교육일 것이다. 국가가 거의 재정을 부담하고 있으니 그만큼 권한도 압도적이다. 복지 분야보다도 교육 분야가 사회민주주의적 성격이 더 크다. 그런 만큼 한국의 개혁·진보도 그것을 모델로 삼고 싶어 했고, 지금도 그렇다. 그러나 진보적 이념만을 강조하는 사람들이 등록금 문제에서 놓치는 큰 문제가 있다. 대학진학률이 80% 안팎에 이른 상황에서, 곧 독일과 프랑스 같은 나라들보다 훨씬 높은 상황에서 과연 정부가 모든 대학생의 등록금을 크게 지원할 여력이 있을까? 아주 낮은 등록금을 원칙으로 했던 유럽 국가들도 이젠 어쩔 수 없이 올리는 형국 아닌가? 그러므로 일단 가능한 정책이란 차원에서 국립대 정도만 등록금을 반으로 낮추면서, 동시에 장기적으로 대학진학률이 떨어지도록 연착륙을 유도하는 게 바람직할 것이다. 물론 낮은 출산율이 앞으로 몇십 년 더 계속되면, 전체 대학생 수가 줄어들어 등록금 지원도 별 문제가 안 될 수 있다. 그러나 세월 가기만 기다릴 수는 없는 일 아닌가.

더구나 사람들의 사회적 행위가 바뀌도록 유도하는 건 결코 쉬운 일이 아니다. 왜 그럴까? 무엇보다 한국 사회는 대학진학률이 독일과 프랑스보다 훨씬 높은 상태로 오랜 세월을 보냈으며, 가정이 교육비 부담을 거의 전적으로 감당해온 역사 역시 오래되었다. 그런 가운데 한국과 유럽의 교육제도와 환경은 매우 달라졌다. 이제까지 어떤 정부도 공교육을 제대로 궤도에 올려놓지 못한 상황에서, 대부분의 가정은 원하든 원하지 않든 어쩔 수 없이 자신들의 책임 아래 교육비를 지출하고 있는 상황이다. 이미 각 가정에서 부모들이 '내 아이만을 위한' 이기적 목적으로 교육비를 쓰는 상황에서, 교육재정을 확충하기 위한 증세는 결코 간단치 않은 문제다. 왜? 교육재정을 위해 증세를 하자면, 각 가정이 자신들의 사적인 교육비 지출을 줄여야 한다. 그러나 그렇게 한다면 자신에게 도움이 되리라는 분명한 사회적 신호와 신뢰가 주어지지 않는 한, 사람들은 이기적인 방식의 교육비 투자를 계속할 것이다. 또 그런 행동이 지속되는 한, 증세는 쉽지 않을 것이다. 우파들만 강력하게 반대를 하는 게 아니라, 다수의 국민들 역시 그렇게 할 것이란 얘기다.

해마다 되풀이되는 등록금 갈등은 사실 무엇보다 높은 대학진학률과 뗄 수 없는 관계가 있다. 등록금을 조금 더 낮추는 수준에서 해결되지 않는 나쁜 구조가 버티고 있는 것이다. '미친 등록금'도 문제지만, 그 이전에 이미 '미친 대학진학률'이 있는 셈이다. 따라서 사립대학에 쓸 예산으로, 먼저 고등학교 직업교육의 수준을 높이고 다양하게 만드는 게 낫다. 최소한 무턱대고 4년제 대학에 우선 지원하지 않도록 하고, 기술을 익히는 것이 적성에 맞는 사람은 4년제 대학보다 2년제 대학으로 진학하도록 적극 유도해야 한다. 부모들도 무조건 자녀를 대학에 보내려는 강박에서 벗어나야 한다. 곧 현재의 높은 대학진학률을 그대로 인정한 채 모든 대학생의 등록금을 낮추는 데 올인하기보다는, 교육구조와 교육예산 분배의 방향을 수정하면서 사람들의 행동도 변하도록 유도하는 게 더 중요하다는 말이다.

그렇게 되면 지방사립대학들은 위기를 맞지 않을까? 그럴 것이다. 그러나 그런 일이 그저 나쁜 것만은 아니다. 자율성을 요구한 사립대학들의 존재는 일단 시장에 맡기되, 시장에서 탈락할 위험이 있는 대학들에 대해서는 정부가 국립이나 공립으로 구조조정하는 일을 잘 하면 된다. 그런 대책을 세우는 것이 바로 정부가 할 일이다. 제대로 돌아가지 않는 시장이나 이제까지 너무 커진 사교육 시장을 관리하면서, 교육에 대한 국가의 권한과 책임을 찾을 수 있는 기회라고 생각하면 된다.

다르게 말하면, 그저 세금으로 등록금을 보조하거나 사립대학 재정을 지원하려 하기보다, 기형적으로 커져온 가운데 많은 비리를 낳고 있는 사립대학들의 구조를 먼저 바꾸고 수준을 높이는 작업을 해야 한다. 등록금 문제를 세금으로 손쉽게 해결하려는 생각은, 그저 국민들이 몇 만 원씩 더 많은 부담금을 지출하게 해서 의료보험 보장비율을 확대하자는 생각과 비슷하다. 그러나 기존의 의료재단들이 고가의 장비를 많이 갖춘 채 고가 진료를 많이 하는 식으로 공공성을 확보하지 못하고 있고, 또 의료보험도 의사들의 진료 건수에 따라 보험료를 지불하고 있는 상황에서, 손쉽게 국민들의 부담금을 올리는 것으로 해결하려는 방식은 좋은 대책이라고 보기 힘들다.

이제까지 많은 대학들이 손쉽게 학생들 등록금으로 교육사업을 해 오면서, 그저 높은 진학률에 편승하여 질적인 수준은 높이지 못했다. 이 대학들의 구조를 바꾸려면, 등록금으로 쉽게 장사를 하지 못하게 하는 것도 한 방법이다. 그러려면 진학률이 지속적으로 떨어져야 하는데, 지금 무조건 등록금을 인하하자고 주장하는 사람들은 이 구조적인 문제에는 주의를 별로 기울이지 않는다. 대졸자가 주류인 사회는 소비수준도 높아져서 '생활 좌파'가 확대되기 어렵다. 그들은 교육비 지출을 많이 한 만큼, 문화적으로도 상징자본에 길들여져 있고 따라서 개인주의적 생활에 익숙해 있을 가능성이 크다. 그런데도 진보 진영의 많은 사람들은 그저 등록금을 낮추자는 듣기 좋은 말은 해도, 그 배후에 있는 고비용 · 고소비 경향의 구조를 바꿀 생각은 잘 안 한다. 오랜 세월 반복된 진영 논리를 반복하는 나쁜 습관 때문이다.

### '북유럽'이 아니라 '미국'만큼이라도 따라가는 게 중요

또 등록금 문제나 한국의 잘못된 사교육 풍토를 비판하면서, 사람들은 흔히 핀란드를 비롯한 북유럽 국가들의 예를 많이 든다. 위에서 언급한 이수연 씨의 반론에서도, 대학진학률이 높은 국가들로 이들 나라를 언급하고 있다.

노르웨이(71%), 핀란드(70%), 호주(87%) 등과 같은 나라들도 있다. 2010년 우리나라 대학진학률은 71%로, OECD 평균(56%)보다는 웃돌지만 극심한 차이가 나는 것은 아니다.

우선, 2010년 한국의 대학진학률은 71%가 아니라 79%였음을 밝힌다. 대학진학률은 85% 수준까지 계속 오르다가 몇 년 정체를 보였는데, 최근에 와서야 겨우 80% 아래로 떨어졌다. 1980년대 이후 계속 상승세를 보이다가 거의 30여 년 만에 처음 떨어지고 있는데, 여러 면에서 다행이라고 할 수 있다. 비록 취업시장이나 경제상황이 나쁜 탓도 크지만, 어쨌든 그렇게라도 구조의 변화가 일어나는 것은 나쁘다고 할 수 없다.

나는 진보적인 대안을 제시하는 사람들이 북유럽 국가들을 한국 교육의 모델로 생각하는 경향에 회의적이거나 반대한다. 왜냐하면 이들 나라의 교육 환경은 한국과 사뭇 다르기 때문이다. 핀란드나 노르웨이가 상대적으로 진학률이 높은 이유는, 좋은 의미에서 복지체계가 잘 갖추어져 있기 때문이다. 반면에 굳이 비교하자면, 한국과 비교해야 할 독일이나 프랑스는 진학률이 훨씬 낮다. 일본도 한국보다 낮다. 4년제 대학 진학률만 보자면, 2008년에 한국이 59%인 반면 독일은 35%밖에 안 되고, 일본도 45%에 머문다. 한국의 교육 및 복지에 대한 비교 모델을 굳이 찾자면, 북유럽 국가들이 아니라 독일이나 프랑스여야 한다는 게 나의 생각이다.

북유럽 국가들은 이미 20세기 중반에 훌륭한 복지체계를 도입한 나라들이다. 그만큼 정치적으로 사회민주주의가 일찍 발달했는데, 그 사회민주주의도 단순히 좁은 뜻의 프롤레타리아만을 대상으로 하지는 않았다. 20세기 중반부터 그 사회민주주의는 이미 중산층 다수를 정치적 대상으로 삼았다. 또 북유럽 여러 나라들처럼 1000만도 안 되는 인구라면, 애초부터 안보 지출을 늘리고 '자주국방' 같은 비싼 길을 추구하지 않아도 된다. 복지에 강한 작은 나라로 만족하는 것이 충분하고도 좋은 전략일 터.

물론 이는 단순히 안보나 국방예산에 국한되는 문제가 아니다. 그것은 간접적으로 수많은 사회적 관계에 영향을 미친다. 인구가 적은 북유럽 나라들은 이웃 나라들과 커다란 긴장관계나 갈등관계에 놓여 있지 않다. 국가 사이의 긴장과 경쟁이 심하지 않을 때, 국내의 긴장도와 갈등의 정도도 전반적으로 떨어지는 경향이 크다. 그래서 국내적으로도 사람들이 치열한 경쟁을 할 필요가 없는 것이다. 유럽 나라들에서 교육경쟁이 심하지 않은 것은 그저 그 사람들의 심성이 착해서가 아니라, 경쟁을 크게 하지 않아도 왠만큼 살 수 있는 사회적·국제적 환경이 존재하기 때문이다. 다르게 말하면 그 사회에서 사람들은 과도하게 지위경쟁을 하지 않아도 된다. 그리고 교육경쟁은 가장 치열한 지위경쟁의 대상이다. 교육은 다수의 자기해방과 자기실현이라는 근대화 초기의 목표에서 벗어나서, 오히려 사회적 갈등이나 신분을 더 확대하는 도구로 작용하게 된 것이 사실이다. 그리고 한국은 이런 갈등이 심하고 지위경쟁도 치열하게 전개되고 있다.('너무 많은 경쟁 또 너무 적은 경쟁' 참조)

그래서, 한국의 현실을 비판한다면서 북유럽처럼 한국 사회와 맥락과 환경이 다른 사회를 인용해 단순 비교하는 것은 크게 도움이 안 된다. 한국 사회는 영토안보를 비롯하여 여러 가지 안보문제(인구안보·식량안보·역사안보·환경안보 등)에 시달리고 있기 때문에 마찬가지로 유사한 안보문제들에 많은 비용을 지출하는 나라들을 참조하는 게 현실적이다. 독일과 프랑스는, 영토는 우리와 비교가 안 되지만, 그나마 지리정치적·사회적·인구적 차원에서 한국이 참조할 수 있는 나라일 것이다. 교육뿐 아니라 복지 분야에서도 그렇다.('복지, 진보의 독점적 의제인가'와 '보편적 복지만 정답인가' 참조) 프랑스와 독일도 비교적 국가주의적 경향을 많이 보인다. 이 국가주의 경향은 사회 전반에 나쁜 영향도 많이 끼치지만, 주변 국가들과 끊임없는 긴장과 갈등 속에서 살아온 역사적 경로 속에서 어쩔 수 없는 측면도 있다. 그 점에서 한국과 비슷하다.

그런데 교육 분야에서는 그런 독일과 프랑스의 정책을 따라가기도 힘든 상황이다. 왜냐하면 위에서 언급했듯이, 이들 나라의 교육기관은 다수가 국공립이지만 우리는 거꾸로 사립재단이 다수를 차지하기 때문이다. 현실적인 정책의 관점에서 보면, 독일과 프랑스의 교육정책은 한국에 그대로 적용하기 어렵다. '혁명정부'가 들어서지 않는 한, 사학법인을 국유화할 수는 없을 테니까.

그래서 개혁·진보 진영은 무엇보다 교육정책에서 두 눈을 크게 뜨고, 솔직하고도 실행 가능한 정책에 대해 고민해야 한다. 그리고 고통스러운 일이지만, 실제로 우리는 미국의 교육제도를 본받았지만 미국보다도 못한 상황에 있다고 솔직히 고백하고 인정해야 한다. 따라서 미국식 제도를 일단 미국만큼만 운영해도 괜찮은 일이다. 미국 각 주의 주립대학에서 주민들이 등록금을 거의 내지 않고 교육을 받을 수 있듯이 말이다. 그리고 주립대학에서 만족하지 못하는 사람들은 사립대학에서 수익자 부담 원칙에 따라 교육비를 내면 된다.

현재로선 이런 방향이 현실적 개혁을 이끌어낼 수 있는 길일 것이다. 정부가 쉽게 개혁을 실행할 수 없는 사립대학의 등록금까지 포함하면, 등록금 문제는 복잡하게 꼬이거나 다른 문제를 야기할 것이다. 그리고 연·고대를 비롯한 상위 사립대에 진학하는 고소득층 자녀에게 국민 세금으로 등록금 혜택을 주는 것도 사회적 동의를 얻기 힘들 것이다. 또 부유층들이나 우파의 상당수는 등록금이 지금보다 비싸더라도 '좋은' 대학에 가려는 욕망을 결코 포기하지 않을 것이다.

다만 서울을 비롯한 수도권에서 국공립대의 숫자를 지금보다 늘리는 건 시급한 일이다. 사실 국립대 등록금을 낮추려면 이 점에 큰 주의를 기울여야 한다. 국공립대 숫자가 너무 적으면, 그리고 국공립대가 수도권에 별로 없으면, 아무리 국립대의 등록금을 반 정도로 낮춘다 하더라도, 별 효과가 없을 수 있다. 그렇지만 갑자기 상당수의 국공립대를 신설하기도 어려울 것이다. 재단에 비리가 있던 인천대는 국립으로 전환되었다. 이처럼 사립대에 대한 감사를 엄격하게 하면서, 문제가 있는 사립대들을 국공립으로 전환한다면, 일석이조일 것이다. 바로 이런 문제에 대해 구체적인 고민을 하는 게 더 중요하다.

문제는 진영논리다. 보수는 대학에 자율성을 주자는 말만 많이 하거나 수익자 부담 원칙을 강조한다. 물론 사립대학에는 일정하게 그런 것을 적용할 수 있다. 그러나 현재 국립대학들의 교육 행태가 미국 수준보다도 더 공공성이 떨어진다는 점에는 주의를 기울이지 않는다. 그리고 사학재단들의 비리에 대해서도 짐짓 무관심하다. 그렇지만 진보를 자처하는 사람들의 이념적 경직성 혹은 게으름도 문제다. 무조건 유럽식의 공공적 교육방식을 따라하려는 경직성 혹은 지적 게으름. 나도 개인적으로는 유럽식 교육제도를 존경하고 선호한다. 그러나 한국 사회가 밟아온 '더러운' 경로는 지금 우리에게 비싼 값을 치르게 하고 있다. 한 번 나쁜 제도나 경로를 밟게 되면, 그 경로를 수정하기가 결코 쉽지 않다. 사학재단은 한국 사회가 뿌린 독, 그래서 지금도 계속 억지로라도 마셔야 할 독인지 모른다. 그러니 지금 우리가 따라서 하기 힘든 유럽식 국립대학 시스템을 맹목적으로 따라하려고 하지 말

자. 세금과 정부예산으로 직접 변화를 유도할 수 있는 대상인 국립대학 체제를 우선적으로 개선하는 일에 집중하는 것이 차선책이다. 다시 말하지만, 나 역시 사회민주주의적 교육방식을 선호하지만 한국의 공공정책 차원에서 그것을 실행하기 어렵다면, 과감하고도 솔직하게 정책을 수정해야 한다. 그리고 지금이라도 그 방향으로 가게 만들자.

### '시장'과 '국가' 사이의 현실적 균형점 찾기

등록금 문제는 아마도 사회적 문제의 '핵심'이라기보다는 뜨거운 용암처럼 분출되는 표면의 문제일 듯하다. 문제가 가볍다는 말이 아니라, 뜨거우면서도 사실 그것의 원인들이 땅 속에 있다는 것이다. 우리 사회가 한두 세대 동안에 성장을 빨리 한 것은 자부심의 원천이기도 하지만 사람들 사이에 지위경쟁을 부추긴 면이 있다. 또 배우지 않으면 무시당한다는 불안과 공포의 역사도 오래되었다. 거기다 사립대학에 교육을 많이 위임한 역사적 경로의 책임까지.

사실 이 글의 일차적인 목표는 등록금 문제에서 국립대학과 사립대학을 분리해서 생각하자는 것이다. 그리고 대학진학률을 낮추면서, 등록금 문제에 접근하는 게 좋다는 것이다. 그러나 사실 대학에 가지 않으면 개인들은 실제로 차별받을 위험이 큰데, 이를 생각하면 사회적으로 대학진학률을 낮추도록 유도하자는 말도 무책임한 말일 수 있다. 그 점이 어려운 점임은 나도 인정한다. 실제로 이 책에는 운동권적인 동기나 목표는 적은 편이다. 정책적 대안을 제안하면서도, 갈등과 싸움에 대한 분석이 더 많을 수도 있다. 나도 개인적으로는 모든 학생들의 등록금을 반으로 낮추면 좋겠다는 생각을 한다. 그리고 나도 그런 말만 하는 게 신상 편하지 않을까라는 개인적인 '고민'도 한다. 좋은 말만 하고 살아도 부족한 삶인데, 괜히 삐딱하게 이런 말을 할 필요가 있나 하는 생각도 든다. 그런데도 '우충좌돌'하고 또 '좌충좌돌'하는 이유는, 갈등과 싸움이 일어나는 지점에 가까이 가려는, 가야 한다는 마음이 있어서다. 시장은 중요하지만 시장만으로는 안 되며, 국가도 중요하지만 국가를 통해 모든 것을 해결하는 것도 어렵다고 나는 생각한다.

이제까지 한국 사회는 마치 누구나 다 대학에 가면 좋을 것이라는 모호한 생각에 사로잡혀 있었다. 그러나 그런 생각은 모호한 이상이자 가상이다. 지식은 이미 오래전부터 사회적으로 비용이 많이 들어가는 대상이자 상품이 되어버렸다. 지식이 그저 사람을 이롭게 하는 것은 아니다. 지식은 비용이 들어가고, 따라서 지식을 소유하는 사람은 일종의 문화적 자본을 축적한다. 또 지식은 복잡한 권력관계를 돌아가게 만들고 구성한다. 또 한국 사회는 지금 개인의 책임을 상당히 높게 평가하는 사회다. 여기에 부정적인 면도 크지만, 긍정적인 면도 꽤 있다. 그것만 강조하는 일은 위험하지만, 그 점을 부정적으로만 여기는 일도 공허하다. 그것을 역사적 과정으로 솔직히 인정하고 똑바로 보는 일이 필요하다. 보수와 진보를 막론하고, 이 점을 바로 보고 인정하자는 것이다.

마지막으로, 이 글을 쓰는 와중에 사회적으로 큰 변화가 있었다. 이 변화에 대해 약간 언급해둘 필요가 있겠다. 대학생들이 등록금 문제를 지속적이고도 뜨겁게 제기하자, 한나라당 원내대표가 '반값 등록금' 문제를 책임 있게 다루겠다고 공언하고 나섰다. 등록금 촛불시위가 벌

> **등록금, 정부 지원 없이도 11% 낮출 수 있다**
>
> ▌등록금 내릴 수 있다
> 9조9000억 중 1조1000억 인하
> 독자·전문가와 함께 찾은 해법
>
> 전국 4년제 사립대는 정부의 재정지원을 받지 않고 자구 노력만으로 등록금 액수를 11.2% 줄일 수 있는 것으로 나타났다. 금액으로는 1조3194억원에 달한다. 본지 취재팀의 '등록금 내릴 수 있다' 시리즈의 의견을 보낸 독자·전문가들의 의견을 종합해 내릴 수 있는 등록금 액수를 산출한 결과다. (관계 시리즈 4, 5면)
> 전국 151개 사립대 중 117개 대가
>
> 등록금 의존율을 현재보다 5%포인트만 낮추면 5799억원을 학생들을 위해 쓸 수 있는 것으로 나타났다. 117개 대는 전체 대학 수입에서 등록금 수입이 차지하는 비율이 50%를 초과하는 대학이다. 재단 전입금이나 기부금 수입을 늘리는 등의 방법으로 등록금 의존율을 5%포인트 낮추자는 것이다.
> 사립대들이 2009년 쌓아둔 적립금(6조9497억원)을 활용하는 대안도 있다. 적립금은 미래 교육에 대한 투자인 점을 감안해 적립금을 쌓지 등록금이 적립금으로 가지 말도록 하자는 것이다. 이를 위해 등록금 회계
>
> | 대학, 자구 노력만 하면 ... | |
> |---|---|
> | 결산 기준으로 등록금 책정만 | 597억 |
> | 등록금 의존율 5%P만 낮추면 | 5799억 |
> | 적립금 쌓인 것 교육비로 쓰면 | 3463억 |
> | 재단의 전입금 제대로 지키면 | 1335억 |
> | 등록금 11% ↓ | 1조1194억 |
>
> 에서 대학으로 들어온 법인 전입금 기부금 액수만큼만 적립하고 나머지
>
> 금액은 등록금 회계에 남겨두는 방안이다. 이렇게 되면 3463억원을 학생들을 위해 쓸 수 있다.
> 또한 사립대 재단들이 돈이 없다는 이유로 내지 않는 법정부담금만 제대로 부담해버도 이 돈(1335억원)을 대학 측이 학생들의 교육에 쓸 수 있는 것으로 조사되었다. 이 바에 뻥튀기 예·결산 관행을 철폐하면 등록금 597억원을 절감하는 방안도 포함되어 있다. 이러한 방안을 통해 줄일 수 있는 등록금 액수는 전체 등록금 액수(9조9479억원, 2009 회계 기준)의 11.2%로 추정했다.
> 특별취재팀 school@joongang.co.kr
>
> **양건 "2학기 전까지 등록금 해법 제시"**
> (감사원장)
>
> 양건 감사원장은 12일 "감사원의 모든 역량을 동원해 올해 2학기 전까지 대학 등록금 문제에 대한 대안을 마련하도록 노력하겠다"고 말했다. 양
>
> 원장은 이를 위해 "감사 일정을 당겨 대학생들의 2학기 등록 전까지 방안을 마련하도록 정창영 사무총장에게 지시했다"고 밝혔다. 다음은 중
>
> 앙일보와 단독 통화 내용.
> - 등록금 감사 일정을 알립가나.
> "7월 예비조사, 8월 본감사로 잡힌 감사 일정을 좀 더 당기도록 지시했다. (200여 개 대학에 대한 전수조사가 어렵다면 샘플로 몇 군데 대학을 먼저 조사하더라도 (감사
>
> 를) 빨리 할 필요가 있다."
> - 등록금 감사는 직접 지시했나.
> "원래 올 11월에 계획된 것이데 일정 앞당기고 규모 확대하라고 했다."
> 이철재 기자 seajay@joongang.co.kr
>
> ➡ 5면 '양건'으로 이어집니다

『중앙일보』, 2011년 6월 13일자. 등록금 인하운동이 거세지면서 보수 언론도 나름의 해법을 내놓기 시작했다.

어찌자, 이젠 보수 언론들의 보도도 급변했다. 그전까지는 등록금에 별로 관심을 보이지 않던 보수 언론들도 '등록금 내릴 수 있다'는 보도를 집중적으로 내보내기 시작한 것이다. 등록금 촛불시위가 과거 광우병 촛불시위와 비슷하게 번질까, 두려워하는 마음을 그 언론들은 공공연히 내비쳤다.

다만 이 과정에서 처음에 한나라당 원내대표가 받아들였던 '반값 등록금'은 쑥 들어갔다. 보수 언론들은 그가 받아들인 '반값 등록금의 관점'이 잘못되었다고 질책하기 시작하면서, '반값 등록금'의 의제를 버리고 '등록금 내릴 수 있다'는 쪽으로 보도와 분석의 방향을 잡았다. 그러면서 사립대의 편법 운영과 예산 낭비를 지적하기 시작했다. 사립대들이 적립금을 부당하게 쌓아놓는 관행, 그리고 교수와 교직원들의 봉급이 지나치게 높다는 비판도 나왔다. 예산 낭비를 막고 등록금에서

적립금을 부당하게 남용하는 일들만 고쳐도, 등록금을 11%나 낮출 수 있다는 분석도 나왔다. 보수 언론이 정색을 하고 사립대의 그런 잘못을 지속적으로 보도하기 시작하자, 등록금 문제는 이제 진보뿐 아니라 보수의 중요 의제가 되었다. 야당만 이야기할 때와 사정이 크게 달라진 것이다. 야당만 이야기할 때와 여당이 이야기할 때는 분위기가 너무 달랐다.

결과적으로 사립대가 운영을 투명하게 하면서 장학금 지급을 늘려야 한다는 내용은 내가 이 글에서 한 말과 비슷한 수준이 되었다. 그러나 보수 언론들은 정부 지원을 늘려야 한다는 말은 거의 하지 않으려고 애쓰는 기색이 역력하다. 사립대학의 부실한 운영을 비판하면서 건전한 운영을 강조하는 시리즈를 내보낸『중앙일보』(2011년 6월 13일)의 경우, '정부 지원 없이도' 등록금을 11% 낮출 수 있다는 관점을 부각시켰다. 다르게 말하면, 보수 언론이 사립대학의 부실한 운영을 비판하고 나선 이유는, 등록금 문제가 더 이상 사회적으로 확대되는 것을 막으면서 동시에 정부의 대학 지원을 최소화하려는 전략 때문인 듯하다. 가능한 한 사립대학들이 자체적으로 예산을 확보하여 등록금을 낮추고 장학금 혜택을 확대하라는 주장인 셈이다. 그러나 내가 위에서 강조했듯이, 한국의 고등교육 예산은 신자유주의 국가인 미국보다도 훨씬 낮다. 최소한 미국 수준으로 대학에 대한 지원을 높이면서 장학금혜택을 늘리는 일이 필요하다.

그리고 보수 언론들은 국립대에 대해서는 정부의 의지만 있으면 어렵지 않게 '반값 등록금'이 가능하다는 점도 거의 말하지 않거나 아주 소극적으로만 언급했다. 이것이 중요하다. 그 정도의, 그리고 그 방향의 재정지출은 필요하고도 바람직하다. '국립'이라는 이름에 걸맞은 대책이 속히 나와야 한다.(이상이 2011년 5월에서 6월 사이 보수 쪽에서 일어난 커다란 변화였다. 진보 쪽에서는 상대적으로 커다란 변화가 일어나지 않았다.)

## 04

# '대졸자 주류 사회'를
# 직시해야 대안이 보인다

### 잘못된 대전제

학원 승합차들. 옆구리에 "특목고 진학을 위한 초등학교 교실!"이라 크게 써붙인 펼침막들이 요란하다. 짜증을 내지 않으려면 고개를 돌려야 한다. 이 난리가 상위권 대학 입학에만 적용되느냐 하면 그것도 아니다. 이른바 'In 서울 대학', 즉 서울 소재 어느 대학이든 입학하는 일 자체가 이제 대단한 일이 되어버렸다. 대다수 가정에서 초등학생 때부터 아이들을 학원에 보낸다. 초등학교부터 고등학교까지 학원에 다니는 일, 이 일은 학원과 부모 그리고 아이들의 삼위일체를 요구한다. 이름난 학원이 있어야 하고, 부모(더 나아가면 할아버지)의 경제력이 뒷받침되어야 한다. 아이들은? 10여 년을 저항 없이, 착하게 학원에 오가야 한다.

가난한 집 아이들이 대학 가기 힘들다는 말은 공공연한 비밀이다. 그럼 대학에 진학한 학생들은 모두 잘 되는가? 그들은 행복하게 잘 살고, 원하는 일자리를 찾는가? 통계마다 차이는 있지만 작게 잡으면 3~5%, 크게 잡아도 기껏해야 10% 정도만 '그럴듯한' 직장을 얻는다. 나머지는 그런 일자리를 찾지 못해 아우성이다. 거기엔 물론 다수가 '그럴듯한' 직장을 원하기 때문에 생기는 거품도 있다. 그렇더라도 기본적으로 일자리를 구하기 어려운 건 사실이다. 힘들게 대학에 다녀도 별볼일없는 세상이 도래한 것이다.

여기서 기존의 교육문제는 조금 다른 혹은 새로운 양상을 띤다. 과거에는 대학서열화나 학벌에 따른 계층화라는 문제가 대학을 짓누르는 핵심 문제였다. 현재도 그것은 사라지지 않았고, 어떤 점에서는 자격증의 하나로 더 강화되는 점도 있다. 그런데 이제 거기다 다른 무거운 문제가 추가되면서, 문제의 양상이 바뀌었다. 비싼 등록금을 내고 대학을 다녀도, 졸업 후에 일자리를 찾기 어려워진 것이다. 이 취업전쟁 문제가 기존의 대학서열화와 관계된 문제들을 크게 압도하게 된 것이다. 몇 년 전까지만 해도 핵심적인 교육문제들이었던 대학서열화나 학벌문제들은 오히려 가볍게 보일 정도다. 일자리도 찾기 어려운 마당에 '서열화'니 '학벌'이니 하는 문제는 과도하게 이념적이거나 한가하게 보이는 것이다.

생존경쟁이 심해지면 대부분의 개인들은 당장 맞닥뜨린 위험에서 벗어날 궁리를 하기 마련이다. 그러니 대학서열화나 학벌 문제가 이전처럼 사회적 관심을 받지 못한다고 해도, 어쩔 도리가 없다. 지금 발등에 떨어진 불은, 그렇게 힘들게 노력하고 많은 돈을 들여 대학에 가도 막상 일자리를 얻기가 어렵다는 데 있다. 일류 대학 졸업생은 다소 여유가 있겠지만, 그렇다고 그들이라고 취업전쟁에서 벗어난 건 아니다. 그들은 그들대로 더 좋은 스펙을 갖추고 더 좋은 기회를 잡으려 애쓴다. 그들 수준에서도 일자리를 찾기는 이전보다 훨씬 어렵다. 상위권 대학 졸업장을 가지고 있다고, 또는 상위권 대학 경영대학원을 나온다고 무엇이 보장되는 것도 아니다. 몇 년 동안 광풍처럼 몰아치던 '스펙 쌓기'가 최근에는 주춤하고 있다지만, 이는 그게 쓸모없어져서가 아니라 그것만 가지고는 안심할 수 없어서다. 많은 기업에서 스펙보다 경력을 중요하게 여긴다고 한다. 말하자면 상위권 대학 출신들은 그들대로, 중하위권 대학 출신들은 또 그들대로 모두 '일자리 찾기 전쟁'에 돌입했다는 느낌이다.

이 와중에서, 여유 없는 집 아이들은 좋은 대학 가기도 힘들고 더 나아가 일자리를 잡기도 어렵다는 말이 다시 나오지 않을 수 없다. 사실 그 말은 여러 모습으로 떠돈다. 개탄에서 시작해 욕지거리까지 다양한 스펙트럼 속에서 그 말은 변주되고 반복된다. 그러나 여기서 한번 전략적으로 생각해보자. 이 상황에서 과연 "개천에서 용 나기 힘들다"는 말과 "양극화가 심해진다"는 말만 계속 반복해야 하는 걸까?

그 말은, 교육이 부모의 경제력과 사회적 위상에 따라 결정되는 상황을 비판하는 거라고 여겨진다. 그러나 다수의 부모들이 불안-공포-욕망의 콤플렉스 속에서 아이들을 학원 보내고 좋은 대학 보내려는 태도가 바뀌지 않는다면, 그 말만 하는 건 별 효과가 없지 않을까? 오히려 그 말은 사회적으로 불안과 공포만 더 조장하기 쉬우며, 따라서 부모들의 사교육 의존을 심화시키는 노릇을 할 듯하다. 실제로 그렇다. 대책이나 대안을 동시에 점화시키지 않은 채 홀로 타오르기만 하는 비판은 오히려 불안과 공포를 조장하면서, 악화가 양화를 구축하는 데 기여하는 경향이 크다.

양극화가 점점 심해지는 것도, 개천에서 용이 나기 힘든 것도 사실이다. 다른 나라와 비교해도 한국이 더욱 심하다. 그러나 양극화를 유발하는 원인은 사실 다각적이며 대책도 단순하지 않다. 그런데 이제까지 그에 대한 대응책을 생각할 때는 이상하게도, 다수가 대학교육을 받는 것만을 거의 유일한 전제로 삼았다. 보수가 그렇게 대응한 것은 이상한 일이 아닐지 모른다. 그런데 진보 진영도 덩달아 그런 관점을 고수했다. 그러나 이 방식은 여러 이유로 단선적이고 획일적이고 순응적이다. 이런 단선적 관점은 사교육 문제도 해결하기는커녕 조장할 것이다. 나는 바로 이 전제에서 벗어나야 한다고 생각한다. 높은 대학진학률이 부모의 높은 교육비 부담을 요구하는 상황이 지속되는 한, 개인과 가족은 그 비용을 스스로 감당하고 해결하는 보수적 방식에서 벗어나기 힘들다. 소득을 높이기 위해 개인들은 노동시간을 늘여야 하고, 한번 늘어난 노동시간을 줄이기는 쉽지 않다. 그 이유로 정규직들은 비정규직 문제에서 소극적이다. 사교육비 부담률을 줄이기 위해서는 소득과 자산에 따른 조세부담률을 지속적으로 높이고 공교육의 효율성을 강화해야겠지만, 그것만으로는 충분하지 않다. 교육 영역에서 필요한 과제는 대학교육 방식을 바꾸는 것이다.

    구체적인 대책과 대안을 위한 고민이 필요하다. 이제까지 보수 쪽은 이 문제에 대해 진지하게 고민을 하지 않았다고 할 수 있다. 개인주의적인 차원에서 교육의 효과를 높이는 데에 주로 관심을 쏟았다. 이 점에서 보수 쪽은 교육을 사회적 의제로 다루는 데 소극적이었다고 할 수 있다. 그와 달리, 진보 쪽 시민단체나 운동가들은 교육문제를 사회적 의제로 많이 다룬 편이다. 그들은 주로 대학서열 철폐나 학벌 철폐, 그리고 등록금 인하(혹은 상한제) 같은 사회적 의제를 부각시켰다. 그런데 이들 안건은 대부분 취업 문제가 이처럼 심각해지기 이전의 대학

체제나 높은 대학진학률을 전제로 한 것이었다. 지금처럼 많은 고등학생들이 대학에 진학한다는 전제 아래, 대학서열 및 학벌 문제들에 접근한 셈이다. 그 문제들은 이미 취업전쟁에 압도되어 부수적 차원으로 전락한 나머지, 과거의 비판적 강조점은 상실되거나 다른 성격을 띠게 되었음에도 말이다. 이를테면 대학서열 문제는 대학들의 경직된 서열을 비판하기보다는 오히려 더 좋은 대학에 진학해야 한다는 강박을 부추기는 경고 신호로 작용하는 듯하다.

### 진영논리에 갇힌 고민 없는 정답들

나는 여기서 근본적으로 다른 접근이 필요하다고 생각한다. 기존의 높은 대학진학률이 그대로 지속되는 한, 그런 문제들이 낳는 갈등을 해결하거나 개선하기는 어렵다고 생각한다. 오히려 높은 대학진학률과, 여기에 직간접으로 연결된 대학교육의 문제점들을 정면으로 마주해야 한다. 물론 단순히, 높은 대학진학률이 학력과잉으로 이어지고 그것이 모든 문제의 근원이라는 말은 아니다. 그렇다고 현재 학력과잉이나 학력 인플레이션이 전혀 없다고 하기도 어렵다. 현재 교육문제의 태반이 사회적인 문제이거나 이념적인 갈등을 동반하는데, 대학진학률이나 학력과잉에 관해서도 마찬가지다. 보수적인 언론이나 학자들이 주로 학력과잉을 거론하고, 진보적인 언론이나 학자들은 그것을 부정하는 형국이다.

그러나 나는 여기서 단순한 이념적 이분법은 옳지 않다고 본다. 교육문제가 기본적으로 사회적인 갈등과 연관되어 있는 건 사실이지만, 그렇다고 교육문제를 전적으로 보수와 진보의 대립적 관점에서만 다

『한국일보』 2011년 6월 15일자. 모두가 대학에 가려 하는 사회에서 높은 등록금 문제는 해결하기 어렵다.

룰 수는 없다. 나는 이 문제에서도 '우충좌돌' 혹은 '기우뚱한 균형'의 전략이 필요하다고 본다. 높은 대학진학률은 학력과잉의 문제로만 볼 일은 아니지만, 그렇다고 그것이 전혀 아닌 것도 아니다. 학력과잉의 관점에서만 볼 경우, 양극화 과정 속에서 확산되는 비정규직 문제를 간과하기 쉽다. 그렇다고 그 관점을 부정할 경우, 부모 돈으로 대학 가고 또 취업 준비까지 하는 대졸자들의 문제를 제대로 다루지 못할 것이다.

이념적인 관점에서 교육문제를 볼 때, 보수 쪽은 개인이나 부모의 능력에 따른 권리와 책임을 과도하게 강조한다. 좋은 대학 가려고 열심히 노력하고 투자하는 것은 어디까지나 각 개인이나 가정의 문제라는 식이다. 이에 비해, 진보 쪽은 과도하게 평등주의적 관점에 매달리는 경향이 있다. 예를 들면, 원하는 모든 사람이 가능한 한 무상으로 대학교육을 받으면 좋다는 관점. '국립대 무상교육' 같은 구호가 그렇다. 국립대 등록금을 사립대와 비교해 상대적으로 낮추는 일은 가능하거니와 바람직한 일이겠지만, 원하는 모든 사람이 무상으로 대학교육을 받게 한다는 계획은 현재 상황에서는 불가능한 일이라고 나는 본다. 무수한 갈등이 터져 나오고 그 모든 갈등은 각기 사회적 비용을 요구하는 마당인데, 교육 영역에만 재정을 집중하기는 어렵기 때문이다. 이를 위해서는 중장기적으로, 거의 한 세대 동안 조세 부담률을 높여야 한다. 이 일을 위한 지속적이고도 끈질긴 계획과 정책이 마련되지 않는 한, 등록금 문제를 해결하기 힘들 것이다. 그 원인의 하나는 내가 보기에 놀랍게도 높은 대학진학률과 졸업률이다.

이 상황에서 등록금 동결이나 상한제, 그리고 학자금 융자나 상환 문제들을 제기하는 것은 나름대로 의미를 가지겠지만, 동시에 제한된 의미밖에 가지지 못할 듯하다. 왜냐하면, 지금처럼 높은 대학진학률이 유지되는 상황에서 그 문제들은 어차피 제한된 수준에서 다뤄지고 또 끝날 것이기 때문이다. 그나마 2010년 1학기부터 취업후 등록금상환제와 등록금상한제가 실시되었지만, 등록금 인상폭이 물가인상률의 150% 안에서 결정되어서 만족스럽지 못했고 등록금 상환이율도 높다. 이 상황에서 이명박정부가 원래 복지제도에는 관심이 적기 때문에 생긴 결과라고 비판할 수는 있다. 그러나 그런 비판만으로는 충분하지 않다. '개혁적이었던' 노무현정부도 이 문제를 획기적으로 풀지 못했다. 다르게 말하면, 우리가 다루는 대학교육 문제에는 정부에 따른 차이에도 불구하고 그 차이를 넘어서는 지점이 있다는 말이다. 현재처럼 대학진학률이 높은 상황에서는, 등록금이나 학자금 지원조차 획기적으로 개선되기는 어렵다는 게 내 판단이다.(물론 2011년 봄 등록금 촛불 시위가 일어난 후, 한나라당과 보수 언론이 적극 개입하면서, 상황은 꽤 달라졌다. 학생과 부모들의 기대가 커졌다. 보수 언론이나 정치권도 쉽게 무시하기 어려운 상황이 조성되었다.)

보수보다는 진보가 교육문제를 사회적 약자와 공공성의 관점에서 다루는 것은 사실이다. 이는 틀림없이 사회적 미덕이지만, 높은 대학진학률이 유발하는 일련의 사회적 문제 앞에서 진보도 단순한 진영논리에서 벗어나야 한다고 나는 생각한다. 교육문제는 특히 그렇다. 교육에 관한 한 개인과 가족은 각개약진의 전략에 따라 행동하는 경향이 강하다. 진보적인 담론들은 구체적이지 않고 당위적일 뿐인 경우가 많다. 자신 이야기는 하지 않고, 그저 남의 허물만 들춰내거나 구조적 관점에서만 문제를 거론하는 일이 많다. 무엇보다 구체적인 대안에 대한 고민이 부족하다.

예컨대 진보 진영은 흔히 '국립대 등록금 무상, 사립대 등록금 인하'를 정답으로 준비하고 있다. 그 답은 이념적으로는 좋게 보이지만, 그 말만 반복하는 것은 '분업화된 지식의 자기합리화'에 그칠지 모른다. 왜냐하면 한국 사회에서 높은 대학진학률은 큰 사회적 문제들을 연쇄적으로 유발하기 때문이다. 학생들은 비슷한 교육을 받고, 그 후 비슷한 일자리를 찾으려 한다. 그러니 비슷한 일자리에서 경쟁은 더 치열할 수밖에 없다. 또 대부분 부모가 아이들 등록금을 지원하는 현재의 상황은 부모들의 자유를 위협하고 그들을 일상생활에서 알게 모르게 보수적으로 행동하게 만든다. 그러므로 등록금 인하는 대학진학률을 낮추는 일과 연동해서 추진해야만 의미가 있을 것이다. 현재의 대학진학률을 유지한 채 등록금 인하만을 주장하는 것은 공허하거나 무책임한 일일 수 있다. 높은 대학진학률의 긍정적인 면 못지않게 부정적인 면도 보아야 하기 때문이다.

높은 대학진학률로부터 생기는 문제들은 여럿이다. 학생들의 등록금에 크게 의존해서 운영되는 대학의 교육이 상상력과 창의력을 상실하고 있다는 것, 그리고 현 대학체제에서는 학생들과 부모들은 높은 등록금 부담에 시달린다는 것, 그리고 교육비 지출에 허덕이거나 거꾸로 얼마든지 교육비를 지출할 수 있다는 능력을 과시하는 부모들의 삶은 기형성을 띤다는 것, 그리고 대졸자가 다수인 사회는 오히려 점점 활력을 잃고 보수성을 띤다는 것 등이다. 물론 높은 대학진학률이 이들 문제를 유발하거나 관계하는 방식은 조금씩 다르다. 진학률이 그 모든 것의 원인인 것도 아니고, 그것만 해결하면 모든 것이 쉽게 해결될 상황도 아니다. 그러나 높은 대학진학률은 이들 문제와 직간접으로 연결되어 있고, 많은 교육적 갈등이 얽힌 고리 가운데에서도 가장 큰 고리이다. 이제 이 문제들에 차례로 접근해보자.

### '대학교육' 성찰의 출발지점

스위스 국제경영개발원IMD이 발표한 2008년도 세계경쟁력 연차보고서를 보자. 한국의 교육 분야 경쟁력 순위는 조사대상 55개국 중에서 35위였다. 특히 대학교육과 관련해서 그 보고서는 매우 중요한 결과를 보여주었다. 한국의 고등교육 이수율은 4위로 상당히 높은 반면, 사회가 요구하는 대학교육의 질적 수준을 평가하는 '대학교육의 경쟁

사회 요구부합도'는 53위로 최하위 수준이다. 대학에 입학하는 학생은 아주 많은데, 교육 수준은 아주 낮은 것이다. 사실 이 점은 전혀 새로울 게 없다. 최근 몇 년 동안 이런저런 통로로 논의되고 보도된 탓이지만, 그럼에도 진지하게 논의되지는 못한 문제라고 할 수 있다. 이 보고서가 기업경영인들을 상대로 한 설문에 근거한다는 점을 고려하더라도, 거기에는 가벼이 여기거나 무시할 수 없는 괴리가 담겨 있다.

나는 이 괴리를 진지하게 성찰해야 한다고 생각한다. 대학교육에 관한 성찰들도 사실 이 괴리에서 출발해야 한다. 대학진학률은 1990년 33.2%(2년제 대학 포함)에서 84%까지 급격히 높아졌다. 4년제 대학진학률은 2008년도에 59%로, 독일(35%)이나 일본(45%)보다 훨씬 높다. 선진국인 이들 나라의 진학률이 우리보다 훨씬 낮은 이유는 무엇일까? 학생들은 불필요하게 대학에 진학하는 대신, 중고등학교 단계에서 아예 직업교육의 길을 간다. 그런데도 한국에서 대학진학률은 유별나게 계속 높아졌다. 1997년 구제금융 사태 이전까지만 해도 그게 큰 문제는 아니었다. 그러나 이후 고용시장에서 특별한 경력이나 기술이 없는 대졸 인력의 수요는 점점 줄어들었고, 이것이 큰 문제를 낳았다. 대학진학률은 계속 높아졌는데, 정규직 취업률은 거꾸로 계속 떨어졌으니! 그 와중에서 대학이나 교육부는 취업률을 점차 중요한 평가지표로 삼지만, 그런다고 대졸 취업자의 일자리 문제가 개선될 리는 없었다. 가파르게 상승하는 대학진학률이 중요 원인의 하나인 상황에서, 그것이 개선되지 않는데 취업난이 해소될 리 없는 것이다.

물론 구제금융 사태 이후 실업문제는 대졸자에게만 국한된 것은 아니었다. 숫자로만 따지자면 고졸 실업자 문제가 더 심각하다고 할 수 있다. 통계에 따르면 전체 청년 실업자 가운데 태반이 고졸 이하 학력자들이다. 그리고 성별로 따지자면, 그 가운데에서도 여성의 경우가 더 힘들다고 할 수 있다. 게다가 이들에 대한 관심이 사회적으로 점점 줄어든 것도 사실이다. 어느 시점부터 언론도 그 문제를 별로 보도하지 않고 있다. 보기에 따라선 이상한 일이었다. 왜 그랬을까? 여러 이유가 있겠지만, 무엇보다 대졸 출신들의 실업률이 높아진 점을 들 수 있다. 대학진학률과 대졸자 실업률이 가파르게 높아진 상황에서, 고졸 출신의 취업난이 대졸 출신의 그것보다 언론의 조명을 덜 받은 탓이다. 집단이기주의이자 폭력적인 보도라고 비판할 수도 있는 경향이지만, 84%까지도 치솟는 높은 대학진학률을 감안한다면 전혀 이해할 수 없는 일도 아닌 듯하다.

문맹률은 낮을수록 좋지만, 대학진학률은 높을수록 무조건 좋지는 않다. 우선 '학력과잉'이라는 문제를 보자. 고등학교만 졸업해도 할 수 있는 일을 대학까지 나온 사람들이 많이 한다면 문제 아닌가. 대한상공회의소가 2001~2006년에 대학을 졸업한 직장인 1019명에게 그 점에 대해 조사를 했다. 취업자 중 28.2%가 실제로 "현재 업무를 하는데 대학교육이 필요하지 않다"고 답했고, 25.8%는 "보통"이라고 답했다. 절반 이상이 대학교육이 별로 필요하지 않다는 답변을 한 셈이다.(한겨레, 2006년 7월 4일) 그런데도 대학을 가는 이유는 대학을 나와야 존중받는 나쁜 사회적 관행 때문이다. '학번'을 물어보는 일상적 습관도 따지고 보면 매우 폭력적이며, 대학에 가야 한다는 사회적 강제를 유발하는 관행적 요인이다.

높은 대학진학률은 어느 때까지는 국가경쟁력에 긍정적으로 기여했겠지만, 어느 때부터는 그 역할도 하지 못하고 있다. 오히려 사적으로는 개인들에게, 그리고 공적으로는 국가와 사회가 과도한 비용을 치르게 한다. 개인들 사이에서 불필요한 과열 경쟁을 유발하는 면도 크다. 지식 수준을 높이는 목적에 봉사하는 경쟁이야 필요하겠지만, 적절하게 다양화되고 융화된 교육이 전제되어야 한다. 그러지 않고 졸업생만 다수 배출하는 일은 '비슷한 수준의, 비슷한 수준에 의한 경쟁'만을 양산하는 것이 될 뿐이다.

이 상태에서 교육은 점점 균형을 잃어갔다. 대학은 기업의 요구에 따른 맞춤형 교육을 강화한다고 했고 일반적으로 그 경향은 인정되었지만, 결과는 만족스럽지 못했다. 여기서 단순히 '실용적 교육의 부족'에다 비난의 화살을 돌리는 것은 무의미하다. 대기업 인사담당자의 다음 지적을 보더라도 단순히 실용적 교육의 문제는 아님을 알 수 있다. "전공과목에 대한 심화학습이 턱없이 부족한 데다, 세계적 추세인 학문간 융합도 따라잡지 못해 경쟁력이 떨어진다." 전공 심화학습과 학문간 융합은 서로 다른 과제이며 때로는 서로 충돌하는 것처럼 보이지만, 사실 대학교육이 담당해야 할 가장 중요한 일이다. 다른 말로 하면 전문적인 전공교육과 교양을 포함한 학부교육 둘 다 제대로 안 되고 있다는 말이다.

왜 그럴까? 무엇보다 현재 일반적으로 존재하는 '1년+3년(교양+전공) 체제'가 전공을 심화하기에 충분하지 못해서일 것이다. 실제로 선진국에서는 법학뿐 아니라 다른 영역에서도 전문대학원 및 그에 상응하는 수준의 교육과정이 많이 도입되었다. 현재 그나마 취업이 잘 된다는 교육대학과 사범대학 졸업생의 취업률도 예상과 달리 매우 낮은데(졸업생의 겨우 10% 정도가 교사로 임용), 시급하게 교육전문대학원 체제가 도입되어야 한다. 그래야 사범대학과 문··이과대학의 중복도 피할 수 있다. 공대의 경우 취업을 위해 특별히 대학원이 필요하지 않겠지만, 나머지 분야에서는 대부분 전문대학원 시스템이 필요하다. 그런데도 한국 사회와 대학들은 취업을 강조하면서도 이런 제도적 개선이나 개혁에는 게으르다.

물론 전문대학원 체제는 일반적으로 그렇지 않아도 비용이 높은 고등교육을 더 비싸게 만드는 경향이 크다. 더욱이 지금처럼 개인이 비싼 학비를 부담하는 시스템에서는 이것이 교육 양극화를 더 가속시킬 위험이 크다. 언뜻 보면, 전문대학원의 확대가 필요하다고 말하는 것은 높은 대학진학률을 낮춰야 한다고 말하는 것과 모순되는 듯하다. 전문대학원의 확대가 어느 정도 고학력을 조장하는 면이 있는 건 사실일 테니 말이다. 그러나 그 이유만으로 전문대학원 체제를 반대할 수는 없다. 교육기간과 비용을 늘린다는 문제에도 불구하고, 새로운 환경에 필요한 지식과 일자리를 고려하면 일정한 수준의 전문대학원 체제 도입은 피할 수 없을 듯하다. 교육을 받은 다수 가운데서 적절한 능력과 조건을 지닌 사람을 선발하는 시스템에서 이는 어쩔 수 없는 일이라고 나는 생각한다. 물론 그 시스템을 근본적으로 반대하는 근본주의적인 관점도 있을 것이다. 그 관점에 따르면, 현재의 교육 체제는 근본적으로 상업적인 교육이기 때문에, 학력을 어떤 경우에도 필요조건으로 삼지 말아야 한다는 것이다. 그리고 배우는 자와 가르치는 자의 사회적인 구별도 존재할 필요가 없다고 말한다. 그들이 서로의 경험을 자발적으로 배우기만 하면, 충분하다는 것. 그러나 그런 이상적인 환경은 지금과 같은 교육 민주주의 환경과 너무 거리가 멀다. 다수에게 기회를 주는 교육 민주주의는 동시에 다수가 일정하게 경쟁하게 만드는 시스템이라고 할 수 있다. 다만 그 경쟁이 비교적 공정하게 이루어지느냐가 문제일 뿐이다.

오히려 문제는, 현재 다수가 대학에 진학하는 상황에서 전문대학원의 진입장벽이 지나치게 높고 그로부터 과열 경쟁이 생긴다는 데 있다. 이 문제는 전문대학원 입학정원이 절대적으로 적다는 데서도 기인하지만, 무엇보다 대학에 재학생이 과도하게 많기 때문에 생기는 현상이다. 지금처럼 전문대학원 정원이 대학진학자 및 졸업자에 비해 매우 적은 상황에서는 전문대학원은 대졸자 가운데 일부만 흡수하는 데 그칠 것이다. 물론 나는 꼭 전문대학원만이 필요하다고 말하고 싶지는 않다. 교사 임용을 위한 교육대학원을 예로 들어보자. 교사가 되기 위해 꼭 전문대학원을 다녀야 한다고 못박을 필요는 없을 것이다. 대학 졸업 후, 일정한 사회적 경험을 한 사람에게도 비슷한 자격을 주는 방식도 고려해봄 직하다. 어떤 점에서는 그것이 더 좋은 일일 수 있다. 법학전문대학원도 마찬가지다. 책에 적힌 지식을 기계적으로 외우는 것보다 살아 있는 경험이 더 소중하니까. 그러나 한국처럼 경쟁이 치열한 데다 사회적 신뢰가 낮은 사회에서는, 사람들이 시험을 더 선호하는 경향이 있다. 주관적인 경험에 대한 주관적인 평가를 사람들이 신뢰하지 못하기 때문이다. 시험에 대한 맹목적 의존이 강화되었던 이유다. 이 사회적 한계를 극복한다면, 전문대학원 같은 제도적 고학력에 의존하는 대신 사회적 경험을 인정하고 평가하는 유연한 시스템으로 이행할 수 있을 것이다.

이 맥락에서 융합형 학부교육의 필요성이 강조된다. 몇몇 상위권 대학에서 학부대학을 유지하고 있지만, 대부분의 중하위권 대학에서는 실질적인 학부교육은 줄어들거나 거의 유명무실해졌다. 단편적이거나 파편적인 교양 혹은 학점을 따기 쉬운 과목을 듣는 경향이 학생들 사이에서 강해졌다. 이렇게 된 데는 대학의 책임이 크다. 대학이 주도적으로 인문·사회·자연과학을 융합한 학부교육을 실행하지 못하고 있기 때문이다. 융합적으로 학부교육을 마친 학생들이 전문대학원으로 진학하는 체제가 맞다. 그러나 전문대학원으로 진학하지 않는 학생들에게도 이런 융합적인 학부교육이 가능하거나 필요할까? 이것이 또 중요한 문제다. 융합형 학부교육은 사실 쉽지 않다. 한 가지 전공도 제대로 하지 못하는 학생들에게 융합형 교육은 더 어려운 점이 있기 때문이다. 그래서 대학원에 진학하지 않는 학생들에게는 어떤 학부교육이 필요한가라는 물음은 생각보다 예민하고 복잡하다. 어쨌든 이제까지처럼 칸막이 쳐진 전공교육만으로는 충분하지 않을 것이다. 또 인문학과 같은 전통적인 기초학문을 이제까지처럼 과거 텍스트 중심으로 가르치는 것만으로도 충분하지 않다. 나도 인문학자이지만, 전통적인 인문학을 고수하는 것은 현명하지 않다. 내 생각으로는, 대학을 졸업하고 취업할 학생들에게는 저학년 때에는 인문학을 공부하게 하더라도 고학년 때에는 이제까지보다 더 구체적 실용성을 띤 지식을 공부하게 만드는 것이 필요하다.

어쨌거나 이렇게 전공 심화학습도, 융합형 학부교육도 제대로 되지 않고 있는 와중에서 학생들은 과중한 학점만 따고 있다. 높은 학점 이수는 한국 대학의 오래된 관행이다. 한 학기에 평균 6과목을 수강하는 학생들이 자발적으로 공부하고 토론하며 문제를 창의적으로 해결하는 훈련을 제대로 할 수 있을까? 불가능하다. 학생들은 대부분 표준화된 교육방식에 따라 주어진 과제를 수동적으로 학습하며 학점만 따기 십상이다. 따지고 보면 중고등학교만 표준화된 지식암기 방식의 교육을 하는 게 아니다. 대학도 그렇다. 획일적인 학습이 초등학교에서 대학까지 총체적으로 지배한다. 창의력을 높이는 학습으로 전환하지 않는다면, 교육은 개인의 자아실현에도 실패하고 경쟁력도 가지지 못한 채 폭력적인 과열 경쟁만 부추길 것이다.

### 대학등록금과 대학진학률의 관계

대학진학률이 84%까지 치솟는 사회는 어떤 모습을 할까? 과거 어느 시점까지는 높은 대학진학률이 성장을 뒷받침했을 수 있지만, 그 후에는 오히려 높은 대학진학률이 사회적 비용을 높였을 가능성이 높다고 했다. 다음은 1990년에서 2010년까지의 변화를 보여주는 통계이다.

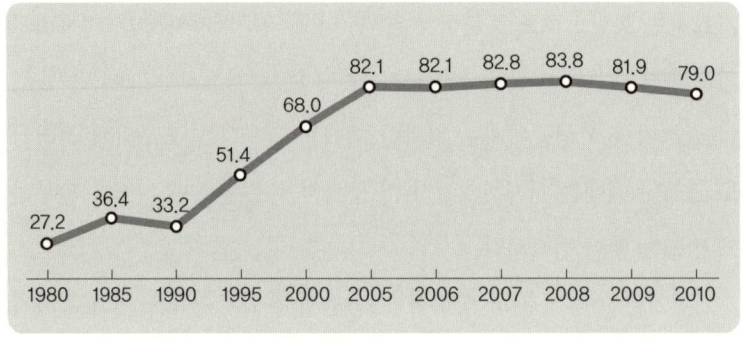

대학진학률 추이. 출처: 한국교육개발원

1990년에서 2000년에 이르는 11년 동안 35%가 높아졌으니 대학진학률은 평균적으로 1년에 3%가 높아진 셈이다. 그 후 2001년에서 2008년에 이르는 8년 동안 15.3%가 높아졌으며, 증가율은 이전 10년보다 많이 감소되었다. 실제로 진학률은 2004년에 81.3%에 도달한 이후에는 아주 조금씩 증가하거나 정체상태에 머물고 있다. 2004년 이후에도 대학진학률은 비록 조금씩이나마 증가하다가, 2008년 최고점에 도달한 후에는 처음으로 하강곡선을 그리고 있다.

1988년의 서울올림픽을 거치면서 국가적 자신감을 확보한 한국 사회는 계속 성장하다가 1997년 구제금융 사태를 맞아 잠시 흔들렸다. 그러나 다행히(당시에 구조조정이 더 본격적으로 이루어졌어야 한다는 이의를 잠시 접어둔다면) 그 위기를 넘긴 한국 사회의 자신감은 2002년 월드컵 동시개최를 거치면서 최고점에 도달했다고 할 수 있다. 노무현 정부 동안에도 정치적 발전과 경제적 성장은 비교적 서로를 끌어주며 동반 상승하는 편이었다. 이 성장 기간 동안 대학진학률도 꾸준히 높아졌으니, 높은 대학진학률은 그 발전과 성장에 긍정적으로 기여했다고 할 수도 있다. 그러나 대학 졸업생들이 일자리를 찾는 데 겪는 어려움은 벌써 1997년 구제금융 때부터 서서히 가시화되기 시작했고, 그 이후 점점 심해졌으며, 앞으로도 개선될 기미는 별로 보이지 않는다.

바로 여기서 뼈아픈 성찰이 필요하다. 개혁과 진보를 원하는 사람들에게 박정희 정부의 개발독재를 비판하고 맹목적인 성장의 한계를 지적하는 것은 거의 상식이 되었다. 그러나 구체적인 문제로 들어가면, 성찰이 아직 부족하거나 게으른 점이 있다. 사실 개발독재와 맹목적인 성장을 끌고 당긴 힘 가운데 하나는 많은 이들의 대학 진학을 통한 과잉 교육소비와 그를 통한 성장 경쟁이었을 것이다. 그렇다면 과잉 교육소비와 그를 통한 성장 경쟁이라는 문제들은 그대로 둔 채, 개발독재나 무분별한 성장을 비판하는 일은 조금 균형을 잃은 일일 것이다.

그간 보수가 교육문제를 공공적 의제로 삼는 데 소극적이었던 점은 비판받아야 한다. 그러나 진보 쪽도 이제까지 대학진학률 문제는 간과한 채, 등록금 인하나 등록금 상한선 등의 문제로 집중해온 게 사실이다. 그 방식은 사실 상당히 표피적 접근에 가까웠다. 대학진학률이 높아지는 흐름을 타고 80년대 이후 많이 생겨난 대학들은 등록금으로 사업을 하는 판에, 등록금 인하는 사실 애초부터 핵심적인 문제가 아니었다.

'교육 안에서의 경쟁' 문제는 어떤가? 보수 쪽이 그것에 대해 진지하게 고민하지 않는 반면, 진보 담론은 일반적으로 경쟁 대신에 공동체적 유대를 강조한다. 그러나 대다수의 학생들이 좋은 대학 진학을 통해 진입장벽 경쟁에서 유리한 위치를 차지하려고 하는 상황에서, 그리고 더욱이 진보에 속하는 사람들도 대부분 그런 과정을 통해 지식경쟁력을 갖추었고 그래서 자식들 교육에서도 실제로는 보수적 경향을 띤다면, 경쟁이 줄어들 수 있을까? '경쟁 대신 공동체적 유대'라는 공허한 거대담론만 말하지 말고, 좀 더 구체적인 대안 마련을 고민해야 하는 이유다. 맹목적으로 높은 대학진학률을 보이는 와중에서 대학교육이 창의력을 길러주지도 못하고 지식경쟁력도 갖추지 못했다면, 이는 보수와 진보를 막론하고 심각한 상황 아닌가 말이다.

80년대 이후 뒤늦게 이루어진 민주화 과정과 연관하여 이 문제를 들여다보자. 뒤늦게나마 민주주의를 실행하는 데 성공한 민주화 세력의 핵심은 대부분 대학생들이었다. 90년대 이후 '386세대'라 불린 대학생들은 세계에서 유례가 없을 정도의 막강하고 자랑스러운 대학생 집단이었다. 이 시대는 그 이전부터 진행되었던 대학교육의 과실이 말 그대로 성숙하게 익은 시기였다. 그러나 이 시대를 전후하여 대학생이 다수인 시대 혹은 대졸자가 일반화한 시대가 도래했다. 그 이전까지는 "몇 년생인가요?"라고 묻던 인간관계는 이제 "몇 학번인가요?"로 바뀌었다. 대학에 가지 않으면 갑자기 '루저'가 되는 형국이었다.

이 경향은 그 후 거침없이 계속되었다. 시민운동도 한국에서는 대부분 대졸자 중심으로 이루어졌다. 그러다보니 교육운동도 대부분 대학의 문제로 제한되었다. 위에서 보았듯이 '대학서열화'나 '학벌' 비판은 전형적으로 대학생 중심 사회에서 일어날 수 있고 일어날 수밖에 없었던 시민운동이었던 셈이다. 심지어 최근에 와서 취업난이 심해지고 '백수'('이태백' 등의 표현이 알려주듯) 문제가 심각해질 때도, 20대 백수들은 대부분 대졸자들이었다. 정말 특이한 일이다. 이웃 일본만 해도 백수 가운데 상당수는 고졸 이하의 학력을 가진 사람들이지만, 한국 사회에서는 실업문제를 거론하는 데서도 대학을 졸업하지 않으면 발언하기도 어려운 것이다. 지식이 일자리를 놓고 과열 경쟁을 벌이고 폭력을 조장하는 상황이 온 것이다. 일자리를 잡지 못한 백수 가운데서도 대졸자만 제대로 된 백수 취급을 받고 고졸 이하는 백수 취급도 못 받는 사회라니!

### 높은 대학진학률에 대한 보수와 진보의 다른 해석

이제 되돌아볼 때다. 바삐 달려왔던 길을 뒤돌아볼 때다. 보수는 교육을 단순히 사적 이익과 경제적 성장의 관점에서 보는 관행에서 벗어나야 하지만, 진보도 민주화나 평등 아래 숨겨진 높은 대학진학률의 함정들을 보아야 한다. 그동안의 민주화 담론도 지나치게 대학생 중심의 고비용 혹은 과다비용 교육을 추구하고 조장해왔다. 그 와중에서 생기는 구체적인 문제들을 다룰 능력과 실력을 닦는 데 게을렀다. 현재 이 틈을 타고, 그 틈을 비집고, 보수 담론과 보수 정책이 세를 불리고 있는 것이다.

예를 하나 들어보자. 이명박 정부는 요란하게 말만 많았던 외고 정책이나 사교육비 경감 정책을 결국 개혁 없이 끝내고 말았으니, 그 점에서 이 정부는 경쟁을 일방적으로 우선순위에 두는 보수적 정책을 지속한다고 비판해도 좋을 것이다. 그렇다고 이 정부가 그런 정책만 쓸 것이라고 섣불리 판단하지는 말자. 대통령은 2009년 12월 24일 청와대 비상대책회의에서 "대학진학률이 너무 높고, 한 번 입학하면 졸업하는 데 아무 문제없는" 현실을 근본적인 문제라고 거론했다. "그래서 인문대 나온 학생들, 특히 지방대 나와서 취업하지 못하고 있는 학생들, 졸업자들을 대상으로 기술교육을 시켰으면 좋겠다"고 말했다고 한다.(미디어오늘, 2009년 12월 24일) 정부가 예산을 대고 직업훈련을 하는 방안과 생계를 위한 보조금을 주는 방안들도 거론되었다.

  이명박 정부를 좋아하지는 않지만, 나는 이런 정책적 시도가 필요하다고 본다. 이 정부가 하는 모든 것을 반대할 필요는 없다. 앞서의 민주화 정부가 이런 시도를 제대로 하지 못했다는 것이 오히려 놀라운 일이다. 특히 민주화 세력들은 앞에서도 말했듯이 대학생을 늘리는 쪽으로만 관심을 두었지, 그들이 받는 교육과 졸업 후 대책에 대해서는 상대적으로 관심을 쏟지 못했다. 높은 대학진학률과 높은 졸업률은 사실 한국 대학교육의 부끄러운 면이다. 대학이 평준화되면서 프랑스에서도 대학진학률이 부쩍 높아졌지만, 학사관리를 철저히 해서 절반 정도가 졸업을 하지 못하고 탈락한다. 대학이 국립이어서 그렇게 하는 데 장애가 없는 반면, 사립대학이 다수인 한국에서는 일단 대학에 들어오면 거의 대부분이 졸업한다. 높은 대학진학률이 높은 대학졸업률로 연장되는 셈이다.* 이 글에서 논의하는 높은 대학진학률은 높은 대학졸업률과 뗄 수 없는 관계다. 최근 나빠진 경제상황 때문에 중퇴하는 학생 비율이 점점 높아지고 있는 것도 사실이지만, 대학 수업을 따라가지 못해 탈락하는 비율은 매우 낮다. 돈 문제만 빼면, 한국 대학은 졸업생을 과도하게 배출할 뿐 아니라 부실하게 교육시키는 것이다. 그래서 결국은 돈만 있으면 다니는 대학이라는 인식이 더 퍼지고 있다.

물론 이날 청와대 회의에 참석한 정인수 한국고용정보원장은 "청년실업의 핵심은 고졸 이하이다. 청년실업 전체 3분의 2 이상이 고졸 이하 인력"이라고 밝혔다. 그 점은 맞다. 그러나 그 점이 제대로 인식되기 위해서도, 높은 대학진학률과 돈만 있으면 가능한 높은 졸업률 문제가 정면으로 다루어져야 한다. 아울러 "인문대 나온 학생들이 기술교육을 받았으면 좋겠다"는 말도 뼈아픈 지적이다. 내가 봐도, 인문교육은 상상력도 없고 창의력도 없다. 비슷하고 공허한 거대담론들이 인문학에 너무 많다. 인문학 전공들도 서로 칸막이가 처진 채 전공 이기주의에 빠져 있다는 비판을 받아도 싸다고 나는 생각한다. 특히 마땅히 전공을 살려 취업하기 어려운 인문학 출신들이 졸업 후 가장 많이 가지게 되는 일자리 가운데 하나가 학원 강사라는 사실은 심각한 문제다. 사교육이 많은 일자리를 제공하는 상황에서, 그리고 그에 대한 실질적인 대책이 없는 상황에서 사교육을 비판하는 일은 공허하기 십상이다.

지금 거론된 이 문제들은 사실 보수와 진보의 구별을 떠나 어느 정부든, 어느 대학 교수든 다루어야 할 문제다. 그런데 진보 혹은 중도 쪽이 실기하는 사이에, 경쟁을 부추기는 정부가 그와 관련된 정책을 제안하는 상황이 온 것이다. 그뿐인가? 민주화 세력이 놓친 문제가 또

● 상위권 Y대의 경우를 보자. 학사경고 3회를 받으면 제적인데, 2007년부터 3년 동안 학사경고에 의한 탈락률은 2%에도 못 미칠 정도다. 입학생 3400여 명 가운데 제적생 숫자는 2007년과 2008년은 50명도 채 안 되었고, 2009년은 60여 명 정도였다.

있다. 누구나 알다시피 현재 한국 사회에서 대학교육은 대부분 부모의 희생으로 이루어진다. 자식을 위해 희생하는 부모의 모습은 어느 때까지는 감동적이었지만, 어느 순간부터 그건 나쁜 관습이 되어버렸다. 자신의 노후를 스스로 책임져야 할 부모들이 자식들을 대학에 보내고, 그것도 모자라 일자리를 찾지 못한 자식들을 위해 일하는 슬프고 어처구니없는 사회가 된 것이다.

최근 보도된 '자녀를 위한 황혼 취업'은 우리를 씁쓸하고 답답하게 만든다. "자녀들의 학업기간이 길어지고 취업이 늦어지면서 경제력 없는 젊은 자녀들을 뒷바라지하기 위해" 연로한 부모들이 취업해야 하는 일이 점점 늘어나고 있다는 것이다.(KBS 뉴스, 2009년 12월 9일) 그저 용돈벌이 삼아 일자리를 구하는 노인들이 아니라, 서른을 넘긴 자녀들을 위해 계속 가장의 책임을 져야 하는 노인들 이야기다. "대학 졸업 후 4년째 임용고시 준비를 하고 있는 30대의 박모씨는 노부모의 뒷바라지가 미안하지만 미래를 위해 어쩔 수 없다고 말하는데요." "주차 관리를 하는 60대의 할아버지 역시 취업 대신 학업을 선택한 아들 때문에 다시 취업전선에 나왔습니다." 통계청 조사에 따르면, 지난 5년 사이 20대의 고용률은 점점 줄어든 반면에 60대 고용률은 5.6% 상승했다고 한다.

높은 대학진학률은 늘어난 교육기간과 늘어난 취업준비기간으로 이어지며, 악순환이 계속되고 있다. 50~60대 부모들은 성장시대를 이끌어온 세대이고 일정하게 그 시대의 수혜자였지만, 알게 모르게 그 성장시대 모델의 피해자가 되고 있다. 자녀의 대학교육에 투자하기만 하면 효과가 있으리라고 여기는 건 성장시대의 사고방식이기 때문이다. 이런 방식의 자녀교육은 더 이상 지속되기 어렵다. 국가가 대학교육을 개인과 가정에게 내맡긴 것이 이런 결과를 가져왔지만, 부모 세대도 자녀들을 독립시키는 일의 중요성을 제대로 인식하지 못하고 실천하지도 못했다고 할 수 있다.

씁쓸한 심정만으로는 충분하지 않다. 최근 늘어나는 노인문제의 한 축은 사실 자녀들의 늘어난 교육기간과 취업준비기간 때문에 생긴다. 애초에 사회적 이해관계와 차별 때문에 심화되었던 교육문제는 이렇게 다시 가족의 왜곡 혹은 사회적 와해로 이어지는 것이다. 끝없이 자녀 뒷바라지만 하는 삶, 자식의 대학 진학과 취업을 위해 돈만 벌고 자신의 삶의 행복은 생각하지도 못하는 노인들의 삶은 우울과 불만을 유발할 것이다. 그리고 불만은 어느 방향으로든 폭발할 것이다.

### 모방적 경쟁의 원인

물론 대학진학률을 낮추는 일은 쉽지 않다. 일반적으로 대학교육의 문제점을 지적하는 일과 비교하면, 더욱 그렇다. 예를 하나 들어보자. 지난 10여 년 동안 서울대 비판 담론은 꽤 있었고, 그럼으로써 서울대가 독과점한 기득권과 거기서 파생되는 갈등은 어느 정도 조명되었다고 할 수 있다. 그러나 구체적인 문제로 들어가보면, 실제로는 어처구니없게도 별 성과가 없다. 서울대 출신들이 고위직을 독점한다는 것은 잘 알려진 사실이다. 국립대 가운데에서도 서울대는 과도한 특권을 누린다. 이런 기득권을 예방하고 방지하기 위해서는 서울대 입학정원을 과감하게 줄이는 것이 필요하다. 정운찬 씨는 과거 서울대 총장에 취임하여 선진국의 일류 대학들 학부 정원을 거론하면서 학부 학생수를 대폭 줄이고 대학원 중심으로 개편하겠다고 말했다. 그러나 학부 학생

수는 조금 줄기는 했지만, 기대했던 만큼 줄지 않았다. 정운찬 총장 재직시 서울대는 교수 봉급을 대폭 올렸는데, 그 예산이 학생들 기성회비에서 나왔다는 믿을 만한 이야기가 있었다. 학생수를 줄이면 기성회비 수입이 줄어드니 그는 애초에 자신이 말했던 학부 축소 계획을 포기했을 것이다. 그는 교육적 관점에서 매우 바람직한 학부 축소 계획을 정치적 목적을 위해 버린 셈이다. 그런데 총리가 된 후 그는 또 세종시에 서울대 분교를 세워 정원을 더 늘리겠다고 했다. 이처럼 현재의 과다한 대학정원은 불필요하게 관리비용만 높이거나 불필요한 관리비용으로 남용되기 십상이다.

다른 예. 유럽 여러 나라들에서는 고졸 출신과 대졸 출신 사이에 임금격차가 상대적으로 작다. 그래서 굳이 4년제 대학에 진학할 필요가 없다. 그래서 한국 언론에서는(특히 진보적 언론에서) 그 사례들을 보도하면서, 우리 사회도 그렇게 임금격차를 줄여야 한다고 말하곤 한다. 그러나 취지는 좋지만, 보수든 진보든 거의 맹목적으로 대학 진학을 권고하는 대졸자 주류 사회에서 쉽사리 대졸과 고졸 사이의 임금격차를 줄이는 데 적극적으로 나서려 하지 않는다는 점에서 왠지 공허하게 들린다. 지난 세대 동안 실제로 임금격차가 줄어들기는커녕 오히려 점점 늘어나는 경향을 보였다.

앞에서도 언급했듯이 높은 대학진학률 때문에 대졸 출신이 사회적 주류가 되고 고졸 이하 학력자는 비주류로 전락하는 상황이 배경적 원인으로 작동했을 것이다. 이런 상황에서 고졸로 남을 사람은 적을 것이다. 무슨 말인가? 80% 내외가 대학에 진학한다면, 이들은 임금격차에 관한 한 보수적인 경향을 띠게 될 것이다. 대졸자는 대졸 임금이 줄어드는 것을 바라지 않을 테니까. 일단 세계 최고의 높은 대학진학률이 유지되는 한, 아무리 고졸 임금과 대졸 임금 격차를 줄이자고 해봐야 제한된 효과밖에 없을 것이다. 그러니까 그런 말조차 할 필요가 없다는 이야기가 아니다. 실질적으로 고졸과 대졸 임금 사이의 격차를 줄이려면, 높은 대학진학률 및 졸업률을 낮추는 일을 동시에 추진해야 한다는 것이다.

이를 위해 우선 대학이 자체로 할 수 있는 일을 꼽자면 입학한 다수의 학생들을 엄격한 학사관리를 통해 걸러내는 일이다. 그러려면 이제까지의 표준화된 대량생산 방식의 교육이 아니라, 시대의 요구에 걸맞은 창의력 중심의 학습이 필요하다. 들어가기는 쉽지만 나오기는 어려운 대학으로 전환해야 한다. 그 과정을 통해 입학하는 데만 신경 쓸 뿐 파행적으로 운영되는 대학교육은 일정 부분 교정할 수 있을 것이다. 대학이 이 일만 잘해도 대학입학을 위한 사교육은 어느 정도 사라질 것이다. 대학입학을 위한 과열경쟁이 줄어들면 중고등학교 과정이 정상화되는 효과도 생길 것이다. 독일의 경우 초등학교 과정에도 유급이 있고, 학습에 재능과 열성이 있어야 인문계 고등학교에 진학할 수 있다. 그렇지 않으면 실업학교로 진학해야 한다. 한국은 어떤가? 현재 인문계 고등학교는 공부를 잘하는 학생도 가지만, 공부에 관심이 없는 다수의 학생도 간다. 크게 잘못된 시스템이다. 정부는, 대학이 이 일을 제대로 하도록 이끌고 감독해야 한다. 현재 대부분의 대학들은 입학한 다수의 학생들을 자퇴하지 않는 한 대부분 졸업시킴으로써 재정의 대부분을 얻고 있다. 이 관행에 칼을 들이대야 할 때다. 물론 선진국과 비교하면 현재 한국의 고등교육 지원액은 낮은 편이다. 그렇다고 지원을 높여야 한다는 요구만 해야 할까? 높은 대학입학률에 맞춰 설립된 다수의 대학들을 그대로 유지한 채로는 그런 재정 지원도 힘들 것이다.

과도한 대학 입학경쟁과 학력과잉을 사회적으로 막으려면, 대학에 가려는 수요가 사회적으로 줄어야 한다. 여러 사회적 갈등요인들이 꼬여 있기에 이 일은 쉽지 않다. 일단 학력차별을 받지 않기 위해 모방적으로 대학에 진학하는 개인들의 태도를 무작정 비판할 수는 없다. 사회에 내재한 불안과 공포가 줄지 않는 한, 개인들은 그로부터 벗어나기 위해서 다소 이기적인 행위를 하며 거기에는 나름의 합리성도 있다. 그렇다면 바로 그 불안과 공포의 존재에 대해 말하고 그에 대한 대응전략을 구체적으로 준비하고 마련해야 할 터다. 그러지 않고 그 문제를 옆으로 밀어내거나 뒤로 숨겨놓기만 하면, 문제들은 줄줄이 꼬이기만 한다. 그것을 위해 필요한 일들을 하나하나 하지 못하는 한, 많은 논의가 헛돌기만 할 것이다.

## 386세대와 '대졸자 주류 사회'

보수적인 사람들이 교육을 주로 사적 이익과 경제성장의 관점에서만 보는 태도는 바뀌어야 하겠지만, 교육을 공공적으로 다룬다는 진보적 관점에도 바뀌어야 할 점이 있다. 성적에 근거한 보수적 경쟁을 지적하고 비판하는 진보의 과제는 그동안 책임 있게 추진되었고 효과가 있었을까? 경쟁적인 교육을 말로는 비판하는 사람들이 실제로 대안적인 행동을 하지 못한 점이 크다. 그들이 실제로는 자녀들을 외고에도 많이 보내고 소위 좋은 대학에도 보내는 경우가 많았다. 물론 자녀들이 공부 잘해서 이른바 좋은 학교 간 일로 그들을 비판하는 건 무리다. 그러나 그런 상황이 반복될 때, 그들이 말하는 진보적인 담론이 과연 사회적 신뢰를 얻을 수 있을까? 나는 사실 해보고 싶은 일이 있는데,

한국 사회의 진보적인 사람들이 어떻게 자녀교육을 시켰는지 실증적으로 조사해보는 일이다. 쓸데없이 남의 사생활이나 진보세력의 허물을 캐자는 게 아니라, 이제까지 진보 담론이 놓친 지점을 탐색하고 싶기 때문이다. 말로는 대학서열화나 학벌을 비판하는 좌파들이 보수 못지않게 교육경쟁을 유발하고 조장했다면, 그들은 최소한 교육영역에서 사회적 대안 마련에 실패했다고 평가해야 한다고 보기 때문이다.

이는 진보 세력에게 단지 과거의 실수로만 끝나지 않을 것이다. 높은 대학진학률은 학력차별을 피하기 위한 개인적 대응의 결과이지만, 역설적으로 고졸과 대졸 사이 임금격차를 줄이는 데 기여하지 못하고 오히려 더 벌려놓는 악순환을 유발했다. 그런데 대졸자 중심 사회는 거기에 그치지 않고 과도하게 소비수준을 높여놓고, 육체노동은 경시하는 사회적 경향을 크게 부추겼다. 이것은 다시 진보에게도 좋지 않은 결과를 가져온다. 왜냐하면 과시적 소비에 대한 욕망이 커져서 결혼을 비롯한 모든 인간관계도 과시적으로 유지하려는 경향이 큰 대졸 시민들은, 알게 모르게 더 부유한 소비계층을 곁눈질하고 모방하기 십상인 때문이다. 그런 사람들은 진보적이거나 좌파적 삶과는 거리가 먼 삶을 살게 될 것이다. 보수뿐 아니라 진보 담론은 높은 대학진학률과 높은 졸업률이 중요하지 않다고 생각해 그에 대해 관심을 기울이지 않았지만, 그 파장은 사실 겉보기와 달리 이렇게 크다. 진보의 좌파적 기반은 그 때문에 과거에도 깎였고 앞으로도 그럴 가능성이 높다.

물론 전통적인 진보 담론과 달리 생태주의 담론은 현체제에서 대학교육이 지식의 상품화와 소비의 확산을 유발한다고 비판한다. 한 예를 들자면, 『탈학교 사회』에서 이반 일리히는 그 점을 비판했다.

대학은 그래서 직장과 집에서 소비 기준을 강요하는 효과를 가진다. 그리고 대학은 세계 도처에서 그렇게 하고 모든 정치 제도 아래에서 그렇게 한다. 한 국가에서 대학졸업자가 소수일수록, 그들의 문화적으로 고양된 요구는 인구의 나머지에 의해 더 많이 모델로 여겨진다. 대졸자의 소비와 보통 시민의 소비 사이의 격차는 미국에서보다 러시아·중국·알제리에서 더 크다.

그러나 여기에도 눈여겨봐야 할 점이 있다. 70년대 초 그가 대학교육을 비판했을 당시에는 많은 나라에서 아직도 대학졸업자가 소수에 지나지 않았다. 당시 일리히는 오히려 사회주의 국가에서 대졸자들과 일반 시민 사이의 소비 격차가 벌어진다고 말했는데, 대학진학률이 높아진 사회에서는 이제 소수의 대졸자와 나머지 시민 사이의 격차보다 더 심각한 문제가 발생한다. 대졸자가 다수인 사회에서 소비와 경쟁은 무한대로 모방되고 커지는 경향이 있다. 하층계급도 저항을 제대로 하지 못한 채, 그 블랙홀에 빨려 들어간다. 이 과정에서 과잉소비와 과잉경쟁은 일부 몰지각한 소수에 의해서만 유발되지 않고, 시민의 절대다수가 순응하는 가운데 이루어진다. 다수는 서로를 모방하는 가운데 '대졸자 주류 사회'에 참여한다.

아니, '대졸자 주류 사회'라고 부르는 것으로도 충분하지 않을 지경이다. '대졸자 과잉 주류 사회'라고 불러야 할 것이다. 어느 사회든지 일정한 주류가 있고 비주류가 있을 것이다. 한국 사회에서는 주류를 이루는 대졸자가 블랙홀처럼 비주류를 빨아들인 결과, 대학을 안 가거나 못 가는 비주류는 그 주류에 의해 거의 압살될 지경이다. 기이한 일이다. 지난 한 세대 동안 민주화 과정 속에서 보수 세력과 진보 세력 사이, 혹은 권위적 정권과 민주화 세력 사이에는 긴장이 존재했었다. 그러나 대학에 진학하여 주류적 시민이 되려는 전반적 경향에는 84% 정도의 압도적 다수가 참여했다. 교육 경쟁에 참여한 이 압도적 주류는 비주류를 밀어내고 깔아뭉갤 지경이었다. 더 나아가 이 주류 대졸자들은 '민주 대 반민주'라는 단순한 대립도 무력화시키고 뒤덮어버리는 역할을 한다. 실제로 대졸자 및 졸업 예정자들은 모방적 경쟁과 소비를 통해 알게 모르게 주류적인 성장모델과 경쟁모델에 참여하고 있기 때문이다. 정치적인 이념에 대해 묻는다면 상당수는 자신이 중도 또는 진보라고 말했겠지만, 그 가운데 태반은 실제로는 주류적 성장과 경쟁 모델의 주체로 존재할 수밖에 없었을 것이다. 이 다수는 그동안 민주화 과정에 기여한 몫도 있지만, 거꾸로 과도한 성장주의 및 경쟁주의를 유발한 경향도 크다는 것이다.

 이 주류적 성장 및 소비 경향은 현재 다양한 방식의 비주류적 삶의 방식을 뒤덮고 억누르고 압살한다. 대졸자 주류 사회는 정치적 진보는 일정하게 가져왔을지 모르지만, 그보다 중요한 삶의 측면들에서는 오히려 진보를 갉아먹고 깎아먹었다고 할 수 있다. 높은 대학진학률이 주류적 다수를 향한 '모방적' 교육경쟁을 부추기는 상황에서, 이를 따라하지 않는 사람은 불안과 공포에 시달리기 십상이다. 여기서 내가 강조하고 싶은 점은, 차별에 대한 불안과 공포 속에서 다수가 서로를 모방하면서 대학에 진학할 때, 대졸자 과잉 주류의 존재방식은 모두에게 다양한 '과시적 지위재財'를 생산하고 소비하도록 조장하고 부추겼다는 것이다. 경제학적으로 말하면, '지위재'는 어떤 사람의 사회적 지위와 위상을 알려주고 암시해주는 재화 혹은 상품을 말한다. 집과 차가 대표적이다. 그러나 그 말은 좁은 뜻의 경제적·물질적 상품에만 제한되지 않는다. '지위'는 정신적인 대상일 뿐 아니라 사회적이며 상징적 관계에서 넓고 다양하게 작용하기 때문이다. 그런데 그 지위를 위해 고등교육이 점점 더 결정적 역할을 한다.

여기서 '모방경쟁'이 작동하는 메커니즘에 조금 주의를 기울여보자. 사람들은 아무하고나 자신을 비교하지는 않는다. 이상하게 보일지 모르지만, 사람들은 자기와 아주 격차가 큰 사람에 대해서는 질투나 불안을 느끼지 않는다. 사람들은 자신과 비슷하다고 여기거나 자신보다 조금 낫다고 여기는 집단과 자신을 비교하는 경향이 크다. 사람들은 바로 그런 주위의 사람들이 소비하는 '과시적 소비재'에 특별히 민감하게 반응한다. 집과 차가 그런 지위를 드러내는 상품이지만, 그보다 포괄적으로 사회적 지위를 드러내는 상품이 '대학 졸업장'이었다. 이것은 지난 두 세대 동안, 물질적 상품에 대한 관심을 넘어 개인의 정신적 자존심을 구성하는 특별한 과시적 상품으로 작용했다. 남의 눈치를 유난히 보는 한국 사회에서 이 '지위재'는 불붙기 쉬운 욕망을 건드렸다. 어쩌면 이 주류적 삶의 방식이 아파트 가격 부풀리기 등을 유발하는 데도 크게 기여했을 것이다. 부동산 투기에 대해서는 누구나 다 안다. 그러나 그 이면에는 '지식 투기'가 있었다고 할 수 있다. 고비용이 들지만, 고소득과 더불어 상징적 지위를 보장하는 고학력에 대한 모방적 경쟁은 일종의 지식 투기다.

이 점에서 보면 '386 세대'는 민주화에 크게 기여했지만, 동시에 삶을 과도하게 '대졸자 주류 사회'로 변화시켰다고 할 수 있다. 예를 들면 그들은 골프를 주류적 스포츠로 만든 세대이기도 하다.(물론 골프가 나쁘다는 말을 하자는 게 아니다. 다만 이것이 대학진학과 함께 특별히 모방적이고 과시적인 경쟁을 유발했다는 말이다.) 교육경쟁을 통한 성장과 소비에는 간과되기 쉬운 어두운 면이 있었다. 과잉경쟁은 과잉소비와 과잉 주류화를 낳고, 획일적 순응주의로 이어진다. 말로는 민주화와 진보를 말하지만 삶이 이미 고비용·고소비 경향에 쓸려간다면 무슨 소용이란 말인가?

### 대졸자 주류 사회에 감춰진 함정 건너뛰기

여기에 이르면, 우리는 사회적 삶의 방향을 전체적으로 조망하는 위치에 서 있게 된다. 과잉 성장주의에 대한 비판은 그만큼 거시적 전망에 대한 물음을 담고 있다. 그렇다면 이제 전면적으로 경쟁을 거부하는 담론이 필요한 걸까? 진보를 자처하는 교육운동단체와 생태주의가 말하듯 경쟁을 거부해야 하는 걸까? 나는 여기서 그들과 견해를 달리한다. 비록 높은 대학진학률과 대졸자 주류 사회가 이제까지 과도한 성장주의를 유발하고 조장한 면이 크지만, 그렇다고 교육 현장, 특히 대학교육 현장에서 경쟁을 근본주의적으로 거부하는 일은 가능하지도 않고 바람직하지도 않을 거라고 생각한다. 경쟁과 공동체적 연대 사이에서 너무 단순하게 양자택일을 강요하지 말자. 그런 단순한 선택은 신자유주의 찬성과 반대 사이에서 택일하는 것처럼 관념적이다. 그런 구호 대신에 우리가 실천할 수 있는 구체적 정책들에 관심을 기울이자.

이제까지 계속 높아져왔던 대학진학률을 단계적으로 낮추는 일은 그 정책들의 교차점에서 존재한다. 교육 분야의 경쟁에 대해서 판단할 때, 단순히 정치적 이념에 휘둘리지 말자. 경쟁은 무조건 좋은 것도 아니고 나쁜 것도 아니다. 기본적으로 중등교육과정까지는 경쟁을 가능한 한 줄이자. 일제고사 같은 짓은 하지 말자. 그리고 외고를 없애기 힘들다면, 애초의 특수목적에 맞게 입학정원을 줄이는 방향으로 가자. 그러나 대학교육과 전문대학원 과정에서의 경쟁까지 막을 필요는 없을 것이다. 여기서도 경쟁을 한 가지 모습으로만 볼 필요는 없다. 일반적으로는 대학에 들어가기는 쉽고 졸업하기는 어렵게 하는 것이 맞다. 창의적으로 공부하지 않으면 졸업하지 못하는 방식은 그 자체로 일정한 정도의 경쟁을 내포한다. 그래도 현재의 대학 입학정원은 꾸준히 줄이는 방향으로 가는 것이 바람직하다. 입학정원을 줄이면 한동안은 경쟁이 더 치열해질 수도 있지만, 그게 무서워 이 문제를 그냥 방치해 둘 수는 없는 일이다. 좋은 대학을 가려는 욕망은 당분간 줄어들기 어렵겠지만, 그래도 학부 입학정원을 줄이는 방식이 낫다. 입학정원이 크면 아무래도 보다 많은 수가 '모방적 경쟁'에 돌입하게 되기 때문이다. 모방적 경쟁 구조 속에서는 점차적으로 많은 사람들이 경쟁에 참여한다. 이 흐름을 끊는다는 점에서 정원을 더 감축하는 게 필요하다.

    입학하기는 쉬워도 졸업하기는 어려운 대학을 만드는 일이 일차적으로 필요하지만, 동시에 서울대를 비롯한 상위권 대학들은 지금처럼 작은 점수 차이로 학생을 선발하는 유치한 짓을 그만두어야 한다. 성적 좋은 학생들이 들어온 대학이 좋은 대학이라고 여긴다면, 대학과 교수들은 자신들의 교육적 책임을 방기하고 포기하는 것이다. 아니, 거기서 그치지 않는다. 그들은 대학교육의 탈을 쓴 탐욕스런 괴물이 될 것이다. 이 점에서는 작은 점수 차이가 입학에 결정적인 역할을 하지 못하도록 한 수능등급제가 기본적으로 옳은 방향이었다. 다만 높은 대학진학률과 그로부터 생기는 경쟁을 그대로 둔 채 실시되었기에, 그 정책이 제대로 작동하지 못했다고 할 수 있다.

맹목적인 대학 진학을 막기 위해서 다른 일이 필요하다. 실업계 고교를 키우는 동시에, 고졸과 대졸 임금격차를 줄이는 일에 집중해야 한다. 이를 위해 시간당 최저임금을 지속적으로 올리는 정책을 추진해야 할 것이다. 이 정책이 무엇보다 중요하다. 이를 실현하지 못하면 대학에 가려는 수요는 결코 줄어들지 않을 것이다. 앞에서도 언급했지만, 대학 선생으로서 내가 보기에 현재 대학교육은 창의성을 높이는 데 별 도움이 되지 않는다. 지금 학생들이 대학에서 얻는 지식의 태반은 사실 인터넷을 통해서도 웬만큼 얻을 수 있다. 과거엔 그런 매체가 없어서 학생들이 대학에서 지식을 배웠지만, 어느 순간부터 대학은 비용만 많이 드는 조직, 조금 심하게 말하면 졸업장을 파는 조직이 되어버렸다. 더욱이 인간들 사이에 신뢰가 부족한 사회일수록 쓸데없는 형식적 자격증을 요구하는 경향이 크다. 대학졸업장은 비용은 많이 들면서도 쓸모는 별로 없는, 그러면서도 기대만 높이면서 경쟁은 과도하게 유발하는 나쁜 것이 되어버렸다. 대학이 과거 고등학교 수준에 불과하다는 비판 혹은 비웃음이 괜히 나오겠는가?

보수뿐 아니라 진보 세력도 대졸자에 쏠렸던 정책적 초점을 고졸 이하로 대폭 이동해야 할 것이다. 그러기 위해서는 먼저 정치적 주체가 조금 바뀌어야 한다. 보수적 정치 주체도 가방끈이 길지만, 진보적 주체도 그 못지않게 길거나 혹은 어떤 점에서는 더 심하다. 진보적인 정당이나 시민단체에서 교수를 비롯한 지식인이 틀에 박힌 거대담론을 논하고, 진보적인 언론은 그 담론을 받아쓰는 경직된 관행이 꽤 있다. 이런 방식은 지식의 대량생산과 대량소비 단계 혹은 계몽적 단계에서는 그 나름대로 필요했을 것이다. 그러나 이제는 그런 단계가 아니다. 더욱이 대학조차 거대한 기업 조직처럼 되어버린 오늘날, 교수를 비롯한 담론 생산자들도 교육문제에서는 무력할 뿐 아니라 공범 비슷한 역할을 한다. 그들 모두 알게 모르게 많이 공부하고 많이 노동하는 삶을 전제하기 때문이다.

그러나 한국 사회에서 무엇보다 필요한 것은 덜 공부하고 덜 노동하는 삶을 인정하고 또 존중하는 것이다. 위에서 짧게 '비주류적 삶'이라 표현한 것이 그것이다. 주류적으로 살지 않아도 억울하지도 않고 비참하게 느끼지 않아도 되는 삶. 대학 나오지 않아도 당당한 삶. 그런데 양극화 담론은 이 점에서는 얄궂게도 억울함과 비참함을 조장하는 경향이 컸다. 원래 취지는 그것이 아니었겠지만, 그 말은 "대졸 중산층이 못 되면 억울하고 비참하다!"는 불안과 공포를 밑바닥에서 조장했다. 그러나 이 지점에서 눈을 제대로 떠보자. 대졸 중산층이 되지 못하면 억울함과 비참함에서 벗어나지 못하리라는 전망을 고취하는 비판적 담론은, 겉보기에는 과격해 보이지만 사실은 보수적인 성격을 강하게 지닌다. 대학은 현재 알게 모르게 대기업 혹은 재벌 비슷한 성격을 띠고 있다. 대기업이나 재벌이 공정한 경쟁을 원하지 않는 경향이 크듯이, 대학과 대졸자도 점점 그런 경향을 가진다. 더욱이 대졸자들은 거의 모두가 대기업에 입사하길 원하지 않는가?

높은 대학진학률과 대졸자 주류 사회라는 문제는 이제까지 보수는 물론이고 진보 쪽에서도 중요한 문제로 여겨지지 않았다. 그러나 그것은 현재 우리가 직면한 많은 사회적 문제들의 연결점과 교차점에 지독하고도 뻔뻔하게 도사린 문제다. 이제까지 성장 및 민주화 과정에서 상대적으로 주의를 기울이지 못한 채 지나온 문제이며, 이제라도 필히 주의를 기울여야 할 문제다. 개인들은 개별적으로는 대학 진학이라는 자유로운 선택을 했지만, 그 선택은 동시에 사회적 불안과 위험에 시달리는 사람들의 행동이다. 급성장한 자유와 고도의 불안이 만나면서 빚은 소용돌이, 그것이 높은 대학진학률의 정체다.

# '복지', 진보의 독점적 의제인가?
### — 약이지만 동시에 독인 복지 1

'무상급식'으로 시작된 복지이야기, 왜?

지금은 어디에서나 복지를 말하며, 복지가 사회의 대세처럼 보인다. 그런데 2010년 무상급식이 복지에 대한 관심과 이야기의 물꼬를 크게 튼 것은 조금 이상한 일 아닌가? 학생들에 대한 무상급식이 복지국가의 제도와 정책을 결정하는 핵심은 아니기 때문이다. 그런데 한국에서는 그런 일이 벌어졌다. 2010년 6월 지방선거에서 여러 정책들과 정치적 의제들을 압도하며 무상급식이 선거의 전면에 등장했다. 무엇보다 이른바 진보 쪽에서는 그것을 핵심적인 정책과 정치적 의제로 만들었다.

물론 지방선거에서 야권이 좋은 성적을 거둔 것은 전적으로 무상급식 덕분은 아니었다. 중간선거의 성격을 띤 지방선거에서 핵심적인 역할을 한 것은 말할 나위도 없이 정권에 대한 심판이었다. 6월 지방선거는 이명박 정부가 들어선 이후에 실시된 두 번째 선거였다. 정권이

들어서고 몇 달 지나지 않아 2008년 봄에 국회의원선거가 있었는데, 당시엔 여당이 압승을 거두었다. 그러고 나서 2년 정도 지난 6월, 유권자들은 처음으로 제대로 중간선거의 성격을 띤 지방선거를 맞이했다. 결과적으로 야권이 승리했다고 할 수 있지만, 야권이 잘해서도 아니었다. 여러 이유로 막 나가는 정부가 사람들 마음에 들지 않아서였다. 그런데 지방선거에서 제일 인기가 좋았던 정책, 혹은 정책적 대결의 한가운데에 놓였던 것은 다름 아닌 무상급식이라고 할 수 있었다. 이상한 일이었다. 무상급식은 지방자치단체장과 교육감이 협의할 정책이기는 하지만, 엄밀히 따지자면 교육감의 권한에 속한 문제였다. 그런데도 그것이 지방선거에서 돌풍을 일으켰으니, 이상하지 않다면 그게 정말 이상한 일이다. 뒤에서도 보겠지만, 이 점은 복지에 대한 대중과 여론, 그리고 매체의 관심에 '대중주의'적 요인이 크다는 점을 암시한다.

물론 결과적으로 야권이 승리했기에, 복지 의제가 빛을 발한 점도 컸다. 정권심판론이야 야권이 직접 기획하고 거둬들인 수확이 아니기에, 야권은 더욱 그 정책 덕택에 승리했다고 스스로 평가하는 분위기였다. 한마디로, 야권은 그것으로 정치적이고 전략적인 재미를 보았다고 여겼다. 그래서 그 이후 야권에서는 복지정책이 앞으로 선거 국면에서 정책대결을 이끌 무기로 등장하게 된다. 특히 민주당 쪽에서는 '보편적 복지'를 당헌에 새로 집어넣으면서, 복지정책의 장에서 기선을 잡으려고 했다.

선거에서 좋은 결과를 얻는 것이 정당으로서는 중요한 일임이 틀림없다. 그리고 복지정책은 지금도 그렇지만 앞으로 다가올 의회선거와 대선에서 매우 중요한 역할을 할 듯하다. 복지문제가 뜨거운 문제로 등장한 데에는, 시대적인 배경과 여러 구조적인 문제가 작용했다. IMF

구제금융 시대를 지나며 한국 사회는 처음으로 고실업률 단계로 접어들었고, 고용시장은 복잡하면서도 치열한 경쟁 속에 있다. 젊은 층만 일자리를 구하기 어려운 게 아니라, 중년과 노년층도 마찬가지다. 완전고용 상태에 가까웠던 과거 상황에서는, 고용시장이 복지의 일정한 몫을 해결해주었다고 할 수 있다. 그런데 그 역할이 허물어진 것이다. 또 사회적 위험에 대한 피난처를 제공할 뿐 아니라 더 나아가 일정하게 복지를 담당했던 가족의 역할이 급격하게 와해되는 상황 속에 있다. 이혼율은 세계 최고 수준이며 노인들도 자식들의 부양에 의존할 수 없는 상황이 일반적이다. 더욱이 일자리를 원하는 여성들이 늘어났는데, 이들에게 출산과 양육은 짐으로 작용한다. 사회적 서비스가 부족하기 때문이다. 그 결과 세계 최저 수준을 달리는 저출산률은 다시 연금체계에 영향을 미치면서 국민연금의 지속적인 존속 가능성까지 위협하고 있다. 또 사회가 일정한 물질적 풍요에 도달하면서 삶의 질에 대한 사람들의 관심도 늘었고, 따라서 그것도 복지 전반에 대한 관심과 맞물렸다. 이 모든 상황이 결합하면서 복지정책은 전국민적인 관심사가 되었다.

그러나 무상급식으로 시작된 복지정책 대결은 여러 점에서 이상했고, 그 이후 민주당 쪽에서 '보편적 복지'를 내세우면서 전개된 복지정치의 풍경도 여러 면에서 모호했다. 왜 그런가? 이 점들을 집중적으로 살펴보자. 우선 무상급식을 둘러싼 논의를 다시 기억해보자.

### 무상급식은 진보적 이슈인가

무엇보다 무상급식이 왜 6월 지방선거의 핵심주제로 떠올랐고, 또 마치 진보와 보수를 나누는 핵심적인 의제인 것처럼 등장했는지 살펴볼 필요가 있다. '진보' 교육감으로 통하는 김상곤 경기도교육감이 지난해 초등학교 무상급식 예산안을 제출했는데, 한나라당 도의회의원들이 그 예산을 전액 삭감해버렸다. 사태는 거기에 그치지 않았다. 김문수 경기도지사가 일률적 무상급식 실시는 '사회주의적 발상'이라고 말하면서, 이 문제에 이념적 '색깔'을 칠했다. 그 이후, 무상급식 문제는 갑자기 정치적 쟁점으로 튀어 올랐고, 그 이후 계속 통통 튀어 다녔다.

경남과 전북에서 이미 친환경무상급식을 실행하고 있지만, 거기서는 이념 문제가 번지지 않았던 것을 보면, 경기도의 경우 정치적 계산이 크게 작용했다는 것을 알 수 있다. 심지어 경남 교육감은 '진보 교육감'도 아니었는데도, 무상급식을 실시했다. 그는 급식 문제에서는 개혁적이었지만, 특목고·일제고사·시국선언교사 징계 등의 문제에서는 MB 교육정책을 충실히 따르는 편이었다. 말하자면, 그때까지는 지방자치단체 차원에서 무상급식이 꼭 진보적인 의제나 정책은 아니었다. 보수적인 교육감도 학부모들의 지지를 얻기 위해 얼마든지 시도해볼 만한 정책이었다.

그런데 갑자기 6월 지방선거에서 무상급식이 진보적 정책의 얼굴로 떠올랐다. 진보 진영은 그것에 '보편적 복지'라는 화려한 이름을 붙였다. 한나라당은 모든 학생들에게 무상급식을 제공하는 것에 반대하면서, 저소득층에 국한해서만 무상급식을 하자고 했다. 그렇게 대응한 한나라당은 졸지에 소극적이거나 방어적인 태도를 취하는 꼴이었다. 야권에서는 저소득층이나 빈곤층에게만 주는 복지혜택을 '시혜적 복지'라고 폄하했고, 수세에 몰린 한나라당은 보편적 무상급식을 더욱 공격했다. 한나라당이 무상급식에 시뻘건 페인트를 칠하니, 진보 쪽에서도 더 선명한 이념을 주입했다. '시혜적 복지'는 보수적이며 구시대적이라는 공세를 취했다. 그래서 한나라당은 '시혜적' 복지, 진보는 전면적 무상급식을 하는 '보편적' 복지로 복지정치의 판이 쫙 갈라진 것처럼 보였다.

그 과정에서 복지정책이 급격하게 정치적 이념의 목표이자 도구 역할을 하게 되었다. 어쩔 수 없는 정책 대결의 과정으로 이해할 수도 있고 또 그런 방식으로 대중의 관심을 촉발하는 것도 나름 필요하겠지만, 내가 보기에는 적절하지 않거나 수상한 점도 많다. 무엇보다 정부와 정당, 그리고 매체가 복지에 대한 관심이나 논의를 정면에서 제대로 다루지 않고 포퓰리즘에 호소하는 경향을 보이기 때문이다.

무상급식이 꼭 그렇게 대립된 이념 문제일까? 친환경무상급식을 꼭 진보의 핵심 의제로 보는 대신, 얼마든지 '생활정치'의 차원에서 이해할 수 있지 않은가? 앞에서도 보았지만, 보수적인 교육감도 얼마든지 무상급식 정책을 내걸 수 있다. 친환경급식을 하면 소득이 늘어나는 농가는 좋아할 것이고, 초등학교에서 친환경급식을 한다는데 어떤 부모가 대놓고 반대하겠는가? 또 한나라당 후보들이 모두 저소득층에게만 국한된 무상급식을 하자는 것도 아니었다. 서울시장 경선 후보였던 원희룡이 무상급식을 선거공약으로 채택했다고 해서, 그가 진보적 정치가로 변신하는 걸까? 그는 지방선거 이후 한나라당 사무총장이 되었는데, 4대강사업을 누구보다 적극 지지하는 친이명박 정치인이다.

저소득층에만 무상급식을 하면 된다는 보수적인 정책은 국가가 일방적으로 대상을 한정하고 또 '베푸는' 역할을 하니 구시대적인 점이 있다. 한국의 기존 정부들이 하던 방식에서 벗어나지 못했다는 점에서도, 정치적 상상력의 차원에서도 멋이 없다. 그러나 진보 쪽도 이 문제에 과도하게 정치적 이념을 주입한 건 아닌지 성찰할 필요가 있다. 무엇보다 친환경급식이 꼭 '무상'이어야 하는지에 대해 논의를 진지하게 하지 않는 경향이 크다. '무상'이어야 진보적 정책의 빛이 난다고 여기면서 다른 논의를 막는다면 실수일 듯하다.

프랑스는 교육은 무상으로 하면서도 급식비는 부모의 소득과 연계해 등급별로 내게 한다. 유치원부터 부모는 소득증명을 해야 한다. 나는 이 방식이 더 좋다고 생각한다. 급식비를 교사들이 관리하지 않고 자치단체에서 관리하기에, 저소득층 학생들이 학교에서 차별받을 일도 없다. 이 방식을 따르면, 소득과 조세를 투명하게 만들고 소득재분배도 실행할 수 있으니 일석이조인 셈이다. 아니, 그 이상이다. 시민들이 자신의 사회적 계층을 인식하고 그에 따라 정치적으로 행동하는 훈련을 할 수 있지 않은가? 그것은 진보의 정치적 과제이지만, 복지가 점점 중요해지는 시대에는 모두의 과제이기도 하다. 이 점에서 보면 전면적 무상급식보다 소득에 비례한 급식비가 나을 수도 있다. 단순히 이념적으로 선명한 정책보다는, 생활에 가까운 섬세한 정책이 필요한 것이다.

더욱이 무상급식 같은 대중적 인기에 호소하는 정책을 핵심의제로 떠받들다 보면, 다른 중요한 문제들이 묻힐 수 있다. 교육에 국한하더라도, 주로 재정 상태만이 문제가 된다는 점에서 무상급식은 상대적으로 단순한 정책 문제다. 반면에 학생과 부모 그리고 교사가 직접 참여하는 변화는 어렵다. 대학입시 체제는 그 대표적인 예다. 대학입시 체제의 변화를 동반하지 않는 무상급식은 현 시점에서 오히려 위험할 수 있다. 자칫하면, 학원 '시다바리' 노릇만 하면서 입시공부만 시키는 학교 교육을 건드리지도 못한 채, 오히려 공부만 더 시키는 수상한 괴물이 될 수 있으니, 친환경적으로 잘 먹고 입시공부만 잘하면 되는 학교의 풍경을 그려보자. 그렇다면 무상급식은 선거혁명은커녕 정작 중요한 변화를 '친환경적으로' 막아버릴 음험한 쇼가 될 수도 있을 것이다. 실제로 무상급식은 입시구조에는 전혀 영향을 미치지 않는 정책이며, 이 점에서는 '보수적인' 면도 있다고 볼 수 있다.

### 인기영합적 복지 이슈

그런데도 지방선거 이전부터 불기 시작한 '무상급식이 보편적 복지'라는 바람은 점점 거세지고 있었다. 민주당을 비롯한 야당들만 그렇게 선전한 것이 아니다. 진보 언론들이 적극 나서서 그 정책을 부각시켜주었다. 한 예로, 6월 교육감 선거에 출마한 예비후보자들의 정책성향에 대한 『한겨레』(2010년 5월 11일)의 보도를 보자. 『한겨레』는 전체 85명의 후보자에게 질의서를 보냈으며 84명이 답변을 했다. 기사 제목은 "교육감 후보 85.7% '무상급식 찬성'"이었다. 교교평준화 체제에 대해서도 84.5%가 평준화를 유지해야 한다고 답했다고 한다. 그 기사의 핵심은 다음과 같다. "무상급식, 고교평준화 등 진보적 의제에서는 찬성이 압도적으로 많았으나, 일제고사 실시와 성적공개, 특수목적고와 자립형사립고 유치 등 보수적 의제에서는 찬성이 약간 더 높았다." 무상급식, 고교평준화가 과연 무조건 진보적 의제일까? 진보적 언론이 보수와 진보라는 잣대를 너무 단순하고 편하게 휘두르는 건 아닐까?

보수적 의제들은 비교적 성격이 분명하다고 할 수 있다. 일제고사 실시와 성적공개 같은 보수적 의제에 찬성한 후보자는 52.4%였고, 특목고와 자립형 사립고 유치에 찬성한 사람은 57%였는데, 그들은 보수가 분명하다. 물론 비교적 진보적인 의제들도 있다. 일제고사 실시와 성적 공개 둘 다 반대하는 정책, 그리고 특목고와 자립형사립고 유치에 반대하는 정책은 진보의 의제일 듯하다. 그 정책을 반대하는 비율이 32%와 43% 정도이니, 진보적 의제에 대한 지지율은 실제로 그 정도일 것이다.

그러면 무상급식과 고교평준화 같은 의제에 찬성하면 무조건 진보일까? 진보 언론과 진보 진영은 무상급식을 진보적 의제로 독점하려 하지만, 그런 판단은 사실에도 맞지 않고 심하게 말하면 착각일 수도 있다. 정책들을 개별적으로 보자면, 고교평준화는 이제 거의 상식 수준에 도달했다고 할 수 있고, 따라서 진보적이라기보다는 상식적이라고 할 수 있다. 무상급식은 어떤가?

실질적으로 무상급식은 전적으로 진보적 정책은 아니다. 오히려 서민들보다 중산층 이상 사람들 입맛에 더 맞는 정책이라고 할 수 있다. 같은 일간지가 같은 날 보도한 다른 여론조사는 이 점을 보여준다. 일단, 전면 무상급식을 지지하는 유권자는 48.6%였고, 상대적으로 가난한 학생들에게만 무상급식을 해야 한다는 유권자는 48.7%였으니, 두 정책은 현실에서 서로 팽팽하게 맞선다. 그러나 저소득층(월 소득 200만 원 이하 소득)에서는 오히려 "가난한 학생들에게만 무상급식을 해야 한다"는 의견이 높았다.(52.4% 대 43.1%) 그와 달리 월 200~400만 원 소득층에서는 전원 무상급식에 대한 지지율이 높았다.(52.4% 대 45%) 또 급식에 실질적인 관심을 가진 여성들도 취약 계층에 대한 선별 무상급식을 높이 지지했다.(53.3% 대 42.8%) 자칭 진보주의자는 사회적 약자를 위한 정책을 펴자고 말한다. 그런데 이 조사에 따르면, 무상급식은, 아주 큰 차이는 아니지만, 저소득층보다는 중간층의 지지를 더 받는 정책이었다. 그런데도 이 조사는 이상하게 논의의 대상이 되지도 못했다. 소위 진보 진영은 전면적 무상급식이 진보적인 정책이라는 주장을 반복했다.

진보 진영의 주류는 '친환경' 혹은 '복지'라는 의제가 마치 언제 어디서나 진보적이라고 말하는 경향이 크다. 이것은 정책 분석에서 착각을 불러올 수 있으며, 전략적으로도 큰 실패를 초래할 수 있다. 결정적으로 보수적인 계층들도 개별 정책 차원에서는 얼마든지 '친환경' 및 '복지' 의제를 선택하곤 한다. 소득과 교육수준이 높고 시간여유가 많을수록 '친환경' 의제에 관심이 많고, 실질적으로 그들이 '친환경' 비용을 지불할 여유도 많다. 그러므로 친환경 정책을 지지한다고 모두 진보를 지지하는 건 결코 아니며, '친환경'과 '복지'는 진보가 홀로 독점할 수 있는 단순한 정책도 아닐 것이다.

무상급식 의제는 이렇게 굴절된 상태에서 비교적 높은 지지를 받았고, 많은 보수 후보자들도 여론의 눈치를 슬슬 보면서 무상급식을 지지하는 쪽으로 의견을 바꾸었다. 그 정책들을 성급하게 혹은 쉽게 진보라고 딱지 붙이려 하는 자칭 진보, 그에 대해 제대로 논의하지도 않고 논의도 가로막는 자칭 진보가 보기 안쓰럽다. 그리고 진보적인 매체들이 '친환경'과 '복지'를 너무 성급하게 진보로만 몰고 가는 경향도 바람직하지 않다고 나는 생각한다.

결국 무상급식으로 유발된 복지에 대한 관심을 자세히 살펴보면, 이분법적이고 인기영합적인 정치적 이념이 과잉 투입된 것으로 보인다. 야권이나 진보적 매체가 그를 통해 시민들의 관심을 불러일으킨 것은 좋지만, 차분하게 그리고 정면에서 복지를 논의하는 대신 표피적인 인

기대결로 몰고 간 경향이 컸다. 이 문제들은 여기서 끝나지 않는다. 다시 원점으로 되돌아가 새로 시작된다.

### 복지는 진보의 독점물이 아니다

진보 쪽 사람들은 '복지'가 그들만의 독점적인 의제라고 생각하는 경향이 있다. 그러나 보수가 아예 복지에 대해 말할 권리가 없다고 여긴다면, 턱없는 오만이거나 엄청난 착각이다. 역사에서 복지를 국가 차원에서 선구적으로 도입한 나라들도 보수적인 경향을 취하던 나라들이었다. 비스마르크 치하의 독일, 나폴레옹 3세 치하의 프랑스, 본 타페Von Taaffe 시대의 오스트리아가 대표적이다.

최근 복지국가를 주장하는 자칭 진보들 가운데 상당수는 단순하게 민주주의의 발전과 복지국가의 발전을 동일하게 보는 경향이 크다. 물론 기본적으로는 민주주의가 복지국가의 발전에 큰 영향을 미친다. 그러나 일반적으로 민주주의가 확대될수록 복지국가가 똑같이 발전할 가능성이 더 높아진다는 주장은 지나치게 단순하며 그릇된 부분도 있다. 복지체제에 관한 일급 전문가인 에스핑-앤더슨의 말을 들어보자. "민주적 권리가 발전할수록 복지국가가 발전할 가능성이 더 높아진다는 명제는 역사적 사실과 배치된다. 복지국가를 출범시킨 최초의 중요한 조치들은 민주주의보다 시기적으로 앞서 도입되었으며, 오히려 그런 민주주의의 실현을 억제하기 위한 열망을 강한 동기로 가지고 있었다."● 민주주의가 먼저 발달한 나라들은 오히려 뒤늦게 복지국가의 시

---

● G. 에스핑-앤더슨, 『복지 자본주의의 세 가지 세계』, 2007, 성균관대학교출판부, 41~42쪽(번역을 조금 수정하였음).

동을 건다. 미국과 스위스 같은 나라들이 대표적이다. 기본적으로 당시 이 나라들에서 농업의 비중이 높았던 것도 중요한 역할을 했을 것이다.

한국에서도 보수 정치인들도 얼마든지 복지국가를 이야기할 수 있다. 실제로 박근혜는 최근 들어 복지를 주장하고 있으며 자기 아버지인 박정희의 꿈이 복지국가였다고 말하기도 했다. 박근혜의 복지국가론도 당연히 서민과 중산층의 표를 노리는 전략에서 나왔을 것이다. 그녀는 얼마 전부터 유럽식 복지를 입에 달고 다닌다. "경제성장과 더불어 환경, 복지가 중요하다. 소외되는 사람 없이 모두가 행복하게 사는 것이 진정한 선진국가의 모습일 것이다." 물론 여러 점에서 구체성이 없으며, 또 박정희의 목표가 복지국가였다는 말은 여러모로 억지스러운 주장이다. 성장 시대에 보통 사람들의 살림살이도 좋아진 것은 사실이지만, 희생과 상처가 컸다는 점을 박근혜는 아직도 말하지 않는다. 지도자가 되려면 과거의 상처를 인정한 후 앞으로 나아가야 하겠지만 그 인정이 언제 이루어질지는 모를 일이다.

어쨌든 박근혜는 복지국가를 전략으로 밀고 갈 듯하다. 그리고 그에 맞춰 정책도 도입할 것이다. 나는 한나라당 지지자는 아니지만, 보수의 그런 전략을 그저 비난할 필요는 없다고 본다. 이제까지는 개혁·진보 세력이 복지라는 이슈에 거의 절대적으로 유리했다. 그저 '복지'에 대해 말하기만 해도 통했다. 이제 한나라당이 서민과 중간계급의 표를 얻기 위해 조금씩 복지정책에 접근하면, 개혁·진보는 더 나은 정책을 실현해야 하는 과제를 안게 된다. 말하자면 '복지'가 처음으로 정치적 경쟁의 장에 들어선 것이다. 보수의 복지국가론은 한나라당에게만 필요한 약이 아니다. 개혁·진보에게도 마찬가지로 유익한 참조 및 비교

대상일 것이다.

따라서 박근혜의 복지국가론을 무시하거나 우습게 여기는 진보는 실수를 하기 쉽다. 극단적인 경우 그들은, 보수는 아예 복지정책을 제대로 실행하지 못한다고 믿으면서, 보수의 복지국가론을 정치적인 쇼나 술책으로 치부하는 경향에 빠지기 쉽다. 현재 이명박 정부가 '친서민' 구호를 남용하는 경향이 크지만, 그렇다고 보수정당이 복지정책에 아예 무능하거나 그것에 눈을 감는다고 여길 필요는 없다. 한나라당 내에서도 복지정책이 선거에서 표를 얻는 데 필수적임을 깨닫고 발 빠르게 움직이기 시작했다. 한나라당 안상수대표는 2010년 국회 교섭단체 대표 연설에서 "당의 강령을 중도 개혁의 가치를 표방하는 방향으로 개정하겠다"고 말하면서, 복지대상을 국민의 70% 가구까지 확대하겠다는 정책을 내걸었다. 소득 상위 30%를 제외한 모든 가구에게 국가가 복지를 제공하겠다는 것이다.

물론 아직은 주로 말뿐이다. 그렇지만 앞으로 선거 국면이나 정부 운영차원에서 구체적인 정책을 내세울 가능성을 배제할 필요는 없다. 현실적으로 필요하다고 여겨지면, 정당으로서는 그런 정치적 전략을 피할 수 없을 것이다. 실질적으로 정부와 여당은 보육지원을 소득 하위 70% 수준까지 확대했고, 이것은 그나마 그동안 일어난 작지 않은 변화라고 할 수 있다. 이젠 한나라당도 복지를 피해갈 수 없다는 점을 정치적으로 인식하고 있는 것이다. 처음에는 한나라당이 무턱대고 반대하는 듯했던 무상급식도 더 이상 한나라당의 절대적 금기는 아니다. 경기도의 김문수 지사는 초등학교 무상급식을 받아들였는데, 오세훈 서울시장만 무상급식 반대를 자신의 정치 입지를 확대하는 도구로 남용하고 있을 뿐이다. 또 한나라당 내부에서도 감세정책을 철회하자는

『한겨레』 2010년 10월 27일자. 복지 이슈가 부각되면서 보수정당인 한나라당까지도 복지 경쟁에 뛰어들었다.

주장들이 서서히 나오고 있다. 중도 정책을 추진하자면, 당연히 그렇게 해야 한다는 주장들은 합리적이다. 물론 한나라당이 어느 정도 변화할지는 두고 볼 일이다.

일단 그렇게 방향을 잡은 한나라당에 대해서, 비판적인 접근을 해보자. 예컨대『한겨레』(2010년 10월 27일)의 기사처럼 "하지만 과연 한나라당이 70% 복지론을 실행할 만한 능력과 의지가 있는지에 대해선 여전히 의구심이 남아 있다. 복지예산을 늘리려면 세금을 올리거나 다른 예산을 줄여야 하는데, 한나라당은 이에 대한 또렷한 대답을 내놓지 못하고 있는 게 사실이다". 부자나 기업에 대한 감세정책을 추진하는 정부에 그런 의문과 의구심이 드는 게 당연하다.

문제는, 한나라당에 대한 그런 정당한 비판은 한나라당에만 국한되지 않는다는 것이다. 오히려 어떤 점에서는 '보편적 복지'를 당헌에 내건 민주당이 더 진지하게 직면하고 성찰해야 할 의문이고 의구심이다. 더 나아가 '보편적 복지'를 정답으로 여기는 진보적 언론들이 스스로에게 던져야 할 질문이기도 하다.

### '보편적 복지'만이 정답일까

한나라당의 감세정책은 민주당을 비롯한 야권이 편하게 공격할 수 있는 대상이기는 하다. 그러나 감세정책을 비판하기만 하면, 아니 더 나아가 그것을 폐기하기만 하면, '보편적 복지'로 가는 길이 활짝 열릴까? 그건 아니다. 무엇보다 재정 위기가 과거보다 심각한 문제로 떠올랐다. 이제는 과거처럼 어떤 중도좌파 정부도 국가재정을 위태롭게 만들면서 편하게 복지지출을 늘리기 힘들다는 것이 국제적인 상식이 돼 가고 있다. 그러니 말이나 구호로만 '보편적 복지'를 내거는 것만으로는 충분하지 않다.

짧게나마 재정부담의 관점에서 말해보자. 스웨덴을 비롯한 북유럽 국가들은 재정부담 때문에 복지규모를 축소했지만, 이것은 북유럽에만 해당하는 일이 아니다. 일본의 경우를 보자. 민주당은 2010년 총선에서 "초등학교 어린이 1명당 월 2만 6000엔의 어린이수당지급, 고교교육 무상화, 고속도로 무료화(2012년부터), 휘발유 잠정세율(교통시설 등을 짓는 데 재원으로 쓰는 부가세) 폐지 등 '생활제일'을 앞세운 공약들을 내걸고 승리했다."(한겨레, 2011년 1월 14일) 그러나 재원부족으로 많은 공약들이 축소되거나 아예 부도 상태다. 일본의 국가부채가 위험수준에 도달했다는 것은 이미 잘 알려져 있다. 한국은 어떤가? 같은 신문이 보도한 바에 따르면, 한국은 실업급여 적립금이 2013년 고갈될 예정이다. 진보적인 김광수경제연구소도 "현재 추세라면 건강보험에서 2050년까지 252조에 이르는 막대한 잠재채무가 누적된다"고 추산하면서, 무상의료나 보편적 복지에 대해서 신중한 접근이 필요하다고 말한다.

이제까지 예산부처의 관료들은 대체로 재정관리에 해롭다는 이유로 복지지출을 꺼리면서, 거의 일관되게 그런 방향을 유지하고 있다. 심지어 복지에 비교적 적극적이었던 노무현 정부 때도 마찬가지였다. 당시 야당인 한나라당이 모든 노인에게 보편적 기초연금을 지급하자는 주장을 한 반면에, 정부와 집권여당은 거기에 반대하면서 타협책을 내놓았다. 노인 가운데 하위소득자 70%에게 연금가입자 평균소득 5% 수준의 급여를 지급하되, 점진적으로 10% 수준까지 급여를 확장하는 정책이었다. 놀랍게도 당시 노무현 정부의 정책은 현재 한나라당이 추진하는 정책방향과 비슷한 방향과 수준이다. 반면에 한나라당이 과거에 했던 주장, 곧 모든 노인을 대상으로 기초연금을 실행하자는 정책은 일종의 '보편적 복지'에 해당한다고 할 수 있으며, 요즘 민주당이 내거는 의제와 비슷하다.

이렇게 보면 정당들은 여당이냐 야당이냐에 따라, 전략적으로 상이한 수준과 방향의 정책을 제시한다고 볼 수 있다. 심지어 2007년 노무현 정부는 재정지출을 줄이고 재정 압박을 피하기 위해, 국민연금 급여액을 줄이는 '개혁'을 시도한 적도 있었다. 거꾸로 한나라당은 2007년 대선에서는 보편적인 노인 기초연금을 실시한다는 공약을 내세웠다. 물론 이명박 정부가 들어선 후에는 모른 척하고 있지만. 그러니 어느 정당이든 구호와 선거전략 차원에서 복지정책을 내거는 것을 액면그대로 믿을 수는 없는 일이다.

어쨌든, 한나라당이 주장하는 국민 70% 수준의 복지정책도 즉시, 그리고 전면적으로 실행하기에는 힘들 듯하다. 아무리 의지가 있다고 한들 준비는 되지 않았다고 할 수 있다. 그렇게 본다면, 민주당이 내거는 보편적 복지는 더욱 그렇다. 지금 기껏해야 하위 소득 노인 70%에게 한 달에 9만 원 정도가 기초노령연금으로 지급되고 있다. 말 그대로 기초연금이라면, 연금가입자 평균소득의 20% 수준도 충분하지 않을 듯하다. 그러나 지금 겨우 연금가입자 평균 소득의 5% 수준인 급여를 20% 수준으로 높이는 일만 해도 중장기 플랜이 서 있어야 할 수 있을 것이다.

그리고 노인 기초연금만이 복지의 전부인 것도 아니다. 누구나 노인이 된다는 점에서, 노인 기초연금은 어쩌면 복지정책 가운데 모든 세대로부터 가장 쉽게 동의를 얻을 수 있는 정책이라고 할 수 있다. 그것조차 지금 하기 어려운 형국이라면 나머지는 더 어려울 것이다. 예를 들면, 한나라당은 2010년 양육수당도 전체 가구 70%에게 지급하는 방안을 추진하기로 했다고 한다. 그러자 기획재정부는 추가 재정소요를 이유로 반대했다. 엎치락뒤치락 끝에 결국 시행하는 쪽으로 결정이 났다. 그나마 다행이다. 그러나 거기서 그치지 않는다. 건강보험도 확충해야 하고, 국민연금도 손을 봐야 한다. 진보 쪽은 선거전략으로 건강보험이든 연금이든 확대해야 한다고 말하지만, 정말 집권한 후에도 책임 있게 그대로 실행할 수 있을지는 아무도 모른다.

그러니 다시 한 번, 구호와 이념으로서의 복지정책에 현혹되지 말고 차분하게 논의를 해보자. 어느 정도는 재정을 관리할 실질적인 능력도 중요하다. 착실하게 정책을 기획하고 실행할 능력과 준비 없이, 구호만 내세우는 것이야말로 얄팍하고 무책임한 선거전술에 불과하다. 지금은 한나라당은 말할 것도 없이 민주당도 그저 구호 차원에서 복지를 내세우는 점이 크다. 그런 점에서 보자면, 무상급식이 '보편적 복지'의 이름으로 선전된 것도, 얄팍한 수작으로 보인다. 여러 복지정책 가운데 제일 쉬운 것에 속하는 정책이 상징적으로 제공되는 것이기 때문이다.

물론 민주당이 '보편적 복지'라는 구호를 내걸었기에, 그리고 그를 통해 복지를 정치적 쟁점으로 삼았기에, 그나마 한나라당도 선거전략 차원에서 허둥지둥 '70% 수준의 복지'를 주장한다고 볼 수 있을 것이다. 그 점에서는 '보편적 복지'라는 이념과 구호가 나름대로 정책을 견인하는 역할을 한 셈이다. 그래서 이제는 어느 정당이 정권을 잡든 간에 최소한 일정 수준의 복지를 제공하는 역할을 피하기는 어려워 보인다.

### 어떤 복지가 좋은 복지일까

이 상황에서 의지가 있는 정당이 강한 복지정책을 실행한다고 해보자. 그렇다면 우선 복지혜택이 제공되는 대상 차원에서 한나라당이 말하듯이 전체 가구의 70% 수준에서 양육수당을 제공하고 또 노인 가운데 소득 하위 70%에게 기초연금을 제공하기만 해도, 그리고 복지혜택의 수준에서 양육수당이나 기초연금의 급여액수를 더 늘리기만 해도, 우리 사회는 일정한 복지국가의 수준에 도달할 듯이 보인다. 그것이 현실이다. 이 점에서 보면, '보편적 복지'를 주장하는 민주당의 구호가 더 모호하게 보인다.

사실 민주당이 자신들이 말하는 '보편적 복지'가 무엇인지나 제대로 알고 있는지 의심스럽다. 진보정당이 내세우지 못한 '보편적 복지'를 당헌에 내걸었다고 그저 자랑하거나 기뻐할 일은 아니다. 이제까지 사회적 약자에게만 제공되던 시혜적 복지에서 더 나아가, 사회 구성원 모두에게 복지혜택을 제공하겠다고 하지만, 사실은 재정과 관련한 구체적인 플랜은 없는 편이다. 그래도 거기까지는 좋다고 할 수 있다. 전략적으로 '중도개혁'보다 조금 왼쪽에 무게중심을 둘 수도 있다.

그런데 민주당은 '보편적 복지'로 가는 길이 중도를 버리고 진보로 가는 길처럼 선전을 하고 있다. 민주당 안에서 '담대한 진보'를 말하는 사람들이 특히 이 오해 혹은 착각을 부추긴다. 안타깝게도 진보 언론 일부도 이 착각을 확산시키는 데 한몫을 한다. 이 사람들은 복지를 추진하기만 하면 진보라고 말하며, 복지혜택을 일부 확대하려는 한나라당을 들어 사회가 진보적인 경향으로 기울고 있다고 말한다. 복지를 확대하면 좋은 일이지만 그렇다고 한나라당이 왼쪽으로 간 것은 아니다. '자칭 진보들'의 착각이다. 위에서 언급했듯이 한나라당도 중간층을 확보하려는 전략을 쓰고 있을 뿐이다.

물론 좌파는 우파보다 사회적 약자에게 좀 더 신경을 쓰고, 사회적 시민권을 확대하려는 경향을 가진다. 그러나 복지체제를 일정한 수준까지 건설한 나라들에서 복지는 좌파가 일방적으로 독점한 의제는 아니었다. 제2차 세계대전 이후 독일에서 중도 좌파가 집권한 기간은 보수가 집권한 기간의 반 정도이며, 프랑스에서 좌파가 엘리제궁을 차지한 기간은 14년에 지나지 않는다. 그래도 이 나라들은 훌륭한 복지국가다. 다르게 말하면, 이들 나라에서는 좌파뿐 아니라 우파도 일정한 수준의 복지국가를 만드는 정치적 노력을 했다는 것이다. 또 영국이나 미국 같은 이른바 자유주의 국가들도 나름대로 복지국가다. 다만 독일과 프랑스와 다르고, 북구 국가들과 다를 뿐이다. 복지를 내세우는 일이 무조건 왼쪽으로 가는 일이거나 진보는 아니라는 말이다.

가만히 보면, 모호하게 사용된 '보편적 복지'가 이 오해와 착각의 중심에 있다. 일반적으로 좋은 복지는 선진적인 모든 복지국가에서 그 나름대로 존재한다고 할 수 있다. 국가들마다 각자 정책과 제도가 다를 뿐이다. 물론 영국과 미국 같은 자유주의 복지국가는 사회적 약자에게 선별적으로 도움을 준다는 점에서 '잔여적' 복지체제를 구성한다고 할 수 있다. 그렇다고 해서 이 나라들이 복지국가가 아닌 건 아니다. '보편적 복지'만이 유일한 대안이라거나 진보적 정답이라는 오해나 착각을 부추기는 사람들은 한국의 엉성한 시혜적 복지를 영국과 미국의 '잔여적' 모델과 같은 것으로 놓고서 그것을 '보편적 복지'와 대립시키는데, 거기서 착시 현상이 생긴다. 현재 한국의 복지체제는 자유주의 복지국가의 '잔여적' 모델에도 못 미친다.

물론 북구가 보편주의 복지를 실행한 것은 사실이다. 그렇다고 해도 그 모델이 복지의 유일한 정답일 필요는 없다. 그 모델은 복지체제 가운데 하나일 뿐이다. 또 1960~1970년대에 도입된 북구 모델이 현재 한국에도 적용될 수 있는 모델인지에 대해서 나는 여러 점에서 회의적이다. 사실 '보편적 복지'를 내걸고 모든 노인들에게 기초연금을 제공하던 스칸디나비아 복지국가 스웨덴은 1990년대 들어 그 보편적 연금을 축소하였다. 하위 소득의 노인들에게만 연금을 제공하는 수준으로 후퇴한 것이다. 현재, 석유 수입이 막대한 노르웨이를 제외하고는, 다른 스칸디나비아 복지국가들은 '보편적 복지'에서 많건 적건 후퇴한 셈이다. 따라서 스칸디나비아의 보편적 복지국가 모델은 일정 부분 수정되었거나 부분적으로 쇠퇴한 셈이다. 그런데 자칭 진보 가운데 상당수는 아직도 무조건 스칸디나비아의 '보편적 복지'를 모델로 삼거나 구호로 내거는 경향이 있다. 정책연구 차원에서 게으르고 책임감이 없다고 할 수 있다.

더 중요한 점이 있다. 북구 모델도 좁은 의미의 진보적인 정책 덕택에 성공한 것이 아니다. 북구 사회민주주의자들은 노동자계급에 국한된 복지정책이 아니라, 넓은 중간계층에게 적용되는 복지정책을 제공했다. 사회민주주의자들은 처음에는 농민계층과 연대를 했고, 그다음에는 넓은 의미의 중간계층을 정치적 협력자로 삼았다. 물론 당시 노동자계급이 중간계층으로 편입되었기 때문에 가능한 일이었지만, 어쨌든 북구는 '중간계층'의 기준에 맞는 보편주의를 최초로 도입한 것이다.

북구의 보편주의 복지는 보편적 대중 정치의 기반 위에서 이루어졌던 셈이다. 민주당이 복지정책을 차분하게 실행하는 건 좋다. 그러나 복지로 가려면 중도를 버려야 하는 건 아니다. 오히려 거꾸로다. 중간층의 지지를 얻을 정치적 실력이 없는 '자칭 진보'는 북구 복지를 실행하지도 못한다. 물론 '보편적 복지'라는 구호로 선거에서 잠깐 재미를 볼 수는 있을 것이다. 그러나 그것은 실제로 복지를 구축하는 일과는 거리가 멀다. 대국민 쇼가 된다면 모두에게 불행이고.

### 북구모델을 맹목적으로 추구하는 사람들

그런데 왜 자칭 진보 가운데 많은 사람들이 오직 '보편적 복지'만이 정답이거나 대안이라고 여기는 걸까? 이들은 복지국가가 오로지 그 길을 가야 한다고 믿는 듯하다. 그러나 복지 선진국들이라고 모두 똑같은 방식으로 복지를 추구하고 실현하지는 않았다. 앞에서 언급한 에스핑-앤더슨을 다시 인용하자면, 복지국가의 세 가지 유형이 있다. 스웨덴이 대표하는 사회민주주의 모델, 영국과 미국이 속한 자유주의 모델, 그리고 독일과 프랑스 등이 속한 유럽 내륙 모델. 독일과 프랑스는 정치적으로 사회민주주의가 강한 나라지만, 복지국가 차원에서는 북구 사회민주주의 모델과 다른 길을 갔다. 이 차이가 잘 알려져 있지 않다. 독일과 프랑스에서는 국가와 가족 그리고 조합과 교회가 큰 역할을 떠맡았고, 현재도 그 구조가 유지되고 있다. 가족에서 여성의 역할만 보더라도, 독일과 프랑스는 스웨덴을 비롯한 스칸디나비아 복지국가와 너무 다르다. 북구에서는 여성의 취업률이 매우 높다. 그래서 에스핑-앤더슨은 심지어 복지정책 차원에서 독일과 프랑스의 모델을 '보수주의'라고 부르기도 했다.

무슨 말인가? 북구 모델이 비교적 보편주의 복지로 갔고, 독일과 프랑스는 다른 방향으로 발전했다는 것이다. 물론 스칸디나비아 모델도, 앞에서 말했듯이, 재정이 든든한 노르웨이를 제외하고는, 1990년대에 들어 쇠퇴하거나 축소되었다. 또 나라마다 전통과 제도가 달라서 일차원적으로 우월성을 판단하기는 어렵다. 따라서 독일과 프랑스의 복지가 북구보다 떨어진다고 말할 수는 없다. 보편주의만이 복지를 위한 정답은 아니다. 국가들의 정치적 동원 방식과 사회 구조는 저마다 다르기 때문이다.

예를 들어, 복지국가들의 GDP 대비 공공복지지출비율을 보자. 독일이 26.7%, 프랑스가 29.2%이며 스웨덴은 29.4%이다. 공공복지지출의 차원에서 스웨덴을 비롯한 스칸디나비아 모델이라고 독일과 프랑스에 비해 특별히 월등한 것은 아니라고 할 수 있다. 다만 조세부담률의 차원에서 보면, 독일은 22.9%, 프랑스는 27.4%, 그리고 스웨덴은 35.7%로 제법 차이가 난다. 덴마크는 47.7%에 이른다. 여기서 보면 알 수 있듯이, 흔히 말하는 스칸디나비아 복지국가 모델은 압도적으로 높은 조세에 의존한다. 많은 여성들이 파트타임으로 일을 하기만 해도 비교적 높은 임금을 받고 또 많은 세금을 내면서 복지혜택을 받을 수 있는 체제다. 비교적 남성위주 소득가구가 많은 독일 등은 그 체제와 다르다. 이처럼 사회 구조와 전통, 그리고 기업에 의한 복지지출 등 여러 요소가 맞물려 여러 나라들의 복지체제는 그 나름대로 상이하게 구성된다.

북구는 여러 점에서 한국과 다르다. 무엇보다, 인구가 많은 스웨덴도 900만밖에 안 된다. 적은 인구가 주는 최대의 장점이 무엇일까? 군사비 지출은 최소화하고, 복지 지출은 최대화할 수 있다. 나는 여러 이유로 독일과 프랑스 모델이 한국에게 가까운 유형이라고 본다. 이들 나라에서는 비교적 국가·가족·조합·교회의 영향력이 크다. 한국도 비슷하다. 개인적으로 나는 이런 사회제도들에 대해 비판적인 편이지만, 그들이 한국에서 강력한 자장을 형성하고 있다는 사실은 인정하지 않을 수 없다. 이들 나라는 한국보다 조금 인구가 많지만, 사회구조는 엇비슷하다고 할 수 있다.

무엇보다 독일을 비롯한 유럽 내륙 국가들은 조합주의적 전통이 강하다. 특정 직업군에 대한 기득권이나 특혜가 많이 인정되어 있다. 대표적인 것이 공무원 집단이지만, 거기에 그치지 않는다. 연금제도의 차원에서 많은 조합들이 직업별로 고유한 위치를 인정받고 있다. 물론 보편적인 복지라는 이상에서 보자면, 이런 폐쇄적인 조합주의 복지체제가 바람직하다고 할 수 없을 것이다. 그러나 어느 나라에서든 나름대로 특별한 전통과 경로를 밟아서 복지국가를 형성해온 것이며, 이 경로 의존성은 겉보기보다 훨씬 큰 영향을 미친다. 한 번 궤적이 굳어지면, 이후의 정책도 그 경로에 많건 적건 의존하는 경우가 크다. 한국의 경우도 공무원연금·군인연금·사립학교직원연금 등이 특혜를 받으며 존재해왔다. 그것들을 한 번에 국민연금으로 통합하기는 쉽지 않을 것이다. 연금기금의 재정상태가 서로 크게 다르기 때문에, 저 연금들의 수혜자들은 자신들이 이제껏 쌓아온 연금기금의 안정성을 해치는 어떤 개혁도 반대할 것이다. 그리고 그들의 그런 태도를 무작정 비난하기도 어렵다. 보수적인 국가가 특정 직업집단에게 특혜를 주면서 국가를 운영해온 경로를 현재의 시점에서 간단히 무시하기 어렵기 때문이다.

무엇보다 한국의 연금이나 건강보험은 기본적으로 혜택의 대상은 넓지만, 기여나 급여의 방식에서는 소득비례형 모델을 따른다. 이 모델은 복지국가 유형 가운데 독일과 프랑스 등이 선택한 모델과 비교적 가깝다. 미국이나 영국 등의 자유주의적 복지국가들은 그보다는 복지를 좀 더 시장에 맡기는 쪽이다. 국가는 고용시장이나 복지시장에서 해결해주지 못하는 '잔여적' 부분만을 선별적으로 복지정책의 대상으로 삼는 것이다.

한국의 현재 상황을 고려하면, 한국이 독일 방식의 복지국가 모델 쪽으로 가는 것이 적당해 보인다. 또 어떤 점에서는 그쪽으로 갈 수만 있어도 사실 다행스러운 일이다. 현재 알게 모르게 영국이나 미국 방식의 자유주의 복지제도가 야금야금 뿌리를 뻗고 있기 때문이다. 소득조사나 재산조사에 근거해서 복지혜택을 제공하는 방식이 한국에서 점점 일반적으로 실행되고 있고, 또 일정하게 시민들의 동의를 얻어가고 있다. 유치원 보육비를 지원하거나 노령 연금을 지급할 때, 소득조사나 재산조사가 국가가 복지를 제공하는 기준으로 점차 굳어지고 있다. 그런데 이런 방식은 복지국가 유형을 따르자면, 영국이나 미국 같은 자유주의 국가들의 선별적이고 잔여적인 복지정책에 속한다. 말하자면 특정 복지제도를 민영화하는 것뿐만이 아니라 소득조사와 재산조사에 근거해서 복지를 제공하는 것 자체가 이미 자유주의적 복지국가들에 고유한 정책이다. 한국 역시 벌써 그것을 주축으로 하는 복지정책이 굳어지고 있으며 그쪽으로 많이 기울어진 형국이다. 그 현실적 경로를 바꾸기는 쉽지 않을 것이다.

그런데도 '보편적 복지'를 주장하는 자칭 진보 쪽 사람들은 현재 상황의 분석에 근거한 전략과 정책을 실행할 생각은 하지 않고, 공허한 거대담론을 퍼트리는 경향이 크다. 더욱이 앞에서 말했듯이, 복지정책을 실행할 정치적 전략도 부족하다. 정책을 실행하려면 의회의 다수파가 되거나 집권해야 하지 않는가? 그러려면 중간층을 확대하고 그들의 지지와 협력을 얻어야 할 것이다.

개혁·진보는 북구 모델을 맹목적으로 선호하는 경향을 진지하게 성찰할 필요가 있다. 그런데도 현지에서는 이미 부분적으로 수정되고 축소된 과거의 '보편적 복지'를 그대로 따라하는 일이 빈번하게 벌어지며, 유감스럽게도 성찰은 잘 이루어지지 않는다. 그 대신, 복지 영역이든 교육 영역이든, 북구 모델이 정답으로 뚝 떨어진다. 교조적 진영논리 탓이다. 복지국가의 방향에 대한 진지한 논의를 가로막는다는 점에서, 그 진영논리는 위험하다. 공부는 부족하고 생각은 게으르다.

### 복지국가, 좋은 점과 부족한 점

물론 앞에서 말했듯이, '보편적 복지'라는 구호가 복지에 대한 대중적 관심을 유도하고 야기한 것은 사실이다. 그 점에서 2010년 발생한 복지논의는 복합적인 면을 띠고 있다. 한편으로는 뜨거운 관심을 불러일으켰기에 나름대로 긍정적인 역할을 했다고 할 수 있지만, 동시에 복지를 과도하게 구호와 이념에 끌려가게 만든 점도 있다. 복지국가 혹은 복지체제의 중요하고도 근본적인 면들을 논의하지 않은 채 곁가지들을 건드릴 때, 사회적 논의는 이념적인 색채를 띠고 그 과정에서 사회적 에너지가 헛되게 낭비될 위험이 크다.

이 점은 2010년 10월에 당시 김황식 총리가 노인을 위한 무임승차권이 과도한 복지라고 언급했을 때도 뚜렷하게 나타났다. 총리는 여론이 시끄러워지자, 비겁하고 무책임하게도 슬쩍 꼬리를 내렸다. 어쨌든 중요한 점은 정부뿐 아니라 사회가 특별보조금이나 선별된 수당 같은 복지혜택에 과도하게 관심을 쏟고 또 관심을 쏟게 만든다는 것이다. 사회적 권리로서의 복지는 사회 구성원 모두에게 주어지는 연금이나 사회보장, 혹은 건강보험 같은 제도에 기초하며, 따라서 논의는 당연히 그런 것들에 집중되어야 한다. 그런데 오히려 그것들을 피하기 위해 혹은 기껏해야 부분적으로 대체하기 위해 마련된 특별한 수당이나 보조금에 관심이 집중되는 것은 바람직하지 않다. 무임승차권은 말할 것도 없고 무상급식조차도 그런 면이 있다. 누구나 잘 알 수 있듯이, 무임승차권은 보편적인 노인 복지의 형편없는 임시방편에 가깝다. 앞에서 말했듯이, 그렇게 주어지는 복지혜택은 자유주의 복지국가들이 선호하는 것들인데, 한국에서는 정부가 그것마저 잘라버리려고 하는 형국이다.

우리 사회는 정작 중요한 기본적인 일을 피하려고 임시 봉합적 수단들을 남발해왔다. 소득도 본봉에 기초하기보다는 여러 수당으로 보조되고 있고, 따라서 연금기여금도 정확한 소득이나 연봉에 기초하기보다는 그 반 정도에 불과한 본봉을 기준으로 삼고 있다. 그 결과 연금기여금이나 사회보험료율이 낮을 수밖에 없다. 현재 한국의 국민연금 보험료율은 소득의 9%에 지나지 않아서, OECD 평균인 21%에 형편없이 못 미친다.

그런데 현재 보수든 진보든 임시방편적인 사회부조나 보조금에 집중하는 경향이 크고, 따라서 복지논의는 크게 겉돈다. 그런 경향은 쓸데없는 오해와 혼란만 야기할 뿐이다. 보수는 그런 부조나 보조금이 합리적이지 않다는 핑계로 정작 중요한 복지정책을 실행하지 않으려 하고, 진보도 무상급식 같은 곁가지 수당이나 부조금을 내걸고 '보편적 복지'를 하는 시늉만 내고 있다.

복지정책을 실행하기 위해서는 당연히 재원이 마련되어야 한다. 그 점에서 한나라당은 재원이 부족하다는 핑계나 헛소리는 그만두고, 감세정책을 빨리 철회해야 할 것이다. 그러나 그것만으로도 부족할 것이고, 어느 정도의 증세가 필요할 것이다. 그 점은 확실하다. 그러나 진보를 자처하는 사람들은 너무 단순하게 증세를 주장하는 경향이 있다. 조세부담률만 보면, 한국이 21.0%, 일본 18.0%, 독일은 22.9%, 그리고 스웨덴은 35.7%다. 한국과 독일 사이에는 큰 차이가 없다. 물론 조세에 연금이나 건강보험 등의 사회보험료를 더한 국민부담률을 보면, 한국은 26.5%, 일본 28.3%, 독일은 36.2%, 그리고 스웨덴은 48.3%다. 한국과 독일 사이에 큰 차이가 생긴다. 앞에서 언급했듯이, 한국은 불합리한 연봉체제 및 낮은 연금기여율 등의 이유 때문에 사회적 보장비율이 낮다. 조세부담율만 비교하면, 한국과 스칸디나비아 국가들 사이에는 큰 차이가 있지만, 한국과 독일 사이에는 거의 차이가 없다. 이 점에서 보면, 그저 쉽게 스칸디나비아 모델을 따라 조세비율을 높이자는 것도 단순하고 생각 없는 주장으로 보인다.

무엇보다 우리 사회에서 많은 가정들은 사교육비 등 여러 영역에서 사적인 지출을 과도할 정도로 하고 있다. 조세로 이루어지는 공교육이 떠맡아야 할 비용과 지출을 개인과 가정이 지출하는 셈이다. 사교육만 그런 것이 아니다. 이미 생활의 많은 영역에서 개인과 가정들은 공적인 해결에 크게 기대하지 않은 채, 사적인 해결을 선택하고 있다. 이런 왜곡된 구조 자체가 먼저 바뀌어야 할 것이다. 그 구조를 방치한 채, 그저 세금을 높여야 한다는 주장은 섣부른 것이다. 자칫하면 개인과 가정의 부담만 높아질 것이니, 이미 많은 부분 사회적 위험을 직접 해결하고 있는 시민들도 동의하지 않을 것이다. 당장 소득이 줄어들기 때문만은 아니다. 공적인 이해를 우회하고 회피하는 여러 사적인 해결들이 계속 지속되는 구조 안에서는, 일률적으로 세금만 높이는 것이 도움이 되지 않기 때문이다.

물론 시민들의 동의를 얻어서 복지를 위한 세금을 높이는 길도 가능은 할 것이다. 증세를 정책으로 내걸고 선거에서 이기면 된다. 그러나 이미 사적인 지출이 높은 상황에서, 가정들은 무작정 세금을 높이자는 정책에 쉽게 동의하지 않을 것이다. 보기 근사한 '진보적인' 정책이 모든 것을 해결해주지는 않는다는 말이다. 사적인 경쟁이 지속하는 구조를 바꿀 정교한 플랜과 실행 가능한 전략과 전술을 쓰는 게 중요하다. 물론 여기서 꼬리가 서로 맞물리는 일이 일어난다. 구조가 먼저인지, 개인의 의식과 행동의 변화가 먼저인지는 알기 어렵다.

### 세 마리 토끼를 잡을 수 있을까

나는 이른바 '진보적' 정당이 정권을 잡기를 바라는 사람이다. 그러기 위해서는, 진보를 자처하는 사람들도 그저 듣기 좋은 이념과 구호만 내세우는 일에서 더 나아가야 한다. 실제로 대중의 표를 얻어야 하는 것이다. 진보라고 자처하는 지식인들이 선명한 구호를 내건다고,

진보정당이 힘을 얻을까? 그렇지 않다. 이제까지의 과정이 그 사실을 보여준다. 그런데도 진보정당들은 아직도 그런 전략에 많이 의존한다. 앞에서도 언급했듯이, 복지정책을 실행할 정치적 힘을 확대하려면, 사회적 약자의 지지를 얻는 것만으로는 부족하다. 중간층의 지지도 얻어야 한다. 그런데 아직까지는 진보정당들과 자칭 진보 지식인들은 이 전략에 크게 주의를 기울이지 않는다. 정치적 힘을 확대하지 못하면, 복지정책을 실현할 수도 없을 것이다.

중도를 표방했던 민주당이 '보편적 복지'를 내건 것은 이 중간층의 지지를 확보하는 데 필요하거나 유리한 일이었을까? 한편으로는 그렇다. 이제까지 이른바 진보정당이 주장하지도 못했던 '보편적 복지'를 구호로 내걸면서 복지에 대한 관심을 불러일으킨 것은 좋았다. 정치적 지향의 왼쪽뿐 아니라 오른쪽으로도 영향을 미친 것도 좋았다. 그러나 다른 한편으로는 구호가 모호했으며 심지어 여러 점에서 착각을 불러일으키는 점이 있었다. 무엇보다 보편적인 복지정책의 줄기와 뿌리가 아니라 곁가지에 가까운 사회적 부조와 보조금에 논의가 쏠리게 만들었기 때문이다. 무상급식이 뜨거운 의제로 등장한 데는 그래서 장점도 있지만 단점이 컸다고 나는 생각한다. 그 이슈가 뜨면서, 다른 중요한 의제들을 덮어버린 점이 크기 때문이다. 어떤 점에서는 국민 70% 수준의 실질적인 양육수당이 그나마 사회적으로 효과가 크고 복지정책의 차원에서 필요했을 것이다. 그런데도 상대적으로 쉬운 의제인 무상급식이 '보편적 복지'라고 선전된 것이고, 그런 경향은 이후에 다시 무임승차권 같은 보조금 문제에 논의가 쏠리게 만들었다.

마지막으로 현재 논의되는 복지국가에 대한 문제점을 지적하면서 글을 마치기로 하자. 우선, 복지 문제가 지나치게 국가에 집중되는 경향이 크다. 물론 사회민주주의는 언제나 국가가 많은 역할을 해야 한다고 주장했다. 복지국가 논의를 하면서 진보 쪽 사람들은 마치 복지도 국가가 거의 전적으로 책임지고 해결하는 문제로 설정한다. 단순히 국가가 너무 큰 역할을 하게 되는 것 아니냐는 해묵은 물음은 차치하더라도, 복지가 국가의 의제로 국한될 경우, 복지에 대한 논의가 좁아지고 경직되면서 마치 복지정책에 대한 기술적 논의가 모든 사항을 결정하는 것처럼 여겨진다. 그러나 복지국가가 복지의 모든 것을 책임질 수는 없다. 그래서 복지를 논의하면서 오로지 '복지국가'라는 유일한 축에 국한되지 말고, 최소한 고용시장과 가족 등을 포괄하는 넓은 복지체제에 대해 논의를 하는 것이 필요하다. '복지국가들의 유형들'을 비교했던 에스핑-앤더슨도 복지국가에만 매달리던 초기의 관점을 수정했다. 복지국가는 고용시장과 가족 등이 함께 구성하는 복지체제의 한 축에 지나지 않는다는 것이다.

　복지는 중요하다. 그러나 복지가 모든 것을 다 혹은 쉽게 해결해줄 성배라고 여기지는 말자. 과거에 성장과 분배 사이에서 무엇을 더 중요하게 추구해야 할지 논쟁을 할 때가 있었다. 복지에서는 사실 더 무섭고 곤란한 문제가 도사리고 있다. 고용시장, 소득평등(복지), 그리고 재정 가운데 하나는 포기해야 한다는 문제. 그 셋을 동시에 다 잡기는 힘들기 때문이다. 둘 가운데 하나는 포기해야 하는 것이 아니라, 셋 가운데 둘만 잡아야 하는 상황이다.* 또는 둘만 잡아도 다행인 판이다.

---

* 아이버슨과 렌Iversen and Wren은 실업률, 소득평등, 그리고 재정적자 모두를 만족시킬 수는 없으며, 따라서 그 셋 가운데 하나는 포기해야 한다는 주장을 했으며, 그것을 '서비스경제의 트라이레마 trilemma of the service economy'라고 불렀다. Iversen, T. and Wren, A., "Equality, Employment and Budgetary Restraint : The Trilemma of the Service Econimt", World Politics 50(4), 1998, pp. 507~546.

딜레마dilemma가 트라이레마trilemma로 확대되는 상황인 것이다. 논의할 문제는 늘어나고, 어떤 선택을 하든 만족스럽지 못할 수 있다. 그만큼 복지는 독립적인 정책으로 존재하기는 힘들다. 고용시장과 재정에 꽁꽁 묶인 복지라니. 그것은 공적인 선의가 없으면 도달하기 어려운 영역이지만, 그렇다고 오로지 그 선의에만 호소한다고 이룰 수 있는 일도 아니다.

그리고 그 '셋 가운데 둘 정도만 잡기' 규칙이 최상이거나 유일한 법칙일 필요도 없다. 그것 말고도 복지를 따라다니며 괴롭히는 혹은 복지에 따라붙는 게임의 룰은 더 있다. 그 가운데서도 매우 강력한 것 하나만 간단히 언급하며, 이 글을 마치고 다음 논의로 이어나가보자. 복지는, 국민의 생명을 보호하고 삶의 규모를 확장하며 삶의 질을 높이는 근대적 국가권력의 한 형태로 발전했다. 따라서 복지는, 사회적 위험에 대응하는 개인들의 권리 혹은 사회권이기도 하지만, 생명을 관리하고 운영하며 통제하는 권력의 수단과 도구이기도 하다. 이 교차점에서 복지의 묘한 모습, 심지어 모순적이라고도 할 수 있는 모습이 드러난다.

… 06

# '보편적 복지'만 정답인가?
### – 약이지만 동시에 독인 복지 2

### 복지는 만능키?

이 글은 바로 앞 장에서 이루어진 복지에 대한 논의를 이어가면서 한 단계 더 높은 수준으로 이끌고자 한다. 그러나 주제와 내용이 겹치는 영역이 많기 때문에, 서술이 어느 정도 반복되는 것을 피할 수 없을 듯하다. 앞 장에서 다루어지지 않은 논점들을 새로 논의하고 다루고자 했지만, 기본적인 논점이 알게 모르게 조금씩 반복될 듯하다.

우선 2010년 말부터 계속 '복지 포퓰리즘'이란 이름 아래 벌어지는 정치적 논쟁에 대해 말해보자. 한편으로는 이렇게나마 사람들이 복지에 관심을 쏟으면서 정치적 공부를 한다는 좋은 면도 있지만, 논의가 과도하게 흑색선전 양상을 띠는 면이 크다. 무엇보다 이념적 깃발을 내세운 허깨비 같은 이념 싸움의 양상이 거세다. 가능한 한 경직된, 보수와 진보의 이념적 구별에서 벗어나 논점을 정리하는 일이 필요할 듯하다.

한나라당을 비롯한 보수 세력은 복지에 대한 대부분의 주장을 무턱대고 포퓰리즘이라고 비난한다. 그렇지만 오늘날 상황에서 정부가 복지에 대해 아무것도 할 필요가 없는 것일까? 그건 아니라고 나는 본다. 이명박 대통령은 지금 무상보육이 거의 실현되었다고 말하지만, 그건 아니다. 보육시설을 이용할 경우에만 지원된다는 점에서, 허점은 아직도 많다. 그리고 기초노령연금 수령액도 지금은 보잘것없다. 기껏 월 9만 원 남짓한 수준이다. 더욱이 지금 한나라당이 비판하는 민주당의 복지정책 가운데 상당 부분은 과거 이명박 대통령이 공약으로 내걸었던 것들이다. 그러니 무차별적인 포퓰리즘 비난은 정치적으로 생산적이지 못하다.

만일 한나라당이 보육시설에 다니는 아이들에게만 지원되는 보육지원 방식을 양육수당으로 바꾸고, 소득 하위 70%가 실질적으로 혜택을 받도록 하면, 어떻게 될까? 또 기초노령연금 액수를 실질적으로 올리는 정책을 펼치면 어떻게 될까? 또 건강보험 영역에서도, 의료비 부담이 큰 일부 중병치료에 대해서 개선책을 내놓는다면? 재정 부담이 없지 않겠지만, 심각한 수준은 아닐 것이다. 논란의 여지만 많고 국민 다수가 쓸데없다고 여기는 4대강사업에 쓸 돈을 여기에 쓴다면, 정치적으로 몇 배 더 현명한 일이었을 것이다. 어쨌든 그 정도 수준의 복지확대라면 한나라당의 지지자인 보수층도 크게 반대를 하지는 않을 것이고 중도층 다수도 동의할 것이다. 정치적으로도 큰 이익 아닌가? 그렇게 되면, 민주당 쪽이 보편적 복지를 주장할 근거도 상당히 사라질 터다. 쓸데없이 소모적인 복지 포퓰리즘 논쟁을 피할 수 있다는 점에서, 국가적으로도 큰 이익이다. 무슨 말인가? 여당이나 정부가 그런 적극적인 정책을 펴지 않으면서, '복지 포퓰리즘'이라는 이름으로 이념 논쟁을 하는 것은 정치적으로 무능하기 때문이다. 새로운 정치적 지형에서 창의적으로 정치를 하면서 시민들의 이익을 고려하고 그를 통하여 정치권력을 구축하기보다는, 구태의연한 권력욕에만 매달리고 있는 것이다.

그렇다면, 민주당이 공식적으로 내세우는 보편적 복지에는 '포퓰리즘'의 성격이 전혀 없는 걸까? 여기에 껄끄러운 점이 있다. 진보라고 자칭하는 대부분 사람들은 그저 '보편적 복지'를 지지한다. 혹은 조금 문제가 있어 보여도, 대놓고 그것의 문제점을 지적하지는 않는다. 이 상황에서 나는 삐딱함을 무릅쓰고 말하고자 한다. 내가 보기에, 지금 민주당이 내거는 '보편적 복지'에는 상당히 포퓰리즘 요인이 있다.

물론 복지가 중요 정책으로 떠오른 데에는 민주당이 큰 기여를 했다. 그러나 현재 상황에서 복지혜택이 소득에 상관없이 보편적이고 동일해야 한다고 선전하는 것은 합리적이지 않은 주장으로 보인다. 앞에서도 이야기했듯이, 처음 '보편적 복지'를 내세웠던 북유럽 국가들도 계속해서 그 모델을 유지하진 못했다. 스웨덴은 처음 1930~1940년대에는 동일한 급여를 제공하는 제도로 시작했지만, 그 방식은 제2차 세계대전 후 증가한 화이트컬러 사무직의 요구에 맞춰, 소득에 비례한 급여를 제공하는 방식으로 수정되었다. 기본적으로 동일한 급여를 제공하던 하부 구조 위에, 추가적으로 소득에 비례하여 급여혜택을 받는 2단계 혹은 이층 구조의 복지제도가 덧붙여졌다. 나는 지금 민주당이 자신들이 내건 '보편적 복지'가 사실 무엇인지도 잘 모르는 게 아닐까 생각한다. 그러면서 모호하게 그 말을 사용함으로써, 오해와 왜곡을 증폭시키고 있는 듯하다.

다른 지적 하나가 여기서 필요하다. '보편적 복지'를 수정하거나 줄인다고 해서, 그저 '선별적 복지'를 해야 한다는 말은 아니다. 이 말 역시 오해와 왜곡을 낳고 있다. 영국과 미국을 비롯한 자유주의적 복지체제에서 '선별적 복지'는 개인별 소득 등에 따라 개별적으로 지원을 하는 방식을 말한다. 그러나 독일과 프랑스 등의 복지체제는, 비록 '보편적 복지' 체제는 아니지만, 그렇다고 영국과 미국처럼 자유주의적 선별을 하지도 않는다. 이 점이 중요하다. 독일과 프랑스는 높은 수준의 복지체제를 구축했지만, 보편주의 모델을 추구하지는 않았다. 속을 들여다보면, 직업이나 조합에 따라 수많은 단위로 복지제도가 분화되어 있다. 북유럽 국가들이 추구했던 포괄적인 '보편적 복지'도 아니고 그렇다고 영국과 미국처럼 선별적 지원을 하는 모델로 아닌 체제가 존재하며, 따라서 '보편적 복지'와 '선별적 복지'라는 이분법을 남용하는 것은 바람직스럽지 않다. 그런 이분법이 또 오해와 왜곡을 낳는다.

그리고 지금 '보편적 복지'를 주장하는 사람들은 복지가 모든 문제를 해결해준다는 환상을 유포하는 듯하다. 예를 들어보자. 현재 가장 큰 사회적 갈등을 유발하고 있는 문제 가운데 하나가 비정규직이다. 지금 '보편적 복지'가 그런 사회적 문제와 갈등을 치료하거나 극복할 수 있을까? 그렇지 않을 것이다. 복지국가 소사이어티의 이상이 교수는 복지국가가 복지와 경제를 모두 포괄하는 개념이며, 복지국가가 되면 노동 문제도 자동으로 해결된다고 말한다.《프레시안》인터뷰에서 그는 "복지국가가 있어야만 노동의 조직력도 높아질 수 있다"고 말했다. 그러나 이런 주장은 복지로 모든 문제를 환원시키는 환원주의 혹은 단순주의의 경향을 띤다. 그는 "대기업노동자들은 복지국가에 대한 열망이 별로 없고, 중소기업의 비정규직 노동자들로부터 세상을 바꾸려는 열망이 나온다"고 말한다. 대기업 노동자들이 자기만족적인 조합주의에 빠져 있는 것이 일정 정도 사실이지만, 비정규직 노동자들의 강한 열정이 복지국가를 만든다? 그러나 다른 한편으로 위에서 보았듯이, 복지국가만 되면 이들 비정규직 노동자들도 저절로 조직이 된다고 하지 않았는가? 다소 순환적인 논리에 빠져 있는 주장들이다. 노동을 보는 관점이 대기업노동자들 중심에서 벗어날 필요가 있는 것은 사실이다. 그러나 복지국가만 건설되면 노동문제를 비롯한 다른 문제도 해결된다는 논리는 지나치게 단순해서 허황될 정도다.

### 복지 논의의 초점과 맹점

이것은 단순히 논리적 허술함만의 문제가 아니다. 복지체제를 강화하려면, 특히 보편적 복지체제를 구축하려면, 다수의 노동자가 세금을 내야 한다. 부자들에 대한 감세는 철폐되어야 하지만, 동시에 다수 노동자도 세금을 내면서 복지혜택을 받아야 한다. 다른 말로 하면, 조세부담자와 복지수혜자가 비슷해야 한다. 스웨덴에서는 파트타임으로 일하는 다수의 여성들도 세금을 낸다. 물론 그만큼 임금수준이 높다. 그런데 지금 한국의 다수 비정규직은 낮은 임금을 받으며 세금도 면제받는다. 이런 상황에서는 높은 세금에 근거한 복지국가를 건설하기 어려울 것이다.

증세 없이는 복지가 불가능하다는 점은 맞다. 이 점은 보편적 복지를 주장하는 사람들도 인정한다. 그러나 그들은 '부자감세 철폐'만 주장하는 경향이 있다. 그것도 필요하지만, 동시에 다수 노동자들도 복지를 위한 세금을 부담해야 한다. 그런데 현재 봉급생활자 가운데 절반이 면세되고 있다. 조세제도에도 문제가 있지만, 임금 자체가 낮기 때문이다. 따라서 중요한 것은 복지국가를 건설해야 한다고 목소리만 높이는 일이 아니라, 최저임금을 올리면서 다수의 노동자와 자영업자도 조세를 부담하는 체제로 가는 것이다. 이렇게 구조를 제대로 다지지 않은 채, 부자감세만 철폐하면 된다고 말하거나 부유세 같은 것으로 재원을 마련한다는 말은 포퓰리즘으로 흐르기 쉽다.

게다가 조세구조가 왜곡돼 있다. 기름값의 60% 정도가 세금일 정도로 세금이 교묘하게 여기저기 부과되고 있고, 공적 교육은 엉망이지만 교육세라는 이름의 세금도 여기저기 다 들어가 있다. 그뿐인가? 기업들은 접대비 명목으로 거액을 면세받고 있다. 이런 엉터리 조세구조를 바꾸지 않으면서, 증세만 하면 효과가 있을까? 그리고 다수의 지지를 얻을 수 있을까? 보통 시민들은 이미 사교육비와 부동산대출 이자를 지출하고 나면, 쓸 돈이 없어 허덕거리는 상황이다. 그러니 증세를 하더라도, 왜곡된 조세구조를 먼저 바꿔야 한다.

지금 수준에서는 어느 정당이든 하위 70% 수준의 양육수당과 실질적인 노령연금을 제공하기만 해도, 복지정치의 차원에서 성공이라고 나는 생각한다.(물론 그 두 가지가 복지체제를 구성하는 것은 아니다. 그에 걸맞은 수준으로 다른 영역의 개선책들도 필요할 것이다.) 진보 이념을 유별나게 강조하는 사람들은 다르게 생각한다. 그들은 무조건 '보편적 복지'를 추구하고 목표로 삼는 것이 진보적인 태도라고 여기는 경향이 있다. 그러나 나는 복지정책이나 복지정치가 다수의 진보 쪽 사람들이 생각하듯, 꼭 보편적 휴머니즘에 근거하거나 그것을 지향한다고 생각하지 않는다. 복지정책이나 복지정치는 그보다는 복잡한 정치경제적 문제다. 뒤에서 이 점에 대해 다시 논의할 것이다.

조금 단순화해서 말하면, '보편적 복지'는 소득에 관계없이 모든 사람에게 동일한 복지혜택을 제공한다는 이야기다. 노령연금이라면 모든 노인에게 연금을 지급한다는 것이고, 양육수당이라면 모든 어린이에게 양육비를 제공한다는 것이다(물론 북유럽의 '보편적 복지체제'가 꼭 거기에 한정된 것은 아니었다. 여성들을 가정에 머물게 하는 대신, 파트타임 형식이더라도 대부분 일을 하면서 세금을 내게 만든 것이 그 모델의 다른 중요한 축이었다). 지금 한국에서 그것이 가능할까? 듣기에는 좋을지 모르겠지만, 정치적으로는 실행하기 어려울 것이다. 거창하기는 하지만 공허한 목표보다는 일단 소득 하위(재산까지 고려하여) 70%에게라도 충분한 복지를 제공하는 것을 목표로 삼는 것이 현실적이면서 지혜로울 듯하다. 따라서 그 정도 수준까지는 재정부담을 꺼리지 말아야 한다.

'무상의료'를 말하는 복지국가 소사이어티나 민주당 일각의 사람들은 개인당 의료보험료를 몇 만 원 올리기만 하면 된다고 말하지만, 그건 아니다. 먼저 의료체제가 일정한 수준으로 공영화돼야 한다. 현재 한국의 병원들은 미국보다도 공공 비율이 낮을 정도로, 민영화되어 있다. 이런 상태에서 보험료만 올리는 것으로는 건강보험 문제를 해결하기 힘들다. 또 무조건 공적인 무상의료를 보편적으로 전면 실시해야 옳은 것도 아니다. 독일은 유럽에서도 높은 수준의 의료보험을 갖춘 나라다. 그런데 독일에선 소득이 높은 사람들(비율로 보면 소득 상위 대략 25% 정도)은 아예 공적 의료보험에 가입하지 못한다. 학생이나 사회적 약자들은 물론이고 중간층도 적은 보험료만으로 거의 무상에 가까운 의료 혜택을 받지만, 고소득자는 민영의료보험에 가입해야 한다.

다르게 말하면 진보적인 관점에서도, '보편적 복지'보다는 사회적 약자에게 일단 초점을 맞추는 것이 실천적으로도 효과적이며 정치적으로도 옳을 수 있다. 지금처럼 어느 나라든 끊임없이 재정부담과 금융위기에 시달리는 글로벌 위험상황에서 '보편적 복지'는 자칫하면, 또는 기껏해야 형식적으로만 보편적이고 실질적으로는 빈약한 복지제도가 되기 쉽다. 노령연금이든 양육수당이든 보편적으로 널리 주는 것과, 혜택의 범위는 다소 제한되더라도 실질적인 지원이 이루어지는 것 사이에 어느 쪽이 더 필요하고 좋을까? 실질적으로 소득 하위 70% 수준까지 복지혜택이 지원된다면, 상당히 성공적인 복지정책이 이루어졌다고 볼 수 있다. 그 정도만 돼도, 다르게 말하면 굳이 보편적인 복지정책을 실행하지 않아도, 복지 수준은 꽤 높아졌다고 평가할 수 있다. 그리고 그 정도를 실행하는 데는 크게 정치적인 논쟁이 필요하지 않을 수 있다. 그 정도는 보수적인 한나라당조차 얼마든지 할 수 있는 일이다.

보수적인 한나라당조차 할 수 있는 복지정책? 그렇다. 복지정책은 꼭 진보정당만이 할 수 있는 정치적 의제는 아니다. 앞에서 언급한 수준의 복지정책을 실행하는 것은 어느 정당이라도, 심지어 보수적인 정당이라도 할 수 있는 일이다. 유권자 다수의 동의를 얻고 또 소모적인 논쟁을 피하면서, 그리고 재정부담도 크게 늘어나지 않는 수준에서 실행할 수 있다.

바로 이 점이 현재 논의되고 있는 복지 논의의 초점이자 맹점이다. 보수적인 한나라당도 할 수 있는, 그리고 하기만 한다면 충분히 정치적으로도 성공할 수 있는 수준의 복지정책을 한나라당이 정치적 무능력 때문에 하지 못한다는 것. 19세기와 20세기 유럽에서 볼 수 있듯이 보수정당도 얼마든지 국민적 통합과 국가적 이익을 위해 상당한 수준의 복지정책을 펼 수 있는데도, 지금 여당과 정부는 하지 못한다는 것. 그 정치적 무능 때문에, 다시 복지를 포퓰리즘이라 비난하는 흑색선전을 한다는 것. 반대로, 일단 그 정도 수준의 복지정책이 유권자 다수의 동의를 얻으면서도 큰 재정부담 없이 할 수 있는 수준인데도, 진보는 그 수준을 훌쩍 뛰어넘어 스칸디나비아 수준의 보편적 복지를 공허하게 이야기한다는 것. 박근혜의 복지정책에 대해서는 재정적 대책이 없다고 비판하는 사람들도 따지고 보면 박근혜와 마찬가지거나 오히려 더 무책임한 면도 있다. 이념적으로만 듣기 좋은 말로 '보편적 복지'를 주장하기 때문이다. 복지에 관해 정확히 봐야 할 초점인데, 실제로는 보지 못하는 맹점. 이 둘이 흉하게 꼬이거나 겹치고 있다. 맹점이 초점을 가리는 상황이다.

### 스웨덴 모델이 한국에게 정답일까?

그러면 복지의 초점이 맹점에 가려지는 이유는 무엇일까? 무엇보다, 복지정책은 오로지 진보나 좌파만이 할 수 있는 것이 전혀 아닌데도, 민주당이나 자칭 진보세력 가운데 상당수는 그렇게 생각하는 경향이 크기 때문이다. 더 나아가 그 '보편적 복지'는 북유럽식의 사회민주주의적 보편적 복지를 거의 유일한 정답으로 설정하는 듯하다.

그러나 내가 보기에 이런 가정은 여러 의문을 낳는다. 앞의 장에서 언급했듯이 스칸디나비아 모델이 여러 이유로 부분적으로 축소되거나 수정되었다는 점을 고려하면 더욱 그렇다. 물론 그렇다고 해서 그 모델의 효과나 성과가 이젠 사라졌다는 말은 아니다. 여기서 일단 '우충좌돌'하는 관점과 보수적인 관점의 차이를 살피는 것이 중요하다. 보수 언론들은 스칸디나비아 복지국가가 과거와 달리 크게 수정·변형되었거나 심지어 폐기되었다는 점을 강조한다. 보편적 복지국가 자체의 의미가 사라졌거나 폐기되었다는 것이다. 혹은 보편주의가 선별적인 체제로 바뀌었다고 강조하는 경향이 있다. 나는 그렇게 생각하지는 않는다. 여전히 스칸디나비아의 복지체제는 다른 체제보다 사회민주주의적 성격이 강한 것은 사실이며, 그 점에서 복지혜택이 보편적이라고 할 수 있다. 다른 어떤 복지국가 모델보다 시장의 개입을 줄이려고 노력하며 또 여성의 복지급여를 보장한다. 또 평등의 관점에서도 상대적으로 우월하다는 것도 인정될 수 있다. 무엇보다 보편적 복지체제와 선별적 복지체제를 대립적이고도 배타적인 관계로 설정하는 것은 도움이 되지 않는 일이다. 스웨덴 방식의 복지체제는 비록 과거의 보편주의에서 조금 수정·변형되기는 했지만, 여전히 나름의 보편주의로 존재한다고 할 수 있다. 또 앞에서 강조했듯 보편주의가 아니라고 모두 똑같은 선별적 복지국가로 귀결되지는 않는다.

이 글에서 스웨덴 복지모델이 발생하고 발전한 과정을 상세하게 다루기는 어렵다. 한국에 바람직하고도 필요한 복지모델을 논의하는 차원에서, 나는 무엇보다 스웨덴을 비롯한 북유럽 나라들이 세계적 경쟁이 치열하지 않은 시대에 경제적 성장을 이루었다는 점을 강조하고 싶다. 보편적 복지국가를 구축하기 시작할 1930년대 초반에, 이들은 이미 상당한 경제적 부를 축적했다. 19세기 말부터 본격화한 스웨덴의 공업화는 매우 급속히 진행되었다. 1880년부터 1910년 사이에 광업, 제조업, 건설업에 종사하는 노동자가 노동인구에서 차지하는 비율이 9.9%에서 24.7%로 증가했다. 이 속도는 유럽에서도 가장 빠른 것이었다. 그리고 1940년대 이후에는 화이트컬러 노동자가 급속도로 증가했다.

물론 독일을 비롯한 유럽의 여러 나라들도 비슷한 경제적 축적을 했지만, 스웨덴을 비롯한 북유럽 국가는 독일이나 프랑스 같은 국가와는 다른 상황에 있었다. 무엇보다 이 나라들은 인구가 적고 모두 안보지출을 할 필요가 거의 없었다. 그와 달리 독일과 프랑스, 그리고 영국 등은 19세기 이후 쉬지 않고 여러 분야에서 사회적 '무기 경쟁'에 매달렸다. 따라서 북유럽 나라들은 안보에 지출하는 대신, 복지혜택을 강화하고 확대하는 쪽으로 경로를 설정할 여유와 힘을 가졌다고 할 수 있다. 20세기 후반에도 그 복지체제를 기본적으로 유지할 수 있었던 중요한 이유 가운데 하나도 안보에 과도한 지출을 하지 않아도 될 정도로 인구가 적었다는 것일 터다. 1930년대 중반에 스웨덴 인구는 620만이었다. 물론 안보지출을 많이 하는 나라라고 단순히 복지혜택에 관심을 덜 쏟거나 지출을 덜 한다는 이야기는 아니다. 복지혜택이 기본적으로 한 국가가 전체 인구에게 제공하는 사회적 안전과 경제적 안정을 의미한다면, 안보지출을 많이 하는 나라도 얼마든지 국가주의적 관점에서 복지혜택을 강화할 수 있다. 다만 스웨덴의 경우 이미 1932년부터 사민당이 장기집권에 들어갈 정도로 사회민주주의가 발달했고, 이 점이 전체적으로 스웨덴을 정치사회적인 차원에서 노사안정과 완전고용을 복지와 연결시키는 쪽으로 움직이는 데 도움이 되었다는 것이다.

이 모델이 여러 점에서 부럽고 모범적인 면을 가진 것은 사실이다. 그러나 어쩌면 바로 그 이유에서 북유럽 모델은 당장 그리고 한동안 한국 사회에 적용하기는 어려운 모델이라고 생각한다. 무엇보다 한국 사회는 세계화에 급격하게 내맡겨진 1990년대 들어서야 사회적 복지체제에 대해 관심을 쏟기 시작했다. 그 상황에서 한국은, 이미 1938년에 노사관계에서 안정적인 사회적 협약을 구축한 스웨덴과는 매우 다른 상황에 있었다. 1990년대 이후 한국에서 노사관계나 고용문제는 세계적 경쟁을 하는 기업들의 이해관계에 상당히 민감할 수밖에 없었고, 따라서 안전과 안정을 중요하게 여기는 복지체제의 측면에서는 여러 가지로 상당히 불리했다.

이것이 얼마나 한국에 불리한 상황이었는가는 역설적으로 스웨덴이 1990년대 들어와 복지체제를 부분적으로 수정해야 했던 것에서 살펴볼 수 있다. 거기에는 여러 이유가 있겠지만, 무엇보다 1980년대 이후 세계화의 영향으로 글로벌한 경쟁이 심화된 것을 들 수 있다. 그때까지 중간층의 다수는 비슷하게 세금을 많이 내며 소득의 차이도 적었다. 기본적으로 임금노동자의 80%가 소득에 큰 차이가 없었으며, 이들 사이의 소득격차는 50%를 넘지 않았다. 상대적인 빈곤률도 6%에 지나지 않아 세계적으로 낮은 편이었다. 그런데 세계적인 경쟁에 대응하기 위해 스웨덴 사회에서도 다각적으로 이른바 신자유주의적 질서를 받아들이거나 거기 통합돼야 한다는 목소리가 나오기 시작했다. 2006년 선거에서 사회민주당을 이기고 집권한 중도우파연합의 지도자 프레드릭 라인펠트는 북유럽 복지모델은 좋은 모델이며 우파도 복지국가를 위협적으로 생각하지는 않는다고 말하면서도, "그 모델이 개인들에게 좀 더 많은 기회를 주어야 한다"고 말했다. 스웨덴도 과거와 달리 다른 나라와 마찬가지로 신자유주의의 파고에 시달리면서, 과거의 보편적 복지체제를 놓고 고민을 했다는 것이다. 물론 스웨덴은 이 상황에서도 보편적 복지체제를 상대적으로 유지한다고 할 수 있다.

그러나 나는 보편적 복지국가 모델이 아무리 훌륭하다고 하더라도, 무조건 한국 상황에 적용되어야 한다고 생각하지는 않는다. 다르게 말하면, 그 복지국가 모델이 지금 그리고 앞으로도 한동안 한국이 추구할 유일한 모델이라고 생각할 필요는 없다고 생각한다. 스칸디나비아 국가들과 한국의 역사적 상황이나 경로는 상당히 다르기 때문이다. 이미 앞에서도 어느 정도 논의했듯, 나는 스웨덴 방식의 '보편적 복지'가 아니라 오히려 독일과 프랑스의 체제가 한국에 적용될 수 있는 모델이라고 생각한다. 독일이나 프랑스 방식은 엄밀한 의미의 보편주의 복지 모델은 아니다. 기존의 직업조합 전통을 상당 부분 계승하면서 직업별 분화를 인정하는 다소 보수주의적이고 조합적 시스템이며, 또 국가가 하지 않는 일을 종교 단체들이 많이 하고 있다. 이 점은 한국과 비슷한 면이 있다. 그러니 독일 방식으로 잘 가기만 해도, 충분하다고 여겨진다. 심지어, 어떤 점에서는 이미 한국이 미국 방식을 많이 따라가고 있고 또 공공의료 등 여러 부분에서는 미국만큼의 공공성도 확보되지 못하고 있는 형국이니, 영국이나 미국 방식으로 잘 가기만 해도 충분할지 모른다.

이 마지막 길은 나도 개인적으로 원하는 바는 아니다. 그렇다고 아예 배제해야 할 가능성이나 전혀 일어나지 않아야 할 방향으로 치부할 일은 아닌 듯하다. 만일 앞으로 10여 년 동안에 보수적이고 자유주의적 성격을 가진 정부가 또 들어선다면, 한국 사회는 어쩌면 더욱 미국 방향으로 쏠릴 수 있다. 그 경우에는 여러 영역에서 미국 정도의 공공성을 실현하기만 해도 다행일 것이다. 이 점에서 냉정해질 필요가 있다. 어쨌든 영국이나 미국식 복지모델도, 북유럽 모델과 비교하면 말할 것도 없고 독일이나 프랑스 방식과 비교해도 여러 점에서 공공성이 떨어지지만, 나름대로 선진국 복지체제인 것은 사실이다.

복지의 국가주의적 성격

다시 말하지만, 중요한 사실은 복지정책은 결코 진보나 좌파의 독점적 의제는 아니라는 것이다. 19세기 중반 이후 독일과 프랑스에서 복지정책을 강하게 추진한 정부는 대부분 국가주의적이고 보수적인 성향을 가졌다. 그러니 복지는 처음부터 상당히 국가주의적 의제로 작동한 문제였다. 심지어 스웨덴의 보편적 복지국가도 많건 적건 국가주의적 이익의 관점에서 발생하고 발전한 면이 많았다. 여성 다수가 노동하고 세금을 내면서 복지국가를 구성하는 것이 지금은 보편적인 인도주의나 인권의 성과로만 보이기 쉽다. 물론 여성주의적인 배려나 관점이 크게 존재하는 것은 사실이다. 그러나 그것만이 홀로 작용한 것은 아니었다. 노동과 고용 그리고 복지를 동시에 해결하려는 당시의 사회 분위기에서 1934년에 출간된 뮈르달 부부(경제학자 군나르 뮈르달과 사회심리학자 겸 교육학자인 알바 뮈르달)의 『인구문제의 위기』가 중요한 영향을 끼쳤다. 당시 스웨덴에서도 출산율이 사회 문제로 떠오를 정도로 낮았다. 특히 도시의 중산층 여성들의 출산율이 낮았다. 이 상황에서 뮈르달 부부는 여성의 취업 확대를 꾀하는 페미니즘적 시각에서 노동운동과 보수파의 이익을 통합시키고자 했다. 여성이 아이를 갖게 하면서도 경제활동에 참여케 하는 것이었다. 뮈르달 부부는 이것을 '예방적 사회정책'이라고 불렀다. "예방적 사회정책의 가장 중요한 영역은 자녀와 가족이며, 시각을 달리하면 인적 자본에 대한 투자이기도 하다. 따라서 예방적 사회정책은 사회적 공정이라는 관점에서 바람직할 뿐 아니라 경제성장을 위해서도 필요한 것이다."(미야모토 타로, 『복지국가 전략』, 논형, 2003)

그들 책의 7장은 "사회정책과 국민의 질"이라는 제목이 붙어 있는데, 여기서 알 수 있듯이 그들은 국민으로서의 인구의 '질'에 관심을 가졌다. 그리고 이 관심은 단순히 좋은 의미의 페미니즘이나 인권의 틀 안에서만 존재한 것은 아니다. 그들이 보기에 산업사회의 고도화는 그것을 담당하는 국민 '질'의 향상을 요청한다. 출산율이 낮아지는 상황에서 그들은 여성을 노동공급과 경제성장 그리고 복지국가 구축을 위한 조세확대의 모든 면에서 주체로 세우고자 했던 것이다. 여성에게 기회를 준 보편적 복지국가는 실제로는 강력한 국가주의에 기반했던 것이다. 심지어 그들 부부는 국민의 질의 향상을 위해 지적 장애자를 대상으로 국가가 불임수술을 실시할 권리를 주장하기도 했다. 그들이 이와 같이 "민족주의에 접근한 이유 중 하나로, 민족주의적인 보수파에 페미니즘과 예방적 사회정책을 '팔고자' 하는 복지국가 전략을 들 수 있다". 당시 스웨덴 의회에서는 나치의 영향을 받은 '민족 그룹'과 같은 민족주의 그룹이 인구문제 타개를 위해 사회정책에 열성을 보였다. 그들은 민족의 '질'의 유지라는 관점에서 특히 중간층을 정책적 대상으로 삼았다. "중간층에 스웨덴 민족의 '양질'적인 부분이 집중되어 있다고 생각되었기 때문이다. 그러한 점에서 민족주의적 보수파는 보편주의적 복지정책이 복지행정의 탈구빈화를 지향하는 것에 공명할 수 있었던 것이다." 사회민주주의적 복지국가도 당시 상황에서 국가주의적이고 민족주의적인 인구정책과 맞물리면서 발전할 수 있었다는 것이다.

물론 어떤 사회적 제도나 체제의 발생과정이나 기원이 현재의 발전방향이나 해결방향을 결정짓지는 않는다. 그러나 복지의 국가주의적 기원은 지금도 여러 점에서 사납게 영향을 미치고 있다. 지금도 복지는 순전히 진보적이거나 좌파적 의제는 아니다. 그러니 오히려 복지를 진보적으로만 채색하거나 윤색하려는 사람들이 생각을 바꿔야 할 듯하다.

복지체제의 이질적이고 복잡한 발전 경로에 대한 고려와 고민이 이 책의 방향에 크게 영향을 미쳤음을 고백하고 싶다. 추상적이고 가상적인 수준에서, 우리는 어떤 사회에서 살고 싶은지 말할 수 있다. 나도 개인적으로는 스웨덴을 비롯한 스칸디나비아 국가들처럼 군사적인 긴장이 없고 군사적인 문화가 없는 나라에서 살고 싶다. 추상적이고 일반적인 상황에서는 그런 사회가 좋고 그런 사회에서 살고 싶다고 말할 수 있다. 그러나 상상을 뒤로 하고, 실제로 어떤 국가를 한국 사회에 모델로 적용할 수 있겠느냐는 물음을 던지면, 많은 것이 달라진다. 이 경우 스웨덴 같은 평화로우면서도 작은 나라는 참조대상에서 멀어질 것이다. 그래도 나는 비교적 사회민주주의가 존재하는 나라를 선택할 것이다. 이 경우 독일과 프랑스처럼 사회민주주의적 전통이 존재하면서도, 동시에 일정하게 국가주의와 안보적 긴장이 존재하는 나라가 현실적인 참조대상으로 다가올 것이다. 혹은 일본 같은 나라도, 비록 인구가 2배가 넘는다는 점에서 독일과 프랑스보다 거리가 다소 멀다고 할 수 있지만, 그래도 비교적 현실적인 참조대상이 될 것이다.

북유럽 나라들과 비교하면 독일과 프랑스는 인구도 남북한 인구를 합친 규모와 비슷하거나 많은 규모이며, 안보지출도 한국처럼 많은 편이다. 특히 독일은 전체 GDP에서 무역이 차지하는 비중이 매우 높은 점이 한국과 공통적이다. 무역의 비중이 높다는 것은 그만큼 세계적 경쟁에 혹독하게 내맡겨져 있고 또 국제적 환경 변화에 민감하게 반응하며 환경의 요구에 유연하게 대응할 수밖에 없다는 것이다. 또 위에서 논의했듯이, 이들 나라와 한국은 다양한 조합의 기득권을 인정하는 등 국가주의적 복지체제의 발전방식이 공통적이다. 유감스러운 점은, 한국 사회는, 여러 가지 복지체제가 독일 및 프랑스와 비슷하면서도, 기업이나 사학재단의 영향력이 큰 점에서는 미국을 많이 닮았다는 것이다. 그래서 사실은 독일과 프랑스 방식의 복지체제를 모델로 삼는 일도 쉬운 일이 아니다.

물론 진보적 혹은 사회민주주의적 관점을 고수하는 사람들은 스웨덴이 평등하고 격차가 적은 사회이니만큼 이를 더 이상적인 모델로 선호하곤 한다. 한 사회가 소득격차가 적고 비교적 평화로운 평등 상태를 유지한다면, 얼마나 부럽고 좋은 일인가! 그러나 이상적인 경우가 실제적인 참조대상과 같지는 않다는 것이 문제다. 좀 더 구체적으로 말해보자. 한국 사회가 지금 과도하게 경쟁이 치열하고 소득격차도 큰 건 사실이다. 이 상황에서 가능한 영역에서는 경쟁도 줄이고, 소득격차도 줄이는 것도 필요한 일일 것이다. 그러나 그렇다고 해서 한국 사회가 스웨덴같이 작고 평등이 고도로 실현된 사회처럼 변하는 것은 가능하지 않을 듯하다는 것이 나의 판단이다. 좋든 싫든 한국 사회는 세계적으로 경쟁하는 데 참여하는 것이 많은 사람들에게 거의 일종의 의무나 미덕이 된 사회가 되었다. 너무 세계적 경쟁을 떠들어대는 것이 지겹고 한심할 때도 많지만, 일본과 중국 사이에 낀 상황은 많은 사람들이 국제적 경쟁을 유지하고 또 견디는 나날을 거의 일상으로 만들고 있다. 이 상황은 실제로는 쉽게 바뀌지 않을 듯하다는 게 내 생각이다. 무역뿐 아니라 스포츠나 문화교류조차도 경쟁의 일종으로 존재한다. 이 상황이 우스꽝스럽고 폭력적인 면이 있지만, 어느 정도는 현 상황을 있는 그대로 인식하고 인정하는 일이 필요하다고 생각한다. 다만 국내적으로나 국제적으로 경쟁을 공정하게 유지하고 관리하는 일에 끊임없이 관심을 쏟아야 할 것이다.

'더러운' 현실을 인정하기

세계화된 세계의 이 '더러운' 면을 일정하게 인식하고 인정하는 일이 '우충좌돌'의 출발점이 된다는 점을 나는 솔직하게 고백한다. 이 점에서 이 책의 목적은 정의로운 사회의 원칙을 정치철학적으로 밝히려는 것과는 거리가 멀다. 오히려 전통적인 인문학과 인본주의를 사납게 흔들고 무너지게 만드는 이 세계의 폭력과 권력의 문제를 직시하는 것이 목표에 가깝다. 그 상황에서 어떻게 생각하고 어떻게 개념을 설정하느냐가 중요한 목표다.

앞에서 보수적인 언론들은 스칸디나비아 복지국가의 붕괴나 퇴조를 강조한다고 했다. 그와 비교하면 진보적인 언론들은 상대적으로 북유럽 복지국가의 장점만을 부각시키는 경향이 크다. 다르게 말하면, 보수와 진보 언론 모두 그 나라가 밟아온 사회적 발전의 경로와 복지체제 사이의 관계를 정확히 살피지 않고 과도하게 이념적 잣대에 기대어 재단하는 경향이 크다. 이 점을 한 번 살펴보자. 2011년 1월 25일에서 28일 사이에 『한겨레』와 『동아일보』는 복지에 대한 같은 주제를 다뤘는데, 결론은 거의 정반대였다. 묘하게도, 두 매체가 선택한 대상은 스웨덴의 보편적 복지국가였다. 『동아일보』는 시리즈 제목부터 "복지강국이 앓고 있다"였고, 첫 번째 기사 제목은 "선진국들, 보편적 복지서 선별적 복지로 개혁 진통"이었다. 보편주의와 선별주의를 이렇게 단순하게 대립시키는 관점이 가지는 문제는 이미 앞에서 지적했다. 그와

「동아일보」 2011년 1월 15일자(좌)와 「한겨레」 2011년 1월 26일자(우). 비슷한 시기에 두 언론은 보편적 복지국가에 대한 상반된 분석을 내놓았다.

달리 『한겨레』는 "보편적 복지 선진국들이 불평등과 빈곤이 더 감소했다"는 점을 강조했다. 스웨덴이나 북유럽 복지국가에 대해서 기본적으로는 맞는 말이다. 보편적 복지국가와 불평등과 빈곤의 감소는 깊은 상관관계가 있다. 그러나 정확히 말하자면, 전자가 후자의 원인은 아니다. 그런데 위와 같은 기사는 마치 그 둘이 인과관계가 있다는 인상을 독자에게 준다. 또 『한겨레』는 "스웨덴이나 노르웨이 같은 보편적

| '보편적 복지'만 정답인가? | 185

복지국가가 재정이 건전하다"는 점을 강조한다. 이 점에 대해서도 비슷하게 말할 수 있다. 그들 나라의 재정건전성은 좋지만 그것이 보편적 복지 덕택인 것처럼 말하는 것은 곤란하다. 스웨덴 복지국가를 여러 경제적 장점의 원인으로 설정하는 것은 단순한 관점이다.

복지체제와 안정적인 노사관계 및 완전고용 그리고 강력한 공공영역 사이에 밀접한 상관관계가 있는 것은 사실이지만, 복지국가가 일방적인 원인이어서 후자들을 유발한다고 보기는 어렵다. 정확하게 말하면, 스웨덴 복지국가 모델이라는 것도 독립된 실체가 아닐 것이다. 복지국가 모델은 노사협조 및 강력한 공공영역과 연결된 선순환적 고리의 하나라고 보는 것이 맞을 것이다. 노사협조와 강력한 공공영역의 확보 없이는 보편적 복지가 존재하기 힘들었을 것이다. 그런데 세계화와 산업구조의 변화로 선순환을 뒷받침해온 환경이 변해버리면서 스웨덴 모델이 곤경을 겪게 되었다고 볼 수 있다. 그러므로 중요한 것은 복지체제와 고용환경, 그리고 공적인 영역과 사적인 영역 사이의 조절이 서로 좋은 영향을 주는 시스템을 구축하는 것이다.

여기서 다시 진보적 관점과 '우충좌돌' 관점의 차이가 드러난다. 전자는 이상적 목적론의 관점에서 스웨덴 모델을 정답으로 제시하는 경향이 크다. 그러나 나는 바로 스웨덴 모델에서 복지국가를 뒷받침하는 축인 완전고용과 강력한 공공영역의 존재가 한국에서는 상대적으로 너무 약하며, 사회 구조와 문화가 너무 다르다고 여긴다. 그래서 동일한 모델을 무조건적으로 추구하기는 힘들다고 생각한다. 우리는 스웨덴처럼 여성의 고용을 완전하게 보장해주지 않는다. 실제로 가장인 남자의 고용을 우선적으로 보장하는 사회적 관습이 많건 적건 존재한다는 것을 부정하기 어렵다. 개인적으로는 나도 그런 사회적 관습에 동의하지 않지만, 그런 사회적 경향이 존재한다는 것은 다른 문제이다. 또 한국 사회에서는 공공영역과 비교해 사적인 영역이 말도 못할 정도로 비대하다. 이것 역시 여러 점에서 바람직하지 못한 일들을 야기하는 구조이지만, 개인적인 호불호와 상관없이 현실적으로 존재하는 구조임은 틀림없다.

더 나아가면 나도 개인적으로는 불평등과 소득격차의 차이를 줄이는 것이 매우 중요하다고 생각한다. 그러나 과연 한국 사회가 스웨덴처럼 모든 사람이 높은 세금을 공적으로 내며 소득격차도 적은 사회가 될지에 대해서는 회의적이다. 스웨덴은 사회적 평등이 그처럼 실현된 만큼 상당히 평등주의적이며 정적이다. 그렇다면 한국의 가장 큰 특징이자 장점은 무엇일까? 좋든 말든, 역동성과 열성일 것이다. 노력한 대로, 노력한 만큼, 성공과 화려함을 얻는 역동성과 열성. 이 열성이 동시에 질투와 경쟁을 유발하는 것은 다 알고 있는 사실이다. 개인적으론 나도 그 역동성과 열성의 부정적인 이면들을 많이 보고 또 질리기도 하지만, 한국이 그 역동성과 열성에 힘입어 앞으로 나아가고 있다는 점을 부인하기는 어렵다.

'우충좌돌'의 관점이 진보적인 선의와 거리를 두어야 하거나 거기에 부딪쳐야 한다는 점을 깨닫는 것은 나에게도 매우 슬픈 일이다. 그러나 선의만으로는 충분하지 않다는 것이 내 생각이다. '지옥으로 가는 길은 선의로 깔려 있다'는 말도 있잖은가? 선의는 가슴속에 가지더라도 그것만을 정답으로 주장하지는 말자. 한국적 역동성과 열성은 현재의 사회적 불평등과 격차를 스웨덴처럼 줄이지 못하게 만드는 역할을 한다. 그 점을 인식하는 것은 싫은 일이다. 그래도 우리는 현실을 제대로 인식할 필요가 있다. 물론 이런 인식을 하는 것이 지금 사회에서는 호의적으로 받아들여지지 않는다. '우충좌돌'은 좌우로 외롭고 쓸쓸한 일이다.

### 보편적 복지국가가 정답일까

그러면 진보 쪽에서 주장하는 보편적 복지체제를 세부적으로 살펴보자. 민주당이 말하는 '보편적 복지'나 복지국가 소사이어티가 말하는 '역동적 복지국가'는 여러 점에서 모호하다. 어쩌면 그들도 자신들이 무얼 말하는지 모를 수도 있다. 특히 보편주의 복지에 대한 생각이 매우 모호하다. 이론을 제시하는 이상이 교수는 김대중 정부 때 4대보험이 만들어졌다는 이유로, 당시 한국 사회가 이미 보편주의를 달성했다고 말한다. 《프레시안》과의 인터뷰에서 이상이 교수는 "국민건강보험뿐 아니라, 국민연금, 고용보험, 산재보험 등 4대 사회보험에 있어서 제도적 틀로만 본다면, 소위 유니버설 커버리지 universal coverage, 즉 모든 인구를 제도 속에 포함한다는 측면에서 보편주의를 달성했다"고 말했다. 4대 복지제도를 통해 모든 인구를 제도적으로 포함하기만 하면, 보편주의 복지? 이 모호한 용어 사용이 지금의 복지 논의에서 끊임없이 혼동과 선동을 발생시킨다. 그는 또 이어서 지금 경제위기를 겪고 있는 남유럽 국가들도 "보편적 복지가 꽤 잘 돼 있고, 따라서 보편적 복지국가다"라고 말한다. 다만 그 나라들의 경제성장이 낮아서, 문제라는 것이다.

우선 보편주의 복지 개념을 이렇게 넓게 사용하는 일에 대해 말해보자. 이런 개념이 모호하거나 피상적이기는 하지만, 그 자체가 잘못된 일은 아닐 수도 있다. 기본적으로 필수적인 복지제도를 운영하기만 하면 보편주의 복지라고 말할 경우, 그 정도의 안전장치를 갖춘 모든 나라를 보편적 복지체제 국가라고 인정해야 할 것이다. 독일이나 프랑스는 말할 것도 없고, 미국이나 영국, 그리고 남유럽도 포함시켜야 할 것이다. 그러나 보편적 복지만을 주장하는 사람들은, 4대 제도를 갖추면 보편주의 복지라고 하면서도, 미국이나 영국은 마치 거기 속하지 않는 것처럼 말하는 경우가 많다. 보편주의 복지의 전도사들은 "신자유주의 복지국가가 세상에 어디 있겠느냐"고 반문하는데, 이런 생각은 사실 커다란 착시 아니면 착각이다. 미국은 여러 점에서 바람직스럽지 않은 모델이거나 또 다른 나라가 쉽게 따라할 수도 없는 특별한 나라지만, 어쨌든 미국도 나름대로 신자유주의적 복지국가라고 인정해야 한다.

다르게 말하면, 기본적으로 4대보험 수준의 복지제도를 갖춘 나라를 보편주의 복지국가로 인정한다면, 그 수준을 넘어서는 세부적인 내용에서는 나라마다 특이한 발전경로를 고려하고 인정해야 한다. 그렇다면 모든 나라에 획일적인 기준을 요구할 필요는 없을 것이다. 몇 가지 유형별 기준을 설정하여 그 기준에 따른 비교우위를 검토하고 평가하는 일은 가능하겠지만, 어느 한 나라가 가장 완벽한 복지체제를 갖추었다는 식의 주장은 크게 의미가 없다. 스칸디나비아 국가와 독일, 그리고 미국 등은 국가의 규모와 성장조건, 그리고 발전경로가 서로 다른데, 어떻게 획일적인 기준을 설정하겠는가? 그런 획일적 평가는 자칫하면 복지의 이름을 빌린 환원주의나 전체주의로 기울 수 있다.

그런데 '보편주의 복지'를 유일한 목표로 삼아야 한다고 말하는 사람들은, 4대 사회보험만 갖추면 보편적 복지국가라고 하면서도, 복지국가의 제도에 모범답안이 있다고 믿는다. 모든 나라에 동질적이고도 획일적으로 적용 가능한 일반적인 복지제도를 전제한 후에, 그 가운데서 경제성장도 잘하고 사회보장 서비스도 좋은 나라가 최상의 보편적 복지국가라고 상정하는 것이다.

물론 보편주의라는 기준이나 여성의 복지참여라는 관점에서 보면, 북유럽 모델이 다른 복지체제와 비교해 높은 점수를 받는 것은 사실이다. 그렇다고 해서, 상이한 국가들이 선택하고 밟아가는 궤적을 획일적으로 설정하기는 어렵다. 다르게 말하면, 보편주의 복지라는 완성된 모델이 존재하지는 않는다. 상이한 인구와 역사적 배경을 가진 나라들이 모두 스웨덴 모델(더욱이 이미 많은 점에서 수정된)을 지향하거나 추구해야 하는 것도 아니다. 보편주의 복지에 대한 이런 모호하거나 잘못된 가정 때문에, 현재의 복지논의는 이론적으로나 실천적으로 혼란에 빠져 있다.

또 복지제도만 잘 갖추면 모든 것이 잘 될 것이라고 믿는 사람들은 복지의 기능을 너무 과대포장하는 경우가 있다. 이상이 교수는 스웨덴의 복지모델을 답안으로 제시하면서 다음과 같이 말한다. "복지에는 경기 자동조절 기능이 있다. 경제 사이클이 불황으로 들어가더라도 복지가 경제사회의 안전망 역할을 하는 나라가 제대로 된 복지국가다." 복지제도는 일정하게 경제사회의 안전망 역할을 할 수 있다. 그러나 경기와 경제를 자동 조절한다는 믿음은 너무 단순하다. 실제로 오늘날의 복지 이론가들은 많은 경우에, 재정과 완전고용(성장) 그리고 복지 모두를 충족시킬 수 있는 길은 점점 사라지고 있다고 본다. 그 셋 모두를 도저히 다 잡을 수 없는, 딜레마 아닌 트라이레마가 커지고 있다는 것이 사실적이고 냉정한 판단이다.

이 점에서 복지국가들의 상이한 유형을 셋으로 구별한 뛰어난 이론가인 애스핑-앤더슨의 말을 들어보자. 그는 『복지체제의 위기와 대응』에서 이렇게 주장했다. 얼마 전부터 "풍요로운 노동자로 구성되는 중간 대중middle-mass 대신에 새로운 극단들이 고개를 쳐들고 있는가 하면, 우리는 우리가 그토록 성공적으로 벗어났다고 생각하고 있던 저 사회양극화의 세계로 다시 돌아가고 있는 것처럼 보인다. 평등주의와 성장, 그리고 완전고용이 서로 조화를 이루고 있다고 믿고 있는 사람도 거의 없다. (…) 그 대신에 우리는 어느 하나의 목표를 취하기 위해 다른 하나의 목표를 희생시키지 않으면 안 되는 상쇄관계의 세계로 들어서고 있는 듯하다."

물론 복지국가의 초기 형성기에 복지의 지향점을 보편주의에 둔 예들이 없는 것은 아니다. 그것은 누구에게나 적용될 수 있는 동질적인 복지를 추구하는 일이었는데, 민주주의 발전의 초기에 보편적인 민주주의를 가정한 이론과 비슷하다. 애스핑-앤더슨은 『복지자본주의의 세 가지 세계』에서 이렇게 말한다. 대표적으로 "베버리지 경과 T. H. 마샬은 보편주의야말로 선진 복지국가임을 보여주는 증좌라는 가설을 수립했다. (…) 그렇지만 조직화의 측면에서 보편주의와는 완전히 다른 특징을 보여주는 사회보장 체계도 얼마든지 존재하며, 실제로 그런 체계를 찾아내느라 그리 먼 길을 여행할 필요도 없다. 일부 국가들은 적용범위는 매우 포괄적이지만, 연금에서 질병체계에 이르기까지 직업적으로 분화된 수많은 제도들로 구성되어 있는 체계들을 갖추고 있다. 이런 제도들은 전래의 지위분화를 인정하고 그것을 뒷받침하기 위한 명시적인 목적에서 설계된 것이다." 이 나라들의 예는 독일과 프랑스다.

## 복지와 평등

 물론 한편으로 보수주의 체제와도 다르고 자유주의 체제와도 다르다는 점에서, 사회민주주의적 보편주의는 독자성을 가진다. 그럼에도 불구하고 이 모델은 완벽하게 완성된 복지체제가 아니라, 몇 가지 변수에 의존하는 까다로운 존재다. 무엇보다, 지금 한국에서 보편주의 복지를 주장하는 진보주의자들이 쉽게 설정하듯이 보편주의 체제와 평등주의적 급여 변수 사이에 언제나 동질적인 연관이 존재하지 않기 때문이다. "사회주의 체제는 그 존재를 확정하기가 조금 까다롭다. 왜냐하면 사회주의 체제를 구성하는 두 가지 변수, 곧 보편주의와 평등주의적 급여 변수들이 서로 사이에 강한 상관을 보여주지 않기 때문이다. 다른 점에서는 지극히 자유주의적인(캐나다와 스위스 같은) 일부 국가들이 보편주의에 근접하는 경향을 보여주기도 하고, 본질적으로 정액제 최저급여 체제를 선택하고 있는 (오스트레일리아 같은) 또 다른 자유주의 국가들은 낮은 급여격차를 보여준다."(에스핑-앤더슨,『복지자본주의의 세 가지 세계』)

 무슨 말인가? 스칸디나비아의 복지체제는 독자적인 보편주의 체제를 구성했지만, 그렇다고 그 체제가 저절로 평등주의적 급여를 제공하거나 또는 그 체제만이 보편적 복지를 실행하는 유일한 복지모델은 아니라는 것이다. 보편주의가 일정한 독자성을 가짐에도 불구하고, "평등주의와 보편주의 사이에 강력한 상관이 발견되지 않는다는 것은 뜻밖의 결과이다". 여러 점에서 자유주의 복지체제에 속하는 캐나다도 의료보험 차원에서는 보편주의적 성격을 강하게 가지며, 오스트레일리아 같은 자유주의 복지체제는 노동 급여의 격차를 낮게 유지한다는 점에서 보편주의적 성격을 가진다. 이 점에서 역설적이지만 '보편주의 복지'는 보편적으로 적용하기 어려운 제도다.

따라서 단순히 보편적 평등주의의 관점에서 획일적으로 혹은 단선적으로 복지체제를 비교하는 것은 잘못이다. "우리는 복지국가들을 놓고 단순히 평등주의가 '더 많거나' '더 적거나' 하는 관점에서 단선적으로 비교하는 것은 잘못이라는 것을 알 수 있다. 그 대신에 우리는 복지국가의 구성에 배태되어 있는 서로 완전히 다른 사회 계층화의 논리들을 발견하게 된다."(앞의 책) 물론 스칸디나비아의 보편주의적 복지체제와 매우 밀접한 관계를 맺는 변수가 있다. 그것은 앞에서도 언급한 탈상품화다. 복지를 시장에 내맡겨두는 정도가 작은 대신, 국가가 직접 개입하는 폭이 크다는 것이다.

여기서 두 가지 문제를 조금 더 살펴보자. 하나는 평등주의와 관계된 물음이고, 다른 하나는 시장의 영향력에 대한 물음이다. 진보 진영에 속하는 많은 사람들은 바로 이 두 관점에서 보편주의 복지가 더 옳고 좋은 정책이라고 생각한다. 그러나 유감스럽게도 근대 이후 정치는 도덕적 당위와 다른 차원에서 펼쳐졌음을 직시해야 한다. 도덕적으로 옳다고 여겨지는 것이 정치로 실현되지는 않는다. 그렇게 되면 좋겠지만, 그렇게 되지는 않는다. 어쩌면 서글프고, 어떤 점에서는 우스운 현실의 모습이다.

우선 평등주의와 보편주의 사이의 까다롭고 단순하지 않은 관계에 대해 살펴보자. 위에서 말했듯이 스웨덴 방식의 보편주의 복지체제도 평등주의를 일관되게 실행하지는 않았다. 만일 보편주의라는 것이 동일한 복지혜택을 제공하는 것이라면, 이미 스웨덴에서도 부분적으로 소득비례에 따르는 형태로 수정된 셈이다. 더 나아가면, 평등은 누구나 보편적으로 똑같은 형식으로 인정하고 동의하는 주제가 아니다. 조금 단순하게 말하더라도, 지금 당장의 평등을 강조하는 평등주의가 있고, 기회의 평등을 강조하는 형평의 관점이 있다. 깊숙이 들어가면, 더 다양한 형태의 평등이 존재한다. 미국에서는 차별을 방지하고 소수자를 우대하는 '어퍼머티브 액션(기회균등할당제)'이 기능하고, 독일과 프랑스에서도 많은 부분이 기회의 평등에 초점이 맞춰져 있다. 한국에서는 기회의 평등조차 점점 축소되고 있는 게 사실이며, 최소한 그것을 회복하기 위해 노력해야 한다. 이 점에서 복지체제가 적지 않은 도움을 줄 수 있지만, 많은 진보 쪽 사람들이 생각하듯, 좋은 복지정책을 실행한다고 저절로 평등이 실현되는 것은 아니다.

　교육의 예를 들어보자. 20세기 중반 이후 교육은 일반적으로 기회의 평등을 가져오는 영험한 약이라고 여겨졌다. 그 점에서 그것도 복지체제의 일부였다. 그러나 상황은 급변했다. 오히려 교육이 기회의 평등을 깨뜨리고 사회적 신분을 더 공고하게 만드는 악마적인 역할을 하는 면이 점점 커진다. 이것은 사교육시장이 너무 비대한 한국에서 극심하게 드러나는 문제지만, 그렇다고 한국만 '미쳐서' 그런 일이 벌어지는 것은 아니다. 사실은 세계적으로 상당히 일반적인 문제다. 복지 차원의 여러 문제도 마찬가지다. 처음에는 복지제도들이 일반적으로 평등에 기여한다고 여겨졌지만, 상황은 여러 점에서 변했다. 일반적으로 복지에 대한 커지는 관심은 오히려 복지의 차별화 경향을 유발시켰다. 교육시장에서 일어난 것과 비슷한 차이와 차별이 생산되고 재생산되기 시작한 것이다. 이것을 단순히 시장의 탓으로만 돌리기 어렵다. 오히려 점점 증가하고 확대된, 그래서 교육을 많이 받은 사람일수록 더 벗어나기 어려운 개인화 경향이 큰 역할을 한다.

그래서 복지체제는 지금 일반적으로 답답한 틈바구니에 끼어 있다고 할 수 있다. "중요한 것은 평등주의의 정치가 변화했다는 것이다.(…) 그 결과 오늘날 우리가 목격하고 있는 것처럼, 복지국가는 양쪽에서 십자포화를 맞고 있다. 한쪽에서는 재분배의 평등, 곧 지금 당장의 평등이 조금도 진전되지 않았으며 일부 집단들은 뒤에 쳐져 있다고 항의한다. 다른 쪽에서는 모든 것을 평등화하려는 과장된 노력은 불공평과 비효율 외에 아무 것도 가져온 것이 없다고 주장한다."(앞의 책) 물론 이것도 조금 단순화된 이분법적 모습일 것이다. 실제는 좀 더 복잡하다. 나는 지금 평등에 반대하는 것이 아니다. 다만 보편주의 복지가 유일한 진보라고 강조하는 사람들이 제시하는 정답, 곧 복지제도만 갖추면 평등 문제가 해결될 것이라는 안이한 생각에 이의를 제기할 뿐이다.

그럼 다른 문제, 탈시장화로 넘어가보자. 스웨덴 복지체제는 독일과 프랑스보다 시장의 영향을 줄이면서, 상대적으로 국가와 공적 영역이 더 개입하는 방식이다. 여기서 어느 것이 일률적으로 좋다고 말할 수 있을까? 진보적 이념에 따르면, 탈시장적인 스웨덴 모델이 이상적으로 보일 수 있다. 그러나 누누이 말했듯 획일적인 답은 없다. 현재 복지국가로 거론되는 나라들은 애초에 '복지 자본주의'다. 그런 자본주의 국가들에 일반적으로 적용될 수 있는 완성된 복지형태는 존재하기 힘들 것이다. 개별 국가들은 저마다의 역사적 경로와 현실 상황에 맞춰 복지제도를 실행하는 것이기 때문에, 거기에 어떤 선험적으로 진보적인 모델을 설정할 수는 없다. 오히려 이미 앞에서 살펴본 것처럼 여러 점에서 스웨덴 방식은 한국의 실제상황과 거리가 멀다. 진보를 자처하는 사람들은 무조건 탈시장화가 가장 잘 된 모델을 정답으로 삼아야 한다고 주장하지만, 현재 시장이 개입하고 있는 실제적인 국면들을 고려하면 그런 주장은 유감스럽게도 교조적이거나 독단적인 생각에 가깝다.

한 예를 들어보자. 한국에서는 이미 많은 가정들이 복지와 관련된 사적 보험들을 시장에서 구입하고 있다. 이 경로는 다양하고 복합적이다. 이 경로를 제한하고 개혁하지 못하면, 말로만 시장의 축소를 외치는 일은 공허할 뿐이다. 그래서 스웨덴과 달리 한국에서는 복지영역에서 국가가 개입할 틈과 여지도 매우 적다. 더욱이 한국은 과도한 국가주의의 피해를 지금도 사회 여러 영역에서 보는 나라다. 그러니 쉽게 국가에 모든 권한을 넘기는 일도 신중하게 해야 한다. 단적으로 말해, 관료의 기득권을 제한하고 통제하지 못하면서, 복지를 전적으로 국가의 관리 아래 놓는 것도 위험하다.

## 자유주의적으로 관리된 '복지'의 역사

나 역시 복지제도의 확대를 바라면서 이렇게 쓴소리를 하는 것은, 보편적 복지에 대한 환상이나 착각을 깨는 일이 있더라도, 제대로 문제를 보는 것이 필요하다고 생각하기 때문이다. 그러면서 복지 문제에서 초점을 제대로 맞추는 일이 필요하다고 생각하기 때문이다. 이 일을 위해, 조금 더 역사를 거슬러 올라갈 필요가 있다.

19세기에 복지국가가 국가주의적 관심에서 실행된 경향이 크다는 말은 이미 언급했다. 복지국가라는 것이 애초에 국가자본주의의 발전을 돕고, 또 노동력을 비롯한 인구의 복잡한 활동이 국가에 해롭게 작용하지 않도록 관리하려는 전략의 산물이라는 말이다. 그런데 문제는 거기서 그치지 않는다. 보수주의적 국가자본주의만 복지정책을 경제와 정치경제학의 틀 안으로 끌어들이고 흡수하고 통합한 것일까? 아니다. 경제적으로, 그리고 정치경제학적으로 복지는 그 이전부터 자유주의적 틀 안에서 조정되고 관리되며 흡수되어왔다. 이 점에 주의를 기울일 필요가 있다. 그리고 그 경향은 단순히 복지의 기원에 관계된 것이 아니라, 오늘날까지 실제로 이어지는 복지제도와 관계가 있다. 복지에 대한 순진한 진보적 환상을 무참히 깨버리는 이 관점을 살펴보자.

'복지'는 순전히 국가가 이른바 '국민'의 행복과 번영을 위하여 제공하는 정책은 아니다. 또 복지에 대한 관심은 단순히 어느 순간 행복과 번영을 추구하고 지향하는 개인들이 늘어나서 발생한 것도 아니다. 그것은 포괄적인 의미에서 국가의 통치에 매우 중요한 국민의 안전을 위협하는 여러 위험들에 대처하는 통치의 기술이자 기법이었다. 그렇다면 국가의 이익에 절대적으로 중요한 사람들의 삶에 어느 순간 갑자기 외부에서 위험이 들이닥친 것일까? 물론 이전에는 볼 수 없었던 혹은 예기치 못했던 위험과 위협들이 근대 이후 점점 커졌던 측면도 있다. 그러나 위험과 위협은 단순히 외부에서 몰래 도둑처럼 스며들지 않았다. 오히려 위험은 자본주의가 일정하게 내부로부터 만들어내고 재생산하는 것이었고, 그것을 관리하는 것이 근대적 통치기술에서 점점 중요해졌다.

이 근대적 통치기술은 그러나 오로지 국가에 근거하고 또 그로부터 뒷받침되지는 않았다. 매우 중요한 정치경제학적 축이 등장하는데, 그것이 바로 시장이었다. 그리고 시장을 축으로 국가의 통치를 생각하는 정치경제학은 근본적으로 자유주의 liberalism의 자장 안에 있었다. 시장에서 각 개인들은 우선적으로 자신의 이익을 위해 행동한다. 따라서 이런 개인들의 행동은 얼마든지 다른 개인들이나 공동체의 이익과 충돌하거나 그것을 위협할 수 있다. '보이지 않는 손'이 모든 행위들을 조화롭게 조정하고 해결하는 것은 아니기 때문이다. 따라서 자유주의는 개인들의 이익추구를 내부적으로 생산하고 부추기면서도 동시에, 그것이 다른 개인들이나 공동체에 미치는 갈등과 위험을 관리하고 통제해야 했다.

자유주의의 이 측면은 다른 연구자들에 의해서도 관찰되었지만, 나는 이 글에서 특별히 푸코의 후기 연구를 참조하고 싶다. 그는 1978~1979년의 강의에서, 복지를 둘러싼 여러 주제, 혹은 사회적 위험에 대한 안전을 갖추는 여러 기본적인 문제들이 정치경제학적으로 자유주의의 핵심적인 의제였다는 것을 밝혔다. "이해들의 술책이 개인이나 공동체에 위험을 야기하지 말아야 한다는 모든 명령이 있었는데, 안전의 범주들이 거기에 대답해야 했다. 안전의 범주들은 어떤 점에서 자유주의의 조건 자체의 이면이었다." 자유주의는 개인들의 이익을 보호하고 장려할 뿐 아니라, 그것들이 야기하는 위험과 위협을 부추기면서 동시에 안전의 범주에서 관리하고 통제했다.

위험과 안전의 이중 고리는 단순히 개인과 개인, 혹은 개인과 공동체 차원에서만 일어나고 또 관리되지는 않았다. 그들 사이의 이중 고리는 근대 이후 새롭게 열린 세계시장이 가능하게 하고 또 요구하기도 하는 것이었다. 유럽중심주의적 경향을 띠는 자유주의는 유럽의 이익을 위해 나머지 세계를 시장으로 만들었고, 이 시장을 개척하고 확대하기 위해 필요한 것이 미지에 대한 끝없는 도전과 위험이었다. 그 와중에서 국가들끼리 치열하게 경쟁한 제국주의적 과정은 잘 알려져 있다. 따라서 자유주의 정치경제학의 관점에서 시장은 점점 더 큰 위험을 요구하고 생산했으며, 동시에 그것이 야기하는 위험은 안전의 관점에서 세밀하게 관리하고 통제해야 할 과제였다. 자유주의 정치경제학은 국가의 통치기술과 분리된 것이 결코 아니었다.

따라서 시장의 정치경제학이 생산하고 관리하는 사회적 위험과 안전, 곧 자유주의적 통치기술은 복지정책을 구성하는 축이다. 이 점에서 보면 복지정책은 사회적 위험과 안전을 관리하고 통제하는 통치기술의 핵심적인, 그러나 그 통치기술에 의존하는 2차적인 기술이라고 할 수 있다. 복지정책은 시장을 중심에 놓는 통치기술이 필요로 하는, 그리고 관리하고 통제하는 기술이다. 통제가 자유주의와 맞지 않는다고? 자유주의는 시장의 자유를 보호하기 위해서도, 독점을 비롯한 위험요인들을 감시하면서 항상 시장을 위한 보호라는 이름 아래 통제를 실행했다는 것을 기억하자. 아니, 더 쉽게 말할 수 있다. 시장의 발전과 확장을 위해 필요한 노동력과 개인의 자유를 보호하기 위해서, 국가는 복지정책을 요구하고 관리했다.

푸코는 특히 위기 상황에서 위험과 안전의 고리가 어떻게 복지체제를 구성하는지 살폈다. 미국의 경제공황을 예로 들어보자. "1932년 경제공황 시절 루즈벨트에 의해 도입된 복지정치는, 실업의 위험한 상황에서, 더 많은 자유를 보장하고 생산하는 방식이었다. 노동의 자유, 소비의 자유, 그리고 정치적인 자유 등." 대량실업이 야기되는 위기상황에서, 개인들에게 노동의 자유와 소비의 자유는 더 중요해지고, 그것이 확보되지 않으면 대중민주주의 사회에서 정치적 자유도 위태롭다. 시장의 정치경제학의 자장이 미치는 공간에서 개인들이 노동하고 소비를 할 자유를 확보할 때, 대중민주주의는 개인들에게 정치적 자유를 제공할 수 있다.

신자유주의의 발전과 복지

　흔히 말하는 신자유주의는 다름 아닌 이 자유의 권리와 구속을 강하게 만드는 과정이었다. 따라서 괴이하게 보일지 몰라도, 신자유주의적 복지국가가 얼마든지 있다. 아니 그 정도가 아니다. 글로벌경제 시스템에 스스로를 열어놓은 모든 자유주의 경제는 알게 모르게, 자신이 초래한 위험으로부터 사람들을 보호하기 위해, 복지제도를 생산하고 관리한다.
　복지정책의 이런 성격은 특히 경제적인 위기상황에서 두드러진다. 우리 사회를 보더라도, 1997년 구제금융 사태를 겪으면서 경제적 사회적 위험들이 야기되었고, 그 위험들을 관리하기 위하여 김대중 정부는 복지체제를 도입할 수밖에 없었다. 즉 당시에도 위험과 안전은 서로 물고 물리는 이중 고리였다. 경제가 그저 잘못되어서 우발적으로 위험이 닥친 것이 아니라, 한국경제가 자유주의적 세계시장에 편입되고 통합되는 와중에서 위험의 규모와 양상이 달라지고 커졌으며, 그때까지 전혀 경험하지 못했던 큰 위험이 고용시장에 발생했다. 이 위험들을 관리하기 위해 복지제도는 필수적으로 도입될 수밖에 없었다. 다르게 말하면, 김대중정부가 애초에 특별히 서민들을 위한 인도주의에 관심이 있었다기보다는(물론 어느 정도 그런 관심을 쏟은 것은 사실이다), 세계시장의 위험에 국가경제를 열고 내맡기는 통치과정에서, 동시에 그 위험을 관리할 복지정책의 기술도 도입한 것이다. 경제구조 자체가 새로운 위험을 대량으로 쏟아내는 시스템은, 동시에 자신의 내부에서 그 위험으로부터 사람들을 보호하는 복지정책을 창의적으로 생산한다.

개인들은 이제 정치적이고 일상적인 자유를 실현하려면, 경제적으로 노동하고 소비해야 했고, 국가는 그 목적을 위해서 개인의 노동력과 소비력을 안전하게 만들어야 했다. 노동과 소비의 자유를 실행하는 데 드는 경제적인 비용은 점점 늘어났고, 이것은 점점 자유주의적 복지정책을 통해서 보장되고 생산될 수 있었다. 그러므로 위의 "노동의 자유와 소비의 자유, 그리고 정치적인 자유"는 비싼 대가를 치르고 확보된 것이다. 어떤 대가를 치르고? "정확히 말하면, 일련의 개입, 일련의 인위적인 개입, 일련의 자발주의적인 개입, 시장 안에서의 직접적인 경제적인 개입의 대가로 이루어졌다. 이것들이 복지의 근본적인 척도를 구성했던 것이다." 여기서 '자발주의적인 개입'은, 개인들은 노동의 자유와 소비의 자유를 확보하기 위해 일정하게 자발적으로 움직였고, 그 자발성이 어느 수준에서 대중민주주의를 가능하게 했으며, 정치경제학적 자유주의는 그 목적을 위해 인위적인 개입과 통제를 확장하고 강화했다는 말이다. 복지 차원에서 개인의 행복이 국가 통치의 중요 의제가 되는 이유와 맥락이 여기 있다.

실제로 현재 한국 사회에서 많은 개인들은 복지 시장에서 자신의 삶을 책임지는 시스템에 자발적으로 참여하고 있다. 복지제도 안에서 여러 보험에 가입하지 않는 사람은 개인적으로 무책임하거나 사회적 안전을 위협하는 사람으로 여겨지는 시스템이 확대된 것이다. 그리고 그것은 보험료 미납에 의한 사회적 무책임에만 국한되지 않는다. 개인들이 잠재적으로 사회에 부과하는 위험의 정도는 국가에 의해 '핸디캡'이라는 개념으로 정교하게 계산되고 예측될 것이다. 보험통계에 근거한 위기관리 시스템이 과거 강제적인 형태로 이루어진 육체적 감금이나 훈육을 대체하고 있는 것이다. 혹은 이것들을 변형시키면서 안전과 복지의 틀 안에 통합되고 있다. 이런 일들은 이미 상당한 수준에서 이루어지고 있으며, 그것을 부인하는 일은 솔직하지도 않고 심지어 어리석기까지 한 태도이다. 이 사실을 무시한 채, 국가에 의한 전면적인 복지의 관리만 주장하는 것은 위험하다.

복지를 사회적 위험에 대한 대책으로 삼는 정책은 이미 19세기 프랑스의 제3공화국 시대부터 존재한 것이다. 특히 위험/안전을 근본적인 사회적 문제로 삼는 일은 보험산업의 대두와 함께 벌어진 일이다. 보험산업은 개인들이 자신들의 삶에서 일어나는 위험과 재앙을 대비하도록 적극 권고함으로써, 그들의 개인적 불안과 저축을 자본 안으로 편입시켰다. 이 과정을 통째로 비판할 필요는 없을 것이다. 그러나 현재 복지를 진보의 핵심의제라고 주장하는 사람들은 오히려 복지와 보험산업 사이에 맺어진 거래와 타협을 무시하거나 간과하고 있다. 다소 극단적으로 말하면, "보험의 존재는 혁명에 대비한(곧 혁명을 예방하기 위한) 보험이다". 과거엔 노동력만 상업적인 계산과 자본주의적 예측에 편입되었다면, 이제는 개인의 모든 삶, 그 자신이 자발적으로 이끌어간다고 여기는 그의 삶 자체가 안전에 대한 상업적 계산과 자본주의적 예측에 통합된다. 이렇게 보면, 복지정책은 오히려 진보의 정치적 저항성을 약화시키고 무력하게 만드는 점이 있다.

복지정책의 이 발생적 계보, 그러나 여러 변형을 거쳐 신자유주의의 계보 속에서 지금 빠르게 계속 진행 중인 이 성격을 무시하고 간과할 경우, 복지주의를 과도하게 강조하는 진보는 함정에 빠지기 쉽다. 맹목적으로 복지정책에 몰두할수록 진보는 자신도 모르게, 혹은 알게 모르게, 자유주의 및 신자유주의적 관리에 참여하고 그것을 받아들이는 셈이 된다. 역설 아닌가? 진보를 자처하는 사람들은 보편적 복지가 신자유주의를 반대하는 최선의 정책이라고 말하지만, 실제로 복지정책이 복지를 통한 노동과 소비의 자유, 그리고 더 나아가 대중민주주의의 정치적 자유를 생산하고 관리하는 자유주의적 체제에 일조하게 된다면? 그렇다면, 복지가 과거에 진보가 지향한 모든 문제를 해결해준다거나 그것이 최고 중요한 문제라고 말하는 사람들은 커다란 착시와 착각에 빠질 위험이 있다.

복지정책은 보수주의 국가의 통치기술뿐 아니라 자유주의적 통치기술의 발전과정에서 필수적인 축이었고 또 지금도 그렇다는 점을 우리는 인식했다. 그렇다면, 그것이 자유주의나 신자유주의의 자장 안에서 어느 정도 맴돌고 있다는 이유로, 그것에 무조건 반대하거나 그것을 비아냥거려야 할까? 아니다. 전혀 아니다. 다만 비판적 관점에서 그 점을 인식하고 인정하는 일이 필요하다는 말이다. 미국이나 영국의 예에서 볼 수 있듯이, 그런대로 작동하는 신자유주의적 복지국가도 존재한다. 그리고 한국처럼 글로벌경제에 크게 의존하고 또 거기에 유별나게 민감한 경제체제는 많건 적건 신자유주의적 성격을 띠지 않을 수 없을 것이다. 어쩌면, 우리가 모르는 새, 가능한 복지체제도 이미 이 경로에 많이 구속되고 있을지 모른다. 그 점을 직시하는 사람은, 설부르게 모든 것을 신자유주의 탓으로 돌리지는 않을 것이다. 보편적 복지든, 어떤 복지든 오로지 신자유주의로부터 생긴 위험을 막기 위한 휴머니즘적 장치는 아니다. 어느 정도는 막을 것이다. 하지만, 그것은 이미 그 자체로 (신)자유주의 덕택에 생긴 것이고 지금도 그 덕을 보고 있다.

### 복지, 달콤한 약이면서 지독한 독

복지, 특히 보편적 복지가 단순히 혹은 오로지 평등과 사회정의를 실현하기 위한 진보적인 이념은 아니라는 삐딱한 분석은 여기까지 하자. 지금보다 훨씬 나은 복지체제를 구축하는 데 나는 적극 찬성한다. 다만 그 방향이 꼭, 20세기 중반에서 후반에 걸쳐 실행되었던 북유럽 모델이어야 한다는 다소 교조적인 진보주의에 이의를 제기하는 것이다.

복지에 대한 관심은 현재 삶을 위협하는 복잡한 사회적 위험과 폭력은 무엇인지, 그리고 어떤 조건 아래에서 그것들이 실행되는지, 또 그것을 예방하는 안전에 대한 요구가 강화될 때 어떤 효과들이 단기적으로 혹은 중장기적으로 야기되는지를 묻는 큰 틀 안에서 제기될 필요가 있다. 사회적 위험 가운데는 물론 불평등이 있다. 그러나 불평등만 위험인 것은 아니다. 복지를 진보의 핵심의제라고 생각하는 사람들은 알게 모르게 신자유주의가 야기하는 불평등을 한국 사회의 핵심의제라고 전제한다. 그러나 그러면서 복지를 대안으로 여기는 것은 충분하지 않다. 앞에서 보았듯이, 복지정책은 많건 적건, 자유주의적 통치기술 안에서, 혹은 그 경계에서 관리되는 것이기 때문이다.

자유주의적 과잉시장도 위험하지만, 그것 못지않게 국가가 보호하는 기득권의 폭력 혹은 공정하지 않은 경쟁도 중요한 의제라고 할 수 있다. 국가의 과도한 관리와 통제로부터 기인하는 여러 문제들이 있는데, 일정하게 필요한 공정한 시장적 경쟁을 방해하면서 직업적 기득권을 보호하는 정책들(한 예가 변호사 숫자를 통제하는 정책으로, '너무 많은 경쟁, 또 너무 적은 경쟁'에서 다뤘다), 지키지도 못하는 법률들을 핑계로 행사되는 관료들의 과도한 권력, 그리고 그로부터 생기는 부패 등이다. 지금도 많은 공기업이 '신의 직장'이라 불리고, 공무원연금과 군인 연금은 국민연금과 비교해서 특혜를 받고 있지 않은가? 이 상태에서 복지를 전적으로 국가의 관리에 내맡기는 것도 위험한 일이다.

그러나 시장과 국가가 모든 문제를 야기한다고 볼 필요는 없고, 그 둘 사이에서 모든 것을 결정할 필요도 없다. 현재 개인과 집단이 직면하는 사회적 위험과 폭력은 국가가 주도하는 복지정책으로만 다 포함하고 해결하기는 어렵다. 여기서 개인들의 자유와 자발성을 새롭게 생각할 필요가 있다. 국가 아니면 시장이라는 단순한 이분법에 빠지지 않은 채, 시장이 개입하는 자유의 복잡한 경계선에서, 개인들은 다각적인 방향으로 자신의 삶을 꾸려나갈 권리가 있고 책임도 있다. 좁은 뜻의 시장방임주의에서도 벗어나야 하지만, 무조건 국가가 관리하는 국가복지주의에서도 벗어나야 한다. 시장의 개입도 일정하게 인정하고 국가의 공공성도 존중하면서도, 동시에 그것들로 뒤덮이지도 않고 해결되지도 않는 자유를 확보해야 한다는 것이다. 물론 이 자유는 쉽지 않고, 공공적 환경도 많이 잃어가는 듯하다. 개인들의 자유는 점점 국가와 시장에 의해서만 뒷받침되는 듯하기 때문이다. 그러나 그렇다고 국가와 시장이라는 제도를 먼저 고정시킬 필요는 없으며, 또 그것들이 모든 점에서 중심이라거나 또 모든 인간관계에 대해 우선권을 가진다고 여길 필요는 없을 것이다. 우파는 너무 시장에 매몰되고, 좌파는 너무 국가에 매달리는 경향이 있다. 오히려 자기 자신에 대한 관계, 그리고 친밀한 사람들에 대한 관계가 더 기본적인 가치일 수 있다. 거꾸로, 복지가 전적으로 사회적 위험과 불안을 예방하거나 막는 것도 아니다. 오히려 자유의 실천을 재정을 비롯한 국가적 개입에 의존하게 만들면서 다른 형태의 불안을 키우는 면도 크다. 이 물음은 매우 중요하지만, 다른 기회로 미루기로 하자.

국가 중심의 보편적 복지에 반대하는 다른 목소리를 한번 들어보자. 노동과 소비의 자유를 얻기 위해, 그리고 대중민주주의적 자유를 정치적으로 유지하기 위해, 모두가 계속 많이 노동하고 많이 벌어야 하는가? 좋은 노동의 자유를 얻기 위해 모두가 더 비싼 비용이 드는 수준 높은 교육을 받고 자격증을 따야 하는가? 자유를 얻기 위해, 생존의 비용이 높아지는 것을 얼마나 수용해야 하는가? 그리고 개인의 삶을 국가의 관리에 꼭 위임해야 하는가? 이런 물음을 강하게 제기하는 사람들은 다소 생태주의나 공동체주의 혹은 원시적 사회주의의 관점을 내포하는 경우가 있다. 또 때로는 근본주의적 모습을 띠는 때도 있다. 그러나 이 이의들은 오로지 국가중심의 복지를 통해 삶을 관리하고 통제하려는 시도에 대항한다는 점에서 시사적이다.

물론 이런 물음은 다소 철학적이다. 다시 정치적이고 사회적인 차원으로 내려오면서, 글을 마무리하자. 보편주의 복지를 말하는 사람들, 복지로 한꺼번에 모든 문제를 해결하려는 사람들은 복지를 진보의 핵심의제로 설정하기만 하면 사회민주주의적 정치와 공공적인 삶이 도입될 것이라고 생각한다. 그러나 그것은 많건 적건 단순하거나 순진한 생각일 수 있다. 무엇이 먼저냐는 물음은 자칫하면 순환논리의 함정에 빠질 수 있다. 좋은 복지체제, 혹은 다수가 원하는 복지체제를 지속적으로 안착시키려면, 이념적 진보에 집착하는 태도에서 벗어날 필요가 있다. 중요한 것은 정치에서 중간층의 지지를 확보하는 일이기 때문이다.

여기서 다시 잠깐 스웨덴이 보편적인 복지체제를 구축할 수 있었던 과정에 주의를 기울여보자. 앞에서도 언급했듯이, 그것이 가능했던 것은 사회민주당이 중간층 다수의 지지를 확보했기 때문이다. 큰 전환점이 된 것은 1956년이었다. 당시에 보수당과 자유당의 공세가 점점 강해지고 있었다. 그해 사민당은 선거에서 44.6%를 기록했는데 그 득표율은 1936년 이후 최저 수준이었다. 1940년에 53.8%에 달했던 사민당 득표율은 점진적으로 감소경향을 보이고 있었다. 총선 직후 사민당에서는 이 패배를 심각하게 받아들였다. 사민당 지도자의 한 명인 엘랑데르는 이 결과가 무엇보다도 사민당의 화이트컬러 대책의 지체 때문이라고 판단했다. 그는 "보수·중도정당의 선거 캠페인이 '변혁의 때'라는 무드를 조성하였으며 더 나아가 개인주의적 가치를 내세워 화이트컬러층을 끌어들인 반면에, 사민당은 효과적으로 반격하지 못했다는 것을 지적한다."(미야모토 타로, 『복지국가 전략』) 스웨덴 정치에서 주요한 영향력을 유지하기 위해서는 화이트컬러층을 사민당 편으로 끌어들이지 않으면 안 된다는 점을 강조한 것이다.

그래서 사민당은 기존의 단순한 보편적 연금체제를 수정하면서, 소득에 비례한 부가연금을 도입하는 수정된 정책을 실행한다. 소득에 비례한 연금의 도입은 교육기간이 길고 소득이 높은 화이트컬러 계층을 끌어들이기 위한 정치적 책략이었다. 그 과정에서 사민당은 이제까지 연정을 구성했던 농민당과 갈라서게 된다. 이 변화는 매우 중요하다. 1930년대 이후 사민당과 농민당의 연정이 비교적 단순한 보편적 복지정책을 도입했다면, 1956년 이후 복지정책에서 중요한 변화는 소득에 비례한 부가적 연금혜택의 도입이었다. 처음에는 사회민주주의적 보편적 복지가 스웨덴에서 기본적이었다면, 1950년대 중반 이후 소득에 따른 차이를 인정하는 다소 자유주의적 정책이 핵심으로 등장한 셈이다. 정확하게 말하면, 초기의 사회민주주의 정책에 획기적으로 자유주의적 정책이 추가되었다고 할 수 있다.

엘랑데르는 새로운 시대의 사회민주주의의 목적을 "사람들 자신이 가지고 있는 소질과 조건을 최대한으로 활용하면서 각각의 삶을 추구할 수 있는 가능성을 제공하는 것"이라고 정의한다. 다르게 말하면, "복지국가를 통한 자유선택 사회의 실현"이다. 사민당은 영리하게, 기본적으로 자신들이 가지고 있던 사회민주주의적 정책의 바탕 위에서, 자유주의적인 개인의 자유를 이식한 것이다. 다르게 말하면, 1950년대 중반에 스웨덴 사민당은 이미 제3의 길, 곧 전통적인 좌파에서 갈라져서 중도좌에서 중도에 걸친 길을 가는 방향을 선취한 것이다. 그리고 그 선택의 아이러니는 (신)자유주의적인 정책의 흡수를 통해 (신)자유주의를 돌파한다는 데 있었다.

그러므로 실천적으로 바람직한 복지를 위해서라도, 진보의 순수성을 고집할 필요는 없다는 아이러니가 생긴다. 복지는 대중민주주의의 틀 안에서 다수를 정치적으로 동원하는 전략과 결코 분리될 수 없다. 복지는 꼭 진보만의 의제는 아니다. 진보에 의한, 진보를 위한, 진보의 복지를 주장하는 사람들은 이 점에서 착시에서 벗어나야 한다. 복지는 보수주의적 국가에 의해서도 이용될 수 있고, 자유주의 정치경제학에 의해서도 이용될 수 있다. 당연히 사회민주주의 방식으로 이용될 수도 있다. 물론 이들이 부분적으로 서로 겹치고 섞여 있는 경우가 많다. 어쨌든 복지 자체가 저절로 진보적인 해결을 보장하지는 않는다는 것이다. 그것은 평등을 증진시키는 데 크게 기여할 수 있지만, 그것 자체로 모든 문제를 해결해주는 약은 아니다. 오히려 사회적 위험과 안전을 관리하는 통치기술과 통치전략의 한 축으로 작동한다. 달콤한 약이면서 지독한 독인 셈이다.

# 비정규직 문제,
# 보수의 무책임과 진보의 무대책

### 사회적으로 소외된 비정규직 문제

한국의 비정규직 비율은 세계적으로 최고 수준이다. 물론 나라마다 비정규직의 개념이 조금씩 다르고 통계방식도 조금씩 달라서 일률적인 수치로 비교하기는 쉽지 않은 점도 있지만, 현재 비정규직이 극심한 갈등을 낳고 있는 것만은 분명하다. 오늘날 그것만큼 커다란 사회적 위험과 갈등의 씨앗을 뿌리는 것도 없을 것이다. 그리고 비정규직의 위험은 이미 꽤 오래전부터 꾸준히 제기돼왔다.

그런데 비정규직 문제는 해결되기는커녕 어떤 점에서는 오히려 더 악화되고 있다. 왜 이런 일이 벌어지고 있는 걸까? 그렇게 자주 거론되고 그렇게 절박하게 제기되었는데도, 왜 비정규직 문제는 개선되지 않고 있는 것일까?

이명박 정부를 비롯한 우파 쪽에서는 물론 비정규직 문제를 진지하게 생각하지 않는 경향이 크다. 성장을 통해 모든 문제를 다 풀 수 있다고 생각하는 면이 있다. 그러나 그렇다고 그쪽 탓만 할 수는 없다. 사실 민주화 과정에서 들어선 두 정부도 비정규직 문제에서는 커다란 성과를 내지 못했다고 할 수 있다. 심지어 김대중 정부는 외환위기를 수습하는 과정에서 고용 유연화를 상당 부분 권고하고 유도한 측면 역시 있다. 물론 그것 자체가 비판의 대상이 될 것은 아니며, 또 비정규직들이 오로지 당시의 외환위기로 촉발된 것도 아니다. 비정규직은 외환위기 "전에도 매우 높았기 때문이다. 통계청이 임시일용직을 따로 집계하기 시작한 1989년부터 1996년 사이 임시일용직 노동자 비율은 43%였다. 그 이후 2004년까지 8년 동안은 49%였다. 외환위기를 겪으며 6%가량 높아지긴 했지만, 그 전에도 매우 높았던 것이다. 1990년의 45%와 2004년의 48%만 견줘보면, 그 차이가 3%에 불과할 정도다. 물론 임시일용직 외의 비정규직도 상당수 있지만, 역사적 궤적을 따져 볼 수 있는 자료는 그것뿐이다".• 어쨌든 당시 외환위기가 동반한 구조조정 상황에서 비정규직의 상처는 두드러질 수밖에 없었는데, 김대중 정부도 그 위기상황에서 할 수 있는 행동의 폭이 좁았을 것이다. 그 점에서 어쩌면 당시의 고용 유연화 정책은 어쩔 수 없었을지도 모른다.

노무현 정부는 비정규직을 보호한다는 취지로 법을 만들었지만, 비정규직 문제를 해결하기에는 여러 점에서 부족했다. 또 당시 노동부의 일하는 모습도 여러 점에서 부족하고 신뢰를 얻지 못했다. 당시 비정규직 보호법은 비정규직문제를 해결하는 데 부분적으로 기여했지만

---

• 정남구, 「비정규직 문제와 거짓말」, 『한겨레』, 2005년 5월 3일. 나는 이 장에서 의도적으로 언론기사나 칼럼에 드러난 발언들을 다수 인용하면서, 그것들을 매개로 삼아 논의를 전개할 것이다. 이 서술방식은 비정규직 문제에 접근하는 여러 시각들을 드러내주면서 동시에, 비정규직 문제가 진보적인 언론에서 어떤 방식으로, 어떤 수준에서 논의가 되고 지적이 되었는지도 보여줄 것이다.

역설적으로 그 문제를 둘러싼 갈등을 날카롭게 드러냈다고 할 수 있다. 그것을 그 법률의 성과라고 말한다면 무리가 있지만, 어쨌든 소위 개혁적이라는 정부는 무력했다.

참여정부에서도 개선되지 못했던 비정규직 문제가 이명박 정부에 들어서서 더 좋아질 리는 없었다. 뿐만 아니라 사회적 관심사도 되지 못했다. 2008년 미국소고기 수입에 반대하며 일어난 촛불시위에서, 중요한 사회적 의제들이 함께 거론되고 논의되었지만, 비정규직 문제는 그 와중에서도 직접적인 논의의 초점에 놓이지 못했다. 많은 시민들은 "비정규직 문제는 광우병이나 의료민영화만큼 '내 문제'로 다가오지 않는다"고 느낀다는 보도도 있었다. 또 "비정규직 문제가 중요하지만, 이명박 정부만의 잘못이라고 보기 어려워서 촛불집회 때 잘 안 보이는 것 아니겠느냐?"라는 날카로운 지적을 할 정도로, 시민들도 알 만큼은 알고 있었다. 그래서 당시 비정규직 문제에 집중하고 있던 사람들은 서운함과 고립감을 느낄 정도였다. "촛불 집회에 나오면서도, 전기가 끊겨 아이들이 촛불을 켜놓고 공부한다던 비정규직 조합원의 말이 떠올라 차마 촛불을 못 켰다"는 당시 이랜드일반노조 위원장의 말은 피부에 와 닿는 정도가 아니라 피부를 찌르는 말이었다.(한겨레, 2008년 7월 4일)

비정규직 문제는 상당히 복잡한 갈등들이 교차하는 지점에 걸쳐 있다. 단순히 보수적인 정권이 무관심해서 생기는 일이 아니며, 민주화 과정에서 중산층을 대변하는 시민단체들조차 그 문제를 어려워하거나 멀리하는 일이 구조적으로 벌어지고 있다. 많은 정규직들과 정규직노조도 비정규직 문제에 대해 적극적이지 않다. 아니 사실은 그 정도가 아니다. 정규직노조들은 어떤 점에서는 비정규직이 자신들의 노조에

「한겨레」 2008년 7월 4일자. 정규직과 비정규직 사이에는 거대한 장벽이 서 있어서 사회적 연대가 잘 이루어지지 않는다.

가입하는 것을 반대할 정도로 이들에 대해 장벽을 쌓아놓는다. 솔직한 노조 대의원이나 간부들도 그 점을 증언하고 있다.

"주변 동료들이 비정규직 법안이 어떻게 개정되더라도, '내 문제가 아니다'라고 생각하고 있습니다."(기아자동차 노조 광주공장지부 대의원) "인력감축 땐 비정규직들부터 하는 것 아니겠습니까? 동료들 사이에 가장 큰 관심은 비정규직법안보다는 연말에 추가로 지급될 성과급 액수인 것 같습니다"(현대중공업의 한 정규직 노동자)

비정규직 노동자는 그에 대해 섭섭함과 나아가 배신감까지 토로한

다.(한겨레, 2005년 4월 19일)

반면 비정규직 노동자들의 안타까움과 실망은 컸다. 현대자동차의 한 비정규직 노동자는 "정규직노조간부들이 처음엔 '연대투쟁'을 얘기하다가도, 매번 꼬리를 내리곤 한다"며, "정규직들이 우리들을 자신들의 고용을 지켜줄 '범퍼'(안전판)으로 생각하고 있다"고 했다.

여기에 비정규직 문제의 심각성과 복잡함이 자리 잡고 있다. 비정규직은 단순히 중산층으로 존재하고 싶어 하는 정규직들이 소극적으로 꺼리거나 멀리하는 의제가 아니다. 많은 정규직노조, 특히 대기업 노조원들은 비정규직을 자신들의 고용안정성을 해치는 존재로 여기는 경우가 많다. 그러니 그들에게 비정규직을 진지하게 다룰 여유가 없는 정도가 아니라, 의도적으로 멀리할 수밖에 없는 이유가 생기는 것이다. 정규직이 비정규직을 '자신들의 안전판'으로 생각하고 있다는 것은 무서운 말이다. 서로를 해치는, 심지어 서로에게 적이 되고 있는 형국이다. 박태주 한국노동교육원 교수는 다음과 같은 말을 전한다. "한 비정규직 노동자가 이런 말을 하더라. 민주노총이 비정규직이라는 거대한 암반수가 뚫고 나오는 걸 가로막는 '암반'이라는 거다. 노조가 책임이 없다는 것은 아무것도 하지 못한 데 대한 자기변명이다."(한겨레, 2008년 6월 27일) 정규직들은 비정규직을 자신을 위한 안전판으로 여기고, 비정규직은 정규직이 자신들의 이해를 가로막는 거대한 바위로 여기는 안타까운 현실. 이 점에서 강준만의 다음 지적은 옳다. "비정규직 문제는 그간 진보 진영의 한 축을 자임했던 대기업 노조의 진보성의 정체를 시험하게 될 것이다."(한겨레, 2008년 7월 21일) 비정규직 문제는 보수 진영의 능력을 시험하는 점도 있지만, 그보다는 오히려 진보 진영이라고 자처하는 쪽의 정체성을 시험하는 쪽으로 흐르고 있다.

비정규직 문제는 또 내가 이 책에서 강조하고 있는 대학 문제와도 뗄 수 없이 연결되어 있다. 심상정 전 진보신당 공동대표는, "대학에 가보면 절반 이상이 비정규직 일자리로 노동시장에 진입하게 될 텐데도, 비정규직 문제는 자기 문제가 아니라고 인식한다"고 말한다. 그는 "이들에게 미래의 노동조건에 대해 각인시키는 등 '연대'를 위한 구체적인 실천이 필요하다"고도 말한다. 맞는 말이다. 그러나 내가 보기에, 아직까지 진보정당들도 대졸자 주류 사회의 문제에 대해서는 제대로 인식을 하지 못하고 있는 면이 많다. 지금처럼 고졸자 80% 정도가 대학에 진학한 후 그 다수가 부모 돈으로 대학을 졸업한다면, 등록금 문제뿐 아니라 비정규직 문제도 해결하기 어렵다. 비정규직 문제가 풀리려면, 부모들이 큰 희생을 감수한 채 자녀들을 대학에 보내는 관습에도 변화가 있어야 한다. 왜냐하면 부모인 정규직 노동자들은 자녀들을 대학(특히 4년제)에 보내기 위해 초과노동을 하고 또 연공에 따른 고임금을 보장받기를 원하기 때문이다. 이 점은 아래에서 다시 논의가 될 것이다. 또한 지금처럼 대졸자들이 주류인 사회에서는 최저임금에 대한 관심도 낮을 수밖에 없다. 비정규직에 대한 관심이 없는 것과 비슷한 이유에서다. 대졸자들은 비정규직이 자신의 문제가 되지 않기를 바라면서, 거기에 대해 관심을 꺼버린다. 그들은 마찬가지 이유로 최저임금에 대한 관심도 꺼버린다. 최저임금은 대부분 비정규직에게 해당되는 일이기 때문이다.

비정규직은 우리가 이 책에서 다룬 모든 중요한 문제와 연결되어 있다. 복지가 삶의 주기에 따른 사회적 안전망을 삶의 여러 단계에서 확보한다는 점에서 중요하다면, 비정규직 문제는 고용의 성격과 일자리의 질에 관련하여 중요하다. 사회적 위험의 차원에서는 이 두 문제는 서로 연결되어 있다. 아니, 그 정도가 아니다. 고용의 성격과 질은 그 자체로 복지의 한 축을 이룬다고 볼 수 있을 정도로, 그 둘은 내부적으로 서로 연결돼 있다. 그리고 대졸자들이 주류인 사회는 사람들로 하여금 비정규직 문제와 최저임금에 대한 관심을 잠재의식의 차원에서 꺼버리게 만든다는 점에서, 서로 연결되어 있다.

## 비정규직을 가로막는 정규직

그렇다면, 일반 중간계층뿐 아니라 대기업노조까지도 비정규직을 자신들의 일자리에 대한 안전판으로 이용하거나 남용하는 일이 일어나고, 그 결과 비정규직들이 정규직을 자신들을 가로막는 암반으로 여기는 일이 일어나는 이유는 무엇일까? 이제까지 진보의 한 축으로 존재한 대기업 중심의 정규직노조의 정체성이 '진보'에서 멀어지거나 심지어 그것을 배반해서일까? 그들의 정체성이 시험대에 오른 것은 맞다. 그러나 여전히 그들은 일반적인 보수와 진보의 대결국면에서는 진보의 축으로 존재하지 않는가?

민주노총과 그 산하의 대기업노조는 우리 사회에서 보수 정부에 반대하는 이념의 지형 속에서는, 다시 말하면 보수와 진보의 이분법적 대립구조에서는 여전히 진보적이라 구분할 수 있다. 그러면서도 그들이 비정규직 문제의 해결을 위해 기여하기보다는 일종의 장벽이나 심지어 걸림돌로 존재한다면, 무엇이 문제인 걸까?

문제는 이 단순한 보수와 진보의 대립구도가, 다른 문제들에서도 그런 점이 있지만, 특히 비정규직 문제를 푸는 데는 별반 도움이 되지 않는다는 것이다. 정규직노조가 이제까지 자신들의 강력한 기반이었던 노조의 조직에 근거하는 한, 정규직노조는 비정규직 문제를 풀기 어렵다. 따라서 그들이 단순히 진보에서 멀어졌다고 생각할 필요는 없다. 진보 세력은 여전히 많은 정치적 대결국면에서 그들에게 호소하고 있다. 그런 점들에서 그들은 여전히 '진보적'이다. 다만 정규직노조의 조직과 일자리의 특성이 그들로 하여금 비정규직 문제에 관심을 끄도록 만들고 있는 것이다. 여기서 알 수 있듯이, 우리는 복지와 교육 문제뿐 아니라 비정규직 문제에서도 이제까지의 단순한 보수와 진보의 대립구조의 관점에서 벗어나서 생각해야 한다.

대기업 정규직노조는 비정규직 문제에서 왜 열려 있지 못한 걸까? 그들이 진보적이지 않아서가 아니라, 정치적-이념적으로는 진보적이지만, '보수적'인 고용환경에 갇혀 있기 때문이다. 이제까지 그들은 연공年功에 따라 임금이 올라가는 한국의 임금제도, 그리고 일거리가 많을 때는 초과근무를 하면서 많은 임금을 가져가는 고용관행에 길들여져 있었다. 그래서 비정규직이 노조에 가입해 노동 시간을 공유하게 되면, 그들은 자신들의 임금이 깎일까 걱정하고, 더 나아가 그들과 일자리를 공유하게 되면 그렇지 않아도 불안한 자신들의 일자리가 사라질까 염려한다. 그래서 그들은 비정규직을 위해 양보하지 못한다.

현대자동차노조는 세 차례에 걸쳐 비정규직의 노조 가입을 허용하는 안건에 대해 투표를 실시했다. 2007년 1월엔 압도적 반대로 부결되었고, 6월엔 아슬아슬한 차이로 부결되었다. 3차 투표는 2008년 10월 17일에 있었는데, 이때도 결국 부결되었다. 이날 투표에서 집행부는 가결을 끌어내기 위해 정규직노조에 가입하는 비정규직 대상을 울산·아산·전주공장 안에 근무하는 비정규직으로 좁혔다. 그런데도 정규직은 비정규직이 노조에 가입하는 안건을 부결시켰다. 비정규직노조에게 정규직노조가 끝끝내 장벽을 친 것이다. 3차 투표에 대한 기사를 읽어보자.(한겨레, 2008년 10월 17일)

> 이에 따라 현대자동차 노조가 정규직노조의 기득권을 지키려고 저임금과 고용불안에 시달리는 비정규직 동료들의 고통을 외면했다는 비판이 일 것으로 보인다. 노동계에서는 부결의 배경엔 기득권을 빼앗기지 않으려는 정규직노조원들의 이기심이 숨어 있다는 지적이 많다. 정규직에서는 비정규직이 정규직을 대신해 더 위험하고 노동 강도가 센 곳에서 일을 하는 현실에서 정규직-비정규직노조가 통합되면 정규직의 노동 강도가 강화되고, 구조조정 때의 '안전판'이 없어진다는 정서가 강하다. 단일 노조로 묶이면 정규직의 60~70% 수준에 지나지 않는 비정규직의 임금과 각종 복지 문제 등을 정규직노조와 원청회사와 논의해서 개선해야 하는 것도 부담이 됐다.

물론 이런 나쁜 일만 있었던 건은 아니다. 2008년 기아자동차에서는 국내 완성차 4사 노조 가운데 처음으로 정규직노조와 비정규직노조가 통합한 일도 있었다. 다만 단일 사업장으로는 최대 조직인 현대자동차에서 그 일이 실패로 돌아간 것이고, 그 영향은 실제로 대단히 컸다. 이제까지 정규직노조와 비정규직노조 사이에 상당한 균열과 갈등이 벌어진 것은 사실이며, 앞으로도 한동안 그것은 존재할 듯하다. 그리고 대기업 정규직노조가 실망스러운 태도를 보인 것도 사실이다.

물론 그들 탓만 할 수는 없다. 이념적 진보의 한 축을 구성하는 그들이 생활에서는 보수적으로 나올 수밖에 없었던 이유는 사용자인 기업의 태도와 기업의 생산관행과 맞물려 있다. 한 예로, 한국 자동차업계는 유난히 모델을 자주 바꾼다. 새 차를 선호하는 소비자의 성향 탓도 있다. 모델이 바뀌면, 인기가 있는 모델을 생산하는 공장 노동자와 인기 없는 차종을 생산하는 공장의 노동자들이 매우 다른 상황에 직면한다고 한다. 생산량이 떨어지는 공장에서는 노동시간을 줄이거나 심지어 일자리를 다른 공장으로 옮겨야 하는 일이 발생한다. 2008년 당시 민주노총 울산본부장이고, 전 현대자동차노조 부위원장이었던 하부영은 이렇게 말한다.(한겨레, 2008년 6월 27일)

> 정규직도 생산하는 차종이 바뀌는 5년마다 고용불안에 상시적으로 노출이 돼 있다. 이런 상황에서 비정규직을 챙길 여유가 있겠나. 게다가 기업은 정규직 보호를 위한 불가피한 선택이라면서, 비정규직 채용을 묵인하도록 하는 이기적인 선택을 강요한다.

정규직도 고용불안에 시달린다는 점은 이해할 만하다. 그래서 그들의 태도를 윤리적 혹은 이념적 해이라고만 비판하기는 어렵다. 대기업은 또 국내에서 성장을 해야 하고 외국기업과 글로벌한 경쟁을 벌여야 하는 살벌한 기업환경에 대해 말할 것이다. 그래서 특히 1997년 외환위기 이후 이런 답답한 상황에 몰린 정규직노조들도 행동의 폭이 좁아졌고, 그래서 보수적인 선택과 결정을 하게 몰린 셈이다. 그 결과 정규직노조는 비정규직 노동자들이 노조에 가입하는 것까지 거부하게 되었고.

「한겨레」 2008년 6월 27일자. 정규직이 양보해 비정규직 문제를 해결하자는 주장은 진보진영 내에서 많은 논쟁을 불러일으켰다.

## 기득권에 매달리는 정규직노조

정규직노조가 비정규직 노동자들이 노조에 가입하는 것을 그렇게 반대한다는 것은, 거꾸로 말하면, 정규직노조는 이제까지 많은 기득권을 가지고 있다는 뜻이다. 조합원의 고용을 안정적으로 보장하고, 연공서열에 따라 임금을 올리는 제도가 대표적인 예다. 그래서 사실 문제의 핵심에는 이 두 제도가 있다. 정규직노조가 이 기득권에 매달리고 집착하는 한, 그들은 비정규직을 포용하기 어렵다. 이에 대해서도 이미 여러 뼈아픈 지적이 있었다. 한 예만 보자.(한겨레, 2005년 4월 19일)

사용자단체들은 "정규직 중심인 양대노총이 '비정규직 철폐'를 말하지만, 실제로는 정규직노조의 기득권 지키기에 집착해 비정규직을 착취하는 구조를 고착시키고 있다"고 말한다. "기업들은 강력한 노조에게 고임금과 종신고용을 보장하는 바람에 자구책으로 비정규직을 늘려왔다"고 말한다. 대기업 노무담당 임원들은 2005년 3월 말, "노조가 임금인상을 자제하면 그 재원만큼 비정규직 처우 개선에 활용하겠다"는 공격적인 제안까지 내놓을 정도다.

정규직노조가 누리는 고용보장과 연공 형태의 임금제도가 사실 한국에서 비정규직이 확대되는 데 크게 기여한 것이다. 흔히 비정규직이 외환위기 때문에 확대되었다고 하지만, 이미 앞에서 언급한 대로, 비정규직 비율은 그 이전에도 높았다. 무엇보다 정규직이 상대적으로 과도하게 누리는 고용보장과 연공 형태 임금제도 때문이다. 그래서 정남구는, 한국에서는 왜 비정규직이 이렇게 높고 또 외환위기 이전에도 이렇게 높았을까라는 물음에 다음의 대답에 도달한다.(정남구, 「비정규직 문제와 거짓말」, 한겨레, 2005년 5월 3일)

'연공임금-종신고용' 체제를 생각하지 않고서는 의문이 풀리지 않는다. (…) 외환위기 이전 광범한 비정규직의 존재는 기업들이 연공임금-종신고용 시스템의 보완장치로 비정규직을 오래전부터 활용해왔음을 보여준다. 그리고 외환위기 이후에는 상대적으로 고용이 안정적이었던 대기업에까지 빠르게 확산됐다.

이제 우리는 비로소 문제의 핵심에 도달한다. 정남구에 따르면, "상당수 비정규직은 '연공임금-종신고용' 제도를 지키려는 노동자들과 성과만큼만 임금을 주겠다는 기업들 사이의 싸움 과정에서 공중에 던져진 이들이다. 고용이 불안한 것은 물론, 넘쳐나는 공급 때문에 성과만큼의 임금조차도 못 받는 이중고를 겪는다."

결국 이 제도를 바꾸는 일에 비정규직 문제의 많은 부분이 걸려 있는 셈이다. 그런데 이것이 쉽지 않다. 정규직노조, 아니 이제까지 연공형태의 임금제도에 익숙한 일반 정규직 대부분은 납득할 만한 사회적 합의나 대책 없이 임금이 깎이고 고용이 불안정해지는 것을 좋아할 리 없기 때문이다. 사회적 합의나 중장기적 계획이 주어지지 않는 한, 그들은 의식적으로나 무의식적으로나 반대할 것이다. 그렇게 반대하다가 급하면, 우선 자신들의 일자리를 보전하는 이기적인 방향으로 행동할 것이다. 그리고 정규직들에게 그 기득권이 존재하기에, 기업은 그 고임금을 상쇄하고자 신규 채용을 꺼리면서 비정규직을 비롯한 불법적 파견근무에 눈을 돌리는 경우가 많아진다.

정규직들이 누리는 것이 많은 상태에서, 상대적으로 비정규직은 '괜찮은 일자리'에 진입하기 어려운 셈이다. 비정규직이 노조에 가입하는 것을 세 번이나 거부한 현대자동차노조가 최근 장기 근속한 정규직 자녀들에게 채용과정에서 일종의 특혜를 줄 것을 요구했다는 내용이 드러났다. 부끄러운 일이다. 2005년 초 기아차에서 비슷한 사건이 있었고 당시에도 엄청난 비난 여론이 있었는데, 비슷한 일이 반복되고 있다. 정규직노조가 지나치게 이기적으로 기득권에 매달린다는 비판을 피할 길이 없다. 정규직은 이제까지 우리 사회에서 상대적으로 과도한 보호를 받았고 임금도 높다. 그러다보니 더욱 기득권에 매달리는 타성이 높다. 이제 정규직의 기득권을 수정하고, 노동시간 축소를 통한 일자리 나누기 등을 고민할 때다.

## 초과 노동 시간과 연공 임금의 높은 벽

그러나 이것이 결코 쉽지 않다. 우선, 이제까지 정규직들은 노동시간을 줄이기는커녕 초과근무를 하곤 했다. 한국 노동자들의 노동 시간은 몇 년째 경제협력개발기구OECD 국가들 가운데 1위를 유지하고 있다.

초과 노동의 대가로 노동자들은 높은 임금을 가져갔다. 보수 언론들이 현대자동차 정규직 등 대기업노조의 임금이 높다고 비판하는 식의 기사를 쓸 때, 사실 그 높은 임금은 무엇보다 연공 형태의 임금제도와 초과 노동 덕택이었을 것이다. 임금이 상대적으로 높은 것은 사실이겠지만, 보수 언론들은 이들 제도나 관행 때문에 상대적 고임금이 발생한다는 사실은 거의 언급하지 않는다. 노동자들은 초과 노동을 감수하여 상대적으로 높은 임금을 받고, 이제까지 그 임금으로 집을 사고 자녀들을 교육시켰다. 사회적 안전망이 미비한 사회에서 사람들은 개별적으로 혹은 이기적으로 자신들의 일자리와 노동 시간을 지키는 데 집중할 수밖에 없었다.

더욱이 한국노동자들은 노동시간은 최고이지만, 상대적으로 노동생산성은 낮았다. 지식경제부와 한국생산성본부는 OECD의 2009년 자료를 근거로 이 나라들의 노동생산성을 평가했다. 한국의 1인당 노동생산성은 23위였다. 또한 시간당 노동생산성은 28위에 지나지 않았다. 구체적으로 국가들을 거명하는 것이 조금 부끄럽기는 하지만, 한국은 그리스·슬로바키아·포르투갈·체코·터키·헝가리보다도 생산성이 낮았다. 무엇보다 노동시간이 길기 때문에, 상대적으로 시간당 노동생산성이 낮게 나온 것이다. 사실 이 노동생산성의 지표는 전체 GDP의 규모나 전체 교역량 규모를 따지는 지표보다 여러 점에서 더 중요하다. GDP나 교역량 규모에서 한국이 11위나 12위에 올랐다는 사실은 크게 보도되지만, 노동시간과 노동생산성 지표는 오히려 의도적으로 가려지거나 은폐되는 경향이 크다. 이제까지 우리는 일을 많이 해서 규모를 늘리는 쪽으로, 허세를 부린 면이 크다. 노동생산성이 낮으면서 일만 많이 하는 삶은 여러 점에서 왜곡될 수밖에 없다.

이 왜곡된 구조에 근거한 초과 노동 시간과 연공에 따른 임금 덕택에 고임금 혜택을 받았던 대기업 정규직들은 이제 근무 시간을 줄임으로써 일자리를 나누자는 접근에 대해 소극적이거나 심지어 거부하는 행태를 보인다. 『한겨레』는 2008년에 이 문제를 놓고 토론기사를 내보냈다. 박태주는 "임금의 일부는 양보하더라도, 노동시간 단축을 통한 일자리 나누기를 해야 한다. 임금 손실이 전혀 없는 상황에서는, (정규직과 비정규직의 사회적 연대가) 실현될 가능성이 희박하다"고 말했다. 그러자 민주노총 중심의 노조 간부들은 다음과 같이 말한다. "일자리 나누기를 위해 실노동 시간을 단축하고자 할 때, 최소한 지금 받고 있는 임금 수준은 보장이 돼야 한다"(이수호). 그러나 지금의 임금 수준을 보장하면서 노동시간을 줄이는 길은 거의 없을 듯하다. 물론 개별 기업 차원의 노조에서는 가능할 수도 있다. 그러나 정규직에게 어쩔 수 없이 기득권을 인정해주는 기업은 그 정규직노조가 노쇠해지기를 바라면서, 다른 한편으로 비정규직이나 불법적인 파견근무에 의존하게 될 가능성이 높다.

그래서 비정규직 문제를 풀기 위해 정규직이 조금 양보해야 한다는 주장이 설득력을 가진다. 그래야 기업의 양보도 얻어낼 수 있을 테니까. 노중기 한신대 교수는 이렇게 말한다. "정규직이 먼저 10원 더 내서 기업이 100원 더 내도록 하는 정책의 틀을 만들어야 한다. 우리가 왜 돈을 내야 하는지로 접근해선 안 된다." 그러나 노조는 완강하게 거부한다.

> 정규직 양보론은 연대에 도움이 안 된다. 갈등만 더 조장한다. 가장 절실한 것은 비정규직을 노조로 끌어들이는 거다.(현정희, 공공노조 부위원장, 전 서울대병원노조 위원장)

> 알량한 정규직 노동자들의 주머니를 털어서 해결할 생각을 하지 말고, 기업이 더 양보하도록 압박해야 한다. 기껏해야 180만 명인 대공장노동자들이 어떻게 1300만 명 노동자들의 문제를 해결할 수 있나.(하부영, 민주노

총 울산본부장, 전 현대자동차노조 부위원장)

비정규직 문제를 대하는 방식에서 서로 얼마나 다른 접근을 하는지 확실히 드러난다. 특히 정규직이 조금이라도 양보해야 한다는 접근을 거부하면서 비정규직을 노조로 끌어들여야 한다는 원칙을 내세우는 것은 공허한 면이 크다. 왜냐하면 현대자동자 노조의 비정규직 가입 투표에서 보았듯이, 정규직이 비정규직의 노조가입을 반대하는 상황에서 그런 주장은 힘이 없어 보인다. 그런데 정규직노조는 정규직이 양보하면 마치 자신들이 책임이 있다는 것을 인정하는 꼴이 된다며 더 반대한다.

연공에 따른 임금체계를 바꾸자는 관점에 대해서도 노조 측은 반대한다.

> 연공급 임금체계를 바꾸려면, 사회안전망이 뒷받침돼야 한다. 자칫하면 당장 생계비가 깎일 수도 있는 문제 아닌가. 생활임금을 보장하기 위한 여러 조치들이 전제되지 않으면, 현행 임금체계를 바꾸기 힘들다.(하부영)

> 노동자가 자식을 낳아 기르고, 자신의 노후까지 해결할 수 있는 생활임금이 보장돼야 한다. 그런데 기업이 주도하는 직무급은 노동자 개인의 삶은 개인이 책임지라는 식이다. 사실상 능력이나 성과급 위주로 바뀔 우려가 크다.(현정희)

결국 진보적이라는 민주노총은 노동시간을 줄이고 연공에 따른 임금체계를 개혁하자는 제안을 다 거부하는 모습이다. 그들도 나름대로 고용 불안 요인이 있겠지만, 전혀 양보하지 않으면서 개혁적인 제안을 모두 거부하는 모습은 결국 최종적으로는 그들에게 부메랑이 될 듯하다. 민주노총은 자본과 싸우는 것으로 자신의 진보성을 표현하지만, 비정규직을 방해한다는 점에서는 보수적이다.●

"우리 세대 다 죽고서"

물론 노동자만 부담하거나 노동자만 책임을 지는 일은 일어나선 안 된다. 무작정 그들에게 먼저 양보하라고 하는 것도 옳은 일은 아니다. 그러나 그들도 나름대로 양보할 준비를 해야 한다. 정규직이 노동 시간을 줄이며 임금체계를 개혁하지 않는 한, 기업에게도 사회적 책임을 요구하기 힘들 것이다. 그리고 사실상 지금 노조가 성과급 제도를 정면으로 거부하는 와중에도 성과급 제도는 점점 확대되고 있다.

흔히 비정규직 문제를 말할 때, 동일노동 동일임금의 원칙을 거론하곤 한다. 기본적으론 맞다. 그러나 그런 주장만 하는 것은 논의의 한 면만을 보는 일로 끝날 수도 있다. 왜냐하면 그 원칙을 실현하려면, 동시에 연공에 따른 임금체계를 바꿔서 직무급 형태를 도입해야 하기 때문이다. 그리고 연공에 따른 임금은 개별 기업 차원에서의 임금협상과 고용보장과 직결되는 경우가 많다. 따라서 개별 기업노조 차원이 아니라 산업별 노조 차원에서의 임금협상과 고용협상이 사회적으로 더 유리하다. 그런데 대기업 정규직노조들은 아직도 개별 기업 차원의 임금

●이재영 《레디앙》 기획위원은 2008년에 있었던 비정규직 토론회에서, 민주노총이 "르네상스 때의 작은 길드 같다"고 말했다. "길드가 상인자본과 싸우고 미숙련 직인과도 싸웠던 것처럼, 민주노총은 자본가와 싸우고 비정규직과도 싸운다." (경향신문, 2008년 8월 31일)

협상에 매달리는 경우가 많다. 이들이 지난 세월 노조의 힘을 사회적으로 강화하는 데는 기여했지만, 이제 중소기업 고용 및 비정규직 문제를 해결하는 데는 오히려 장애가 되고 있는 것이다. 노조 가입률이 10% 대에서 머물고 있는 국면도 이 상황과 연결되어 있다.

따라서 개혁적이고 진보적인 논의에서도 이 점들을 적극 논의해야 한다. 연공 형태 임금체계를 개혁하고 그에 따라 직무급을 도입하는 일에 대해 논의하지 않은 채, '동일노동 동일임금'의 원칙만 거론하는 일은 공허하기 십상이다. "정규직이든 비정규직이든, 같은 일을 하는 사람에게는 같은 임금을 줘야 한다는 것이 동일노동 동일임금의 원칙이다. 이를 실현하기 위해선 현재의 연공급 임금체계로는 곤란하다. 비정규직들은 대체로 회사를 다닌 기간이 짧아서, 격차가 더 벌어지기 때문이다."(인하대 윤진호 교수) 연공에 따른 임금체계를 고수하는 한, 현재 상태에서 비정규직은 점점 더 불리한 임금을 받을 위험이 커진다. 물론 현재 기업들이 편법적인 직무급을 도입하는 일이 꽤 일어난다는 점에서, 그저 형식적인 직무급에만 호소할 수는 없다. 그러나 그런 편법적 직무급이 도입되는 이유도 부분적으로는 연공 형태의 임금과 종신고용 체계가 완강하게 유지되는 상황 때문일 것이다. 문제들은 서로 꼬여 있고 맞물려 있다. 그래서 사실 해결이 단순할 수 없고 어렵다.

어쨌든 노조 간부의 다음과 같은 발언은 이제 더 이상 이 상황을 방치하기 어렵다는 점을 깨닫게 해준다.

조합원들에게 동일노동 동일임금 찬성하냐고 물어보면 다들 고개를 끄덕인다. 그런데, 3개월 일한 노동자하고 30년 일한 노동자의 임금이 같아도 되냐고 하면 반대한다고 하더라. 연공급이 파괴되면 숙련 노동자에 대한 보상은 어떻게 할 건가. 그래서 우리 세대 다 죽고 나서, 새로 시작하자는 이야기도 나온다.(하부영, 민주노총 울산본부장, 전 현대자동차노조 부위원장)

"우리 세대 다 죽고 나서, 새로 시작하자는 이야기"는 위험하기도 하고 공허하기도 하다. 그런 극단적인 상황을 설정하면서 끝까지 가려는 노조라니! 그래서 그런 상황을 몰고 온 사회와 기업의 책임을 인식하면서도, 노조의 그런 극단적인 결사반대에는 동의하기 어렵다.

노동시간을 줄이는 과정을 통해 일자리를 나누는 일, 연공에 따른 임금체계를 직무급 체계로 합리적으로 대체하는 일, 그리고 종신고용 체계를 사회적으로 수정하는 일이 중요하게 떠오른다. 노조가 여기에 계속 반대한다면, 고립될 위험이 크다. 또 개혁과 진보를 원하는 매체들도 이제까지처럼 소극적으로 이 문제를 논의한다면, 매체로서의 의무를 상당히 포기하는 것이다. 이 문제에 대한 적극적인 논의가 필요하다.

### 정규직 전환만이 답은 아니다

대기업 정규 노조가 이런 개혁에 반대하는 사이에, 비정규직을 비롯한 노동환경은 좋아지기보다는 더 나빠졌다고 할 수 있다. 이를 관찰한 지적을 읽어보자.

지난 몇 년 사이 노동계가 비정규직 반대라는 구호를 높였지만, 비정규직의 증가 속도는 더욱 빨라지고 정규직과의 차이는 더욱 확대된 사실에 주의를 기울여야 한다. 비정규직을 정규직으로 전환하라고 기업을 압박하면, 비정규직노조원 중 일부만 혜택을 받고 나머지 대다수의 비정규직은 극심한 고용불안에 시달린다.(우득정, 서울신문, 2005년 4월 5일)

정부와 기업에 책임이 있다며 외환위기 이후 지난 10년 동안 싸워왔지만, 결과가 어땠나. 정규직과 비정규직, 대기업과 중소기업 사이의 격차는 더 심해졌고, 정규직 노동자들을 향한 비정규직의 불만도 커졌다. 좀 더 정치적으로 문제를 풀어나가야 한다.(노중기, 한겨레, 2008년 6월 27일).

그런데도 개혁적이고 진보적인 매체조차 노동시간을 줄이면서 일자리를 나누는 일, 그리고 연공에 따른 임금체제를 바꾸자는 의제를 지속적으로 제기하고 논의하지 못했다. 내가 이 글에서 의도적으로 많이 인용해온 『한겨레』도, 비록 비정규직 문제에 가장 관심을 많이 쏟는 편이지만, 유감스럽게도 저 개혁적 주제들을 구체적이고도 지속적으로 거론하면서 논의를 진전시키는 일은 하지 못했다.

여기서 나는 좀 더 과감한 분석과 주장을 무릎써야 할 듯하다. 복지정책에서처럼, 아무리 그 자체로 좋은 정책이라도 한국에서 그대로 적용하기 힘들다면 포기해야 한다는 점을 나는 주장한다. 개인적으론 나도 유럽식 정책을 선호한다. 그러나 이 방식들이 지금 한국 상황에서는 여러 이유에서 실행하기 어려운 점이 많다면? 유럽 사회민주주의처럼 세금을 많이 내게 만들어 사회적 공공성을 높이자는 주장도 지금의 고용환경과 임금구조가 존재하는 한, 실행하기 쉽지 않을 것이다. 세금을 많이 내는 봉급생활자들은 자영업자에 대한 징세방식이 바뀌지 않는 한, 증세에 소극적이거나 반대할 것이다. 또 북유럽의 경우 파트타임으로 일하는 상당수 노동자들(특히 여성이 많다)도 비교적 높은 임금을 받으며 연금 혜택을 받는다. 이른바 '정규직 파트타임'이라고 불리는 일자리다. 그런 제도 때문에 폭넓은 복지제도가 가능했을 것이다. 이처럼 고용방식과 복지혜택은 맞물려 있다. 그런데 한국은 이제까지 연공에 따른 급여와 전일제 정규직 모델에 매달려왔다. 그런 상태에서 제대로 대우를 받는 파트타임이나 비정규직은 늘어나기 힘들 것이다. 더욱이 연공에 따른 급여는 유럽 방식도 아니고 일본 방식이다.

기업들이 이제까지 노사관계에서 사회적 책임을 성실하게 실행하지 않은 점은 비판받아 마땅하다. 또 보수 쪽이 그동안 대기업 정규직 등 화려한 취업만 부각시키고, 비정규직 문제에 진지하게 접근하지 않은 점이 크다. 그러나 진보 쪽에서, 정규직의 연공에 따른 급여체계와 종신고용을 전제한 채, 비정규직이 늘어난다는 말만 반복하는 것도 공허한 일이다. 한국 기업이 주로 인건비를 절감하기 위해 비정규직을 쓰고, 이들이 정규직으로 이동할 가능성이 낮다는 말은 틀린 말은 아니다. 그러나 다른 한편으로 그런 말은 기업에 대한 비판으로서는 무력한 점이 있다.

개별적인 기업에서 비정규직이 풀타임 정규직으로 전환된다면, 다행이고 좋은 일이다. 그러나 모든 혹은 최대다수의 기업에서 그런 일이 이루어지는 것을 비정규직 문제에 대한 원칙적 해법이자 정답이라고 여긴다면, 가능하지도 않고 또 솔직하지도 않다고 나는 생각한다. 위에서 우리가 자세히 보았듯이, 최대 정규직노조인 현대자동차노조를 비롯하여 적지 않은 개별 기업 노조 차원에서 정규직노조가 비정규

『경향신문』 2008년 9월 1일자. 비정규직 문제는 지금 진보 진영을 시험하는 리트머스지이다.

직과 함께 일자리를 나누는 일에 소극적이거나 심지어 거부하는 일이 일어나는 형국인데, 모든 기업에서 비정규직을 정규직으로 전환하는 일이 가능하겠는가?

　비정규직을 최대한 풀타임 정규직으로 전환하는 것을 비정규직 문제에서 유일하고 보편적인 정답으로 여기지 말자. 또한 정규직 일자리를 모든 혹은 다수의 기업에서 가능하고 필요한 모범적인 모델로 쉽게 여기지 말자. 한국 경제에서 대기업이 차지하는 몫은 매우 크지만 신규 고용은 줄어들고 있다는 것이 공공연한 사실 아닌가? 또 대기업과 중소기업에서의 고용환경은 상당히 차이가 난다. 『경향신문』이 마련한 비정규직 특집기사에서 정이환 교수는 이 점을 강조했다. 그는 "근로조건 및 임금수준이 대기업과 큰 차이가 나는 중소영세기업의 경우 내부에서의 정규직화는 큰 의미가 없는데, 그런 노동자들이 비정규직 노동자의 대부분"이라며 "이들이 같은 일을 하는 대기업 정규직에 비해 아주 낮은 임금을 받는 등 큰 차별을 받지 않도록 하는 것이 현실적인 대안"이라고 말한다. 다르게 말하면 대기업에서는 비정규직을 줄이는 것이 중요할 수 있지만 중소기업에서는 대기업과의 상대적인 차별을 줄이는 것이 더 중요하다. 이 점에서 은수미 한국노동연구원 연구위원은 "300인 이상 사업장과 나머지 중소영세사업장의 비정규직에 대해 접근을 달리해야 한다"고 말한다.(경향신문, 2008년 8월 26일) 비정규직의 정규직 전환이 어느 정도 이루어진다 해도, 이들 300인 이상 사업장과 중소영세기업 사이에 존재하는 차별이 크다면, 비정규직 문제는 여전히 악성인 채로 남을 것이다.

무엇보다 비정규직은 언제나 비정상이라고 여기는 관점이 수정되어야 한다. 오히려 정규직이 이제까지 누리던 기득권(연공급여 및 종신고용 체계에 근거한)을 조금 양보하고서, 비정규직에게 '괜찮은 일자리'를 많이 만드는 등 차선책들에 사회적으로 힘을 실어주는 것이 낫다. 그리고 이들 비정규직 일자리가 사회보험을 비롯한 다양한 복지혜택을 누리게 한다면, 비정규직은 나름대로 장점(과도한 업무의 부담에서 벗어나면서 자신의 시간을 사용할 수 있는 등의)을 가질 수 있을 것이다. 그런데도 비정규직 문제를 거론하는 사람들의 다수는 구태의연하게 혹은 솔직하지 못하게 마치 최대다수의 풀타임 정규직이 '최선의' 목표인 양 거기에만 매달려온 경향이 크다. 그렇게 공허하게 혹은 맹목적으로 최선에 매달리는 와중에서, 실제 상황은 더 나쁜 쪽으로 기울어진다. 비정규직을 정규직으로 전환하는 일이 목표로 추구되는 동안, 정규직은 자신들의 기득권에 매달렸고 그사이 좋지 않은 비정규직은 늘어만 갔다.

개혁적이고 진보적인 매체에서, 정규직에 매달리는 경향에 대한 변화를 강조하는 말이 없었던 것은 아니다. 예를 들면, 은수미는 2007년에 다음과 같은 발언을 했다. "전일제 장기고용의 '정규근로' 관행이 무너지면서 파트타임·단기고용 등 비정규직 노동이 확산되는 것은 전 세계적인 현상이다. '탄력적 노동방식'을 금지하거나 비난해왔던 국제노동기구ILO가 근래에는 '불완전고용'을 보호하는 쪽으로 한 발 물러서는 이유도 이런 현실의 반영이다."(은수미, 한겨레, 2007년 10월 31일) 그럼에도 불구하고, '비정규직을 정규직으로 전환하라!'는 일반적인 구호는 개혁·진보 진영에서 계속 반복되었다. 마치 그것만이 정답이고 목적인 것처럼. 그러면서 다소 공허한 구호들을 수정하면서 정책적 대안을 논의하는 일은 드물었다고 할 수 있다. 역설적이게도, 기존의 진보적인 거대담론이 비정규직 문제를 새로운 방향으로 진전시키는 데 기여하기보다는 그것을 가로막는 장벽 역할을 한 점이 있다.

파트타이머 확대가 비정규직 문제를 더욱 나쁘게 만든다는 우려도 있지만, 네덜란드나 스칸디나비아 국가들은 파트타이머를 정규직으로 많이 고용한다. 네덜란드 노동전문가는 말한다. "시간제 고용은 사용자에게도 유리하다. 무엇보다 고용의 유연성을 높일 수 있다. 해고는 마음대로 할 수 없지만, 노동시간을 늘리고 줄이는 게 쉽기 때문이다. 또 정규직과 달리 연장근무에 대한 초과수당 부담도 없다."(한겨레,

2009년 5월 15일) 스칸디나비아 국가들에서 배울 점이 있다면, 무엇보다 이 파트타임 정규직이 아닐까?

## 비정규직 문제 똑똑하게 해결하자

한국은 다른 어떤 나라보다 빠른 속도로 진행하는 '위험사회' 가운데 하나이며, 심지어 '극 위험사회'라고 할 수 있다. 일반적인 글로벌 '위험사회'보다도 더 위험한 면이 많은, 그리고 위험이 더 비대칭적인 사회이기 때문이다. 고령화 속도도 세계에서 제일 빠르고, 저출산율에 의한 구조 변화도 세계에서 제일 심한 나라다. 그리고 한국 사회는 유감스럽게도 기업이 많은 역할을 하는 사회가 되어 있다. 좋은 모양이 결코 아니지만, 실제 상황이 그렇다면 냉정해져야 할 듯하다. 기술과 지식이 순환하고 유통되는 속도나 주기가 세계 최고 수준으로 빠르다. 이 사회에서 사람들의 다수는 실제로 나라든 기업이든 대학이든 국제 경쟁에서 일정한 경쟁력을 가져야 한다고 생각한다. 이런 사회가 최대 다수에게 풀타임 정규직을 제공하기는 점점 어려운 일이 되어가고 있는 게 아닐까? 무엇보다 기업별 노조들이 연공에 따른 임금체계와 종신고용에 매달리는 상황에서, 일반 정규직들의 조기퇴직도 점점 가속화되고 있는 상황 아닌가? '우리 세대가 다 죽은 다음에, 새로 시작하라'는 말은 고집스런 저주로 사회를 짓누른다.

은수미는 같은 글에서 다음의 발언도 했다.

우리 사회는 돌아올 수 없는 강을 벌써 건넜을 수도 있다. 사람 자르기를 마지막 선택으로 보는 규범이나 예의를 이미 잊어버렸는지도 모른다. 하지만 지금 우리가 할 수 있는 최선책이자 해야 할 당위는 '사회적 합의' 또는 그 어떤 이름으로든 노사와 시민사회가 함께 머리를 맞대는 것일 것이다.

"우리 사회는 돌아올 수 없는 강을 벌써 건넜을 수도 있다." 사람에 대한 예의를 기업이나 사회가 잃어버렸다는 말이다. 그러면, 이 상황에서 대체 어떻게 해야 하는가? 기업들도 정규직노조도 완강하다면, 어떻게 '사회적 합의'가 가능할까? 기업과 정규직 노조가 서로 완강한데, 어떻게 노사와 시민사회가 함께 문제를 풀 수 있을까?

비정규직을 정규직으로 전환하는 일에 대한 사회적 합의는 솔직히 거의 불가능하지 않을까? 비정규직 사용 자체를 제한하기는 이미 늦었다고 봐야 한다. 비정규직의 규모가 너무 커졌기 때문이다. 이 상황에서는 비정규직의 사용 사유를 법으로 제한하자는 원칙적인 제안도 실현가능성도 낮으며 효과도 의문시된다. "정규직을 대체하는 형태의 비정규직이 대부분이고, 또 간접고용 사용이 정착된 상태에서 비정규직의 '사용사유'를 제한할 경우 간접고용 등 취약 노동자만 늘어날 수 있다."(은수미, 경향신문, 2008년 8월 31일)

돌아올 수 없는 강을 건넌 것이 '우리 사회'라면, 우리는 냉정하게 또 차분하게 생각해야 할 것이다. 비정규직이 늘어났다는 원론적인 비판만 반복하는 것은 이제 도움이 안 된다. 개혁과 진보를 원하는 사람들도 더 이상 최대다수가 전일제 정규직이 되는 사회를 최종적인 정답으로 움켜쥐고 있지 말아야 한다. 우리 사회는 유감스럽게도 그런 최대다수의 정규직이 일반적으로 가능한 선을 벌써 넘어간 부분이 많다. 그 대신 노동시간을 줄여서 일자리를 나누는 쪽으로, 그리고 직무급과 성과급을 혼합적으로 도입하여 연공 체계를 개혁하는 쪽으로 논의하는 일이 필요하다. 물론 이 방향으로 가는 일에 위험이 없는 건 아니다. 그러나 정규직의 기득권을 일정 부분 양보하면서 기업에 요구를 한다면, 위험을 최소화하면서 변화를 만들 수 있을 것이다.

다르게 말하면, 이제까지의 소위 보편적인 진보적 구호나 정책적 목표를 우리는 수정해야 한다. 기업들은 상당히 자유주의적이고 신자유주의적인 방식으로 활동하고 있는 것이 사실이다. 이것들이 모두 나쁜 것만도 아니라는 점을 인정하자. 연공에 따른 임금체계 대신에 성과와 능력에 따른 임금체계를 도입하고 확대하는 일은 그 나름대로 필요하기 때문이다.

자유주의적이고 신자유주의적인 방식이 좋다는 말이 아니다. 그리고 그것을 맥없이 받아들이자는 말도 아니다. 우리가 진보적으로 원칙적인 담론을 반복하는 지난 10여 년 동안, 비정규직 문제에서 볼 수 있듯이 상황은 더 나빠졌고, 사회에는 (신)자유주의적인 경향이 상당히 스며들었다. 그리고 개혁적이고 진보적인 매체들이 이렇게 스멀스멀 스며든 새로운 흐름들을 제대로 평가하지 못하고, 또 점점 확대되는 비정규직 문제를 둘러싼 정규직과의 갈등을 제대로 논의하지 않은 상황에서, 개인들은 개별적으로 각개약진하며 새로운 고용 환경에 대응하고 적응했다. 그래서 결과적으로, 한국 사회는 미국이나 영국을 비롯한 전통적인 자유주의 혹은 신자유주의 국가보다도 더 나쁜 상황이 되어버린 점이 많다. 예를 들면, 최저임금을 보장하는 차원에서 한국은 미국보다 더 못하다. 최저임금이 대부분 서비스 분야 비정규직에 해당한다는 점에서, 최저임금은 정규직 중심의 고용모델로는 해결되기 어려운 문제다. '미국보다 나쁜 상황'은 비정규직뿐 아니라, 앞에서 논의했듯이, 여러 복지 분야에서도 마찬가지다. 그래서 지금이라도 이

나쁜 점들을 솔직히 인식하고 인정하면서, 구체적인 대안이나 정책에 대해 고민해야 한다는 것이다. 어쨌든 이제까지 적지 않은 진보 지식인들이 해왔듯이 비정규직 문제를 신자유주의 탓으로 돌리는 일도 무력하고 허망하고 게으른 일이다. 그것이 이미 많이 침투한 것이 사실이라면, 일정하게 그 모델 위에서 개선과 개혁을 실행하는 방법도 생각해야 한다.

## 좌충좌돌이 필요한 이유

이 글은 노동시간을 줄이는 과정을 통해 일자리를 나누기, 연공에 따른 임금체계를 직무급 체계로 합리적으로 대체하기, 그리고 종신고용 체계를 사회적으로 수정하기 등의 문제를 주로 말했다. 물론 이들 문제만 풀면 비정규직 문제가 자연스레 해결된다는 이야기는 아니다. 기업들의 책임도 크다. 또 경제뿐 아니라 일자리까지도 대기업들에 과도하게 의존하게 된 사회상황 자체가 무엇보다 답답하고 한심한 일이다. 어쨌든 기업의 책임에 대해서는 상대적으로 조금밖에 말하지 않으면서 노동자들의 변화가 필요하다는 쪽으로 많이 말한 이 글은 '우충좌돌' 보다는 '좌충좌돌'에 가까울지 모른다. 그런 점도 분명 있다. 그러나 여기서 취한 '좌충좌돌'은 그저 나쁜 것만도 아니고 균형을 잃은 것도 아니다. 자신에 대한 성찰을 먼저 해야 한다는 점에서, 때로는 자기와 가까운 쪽에 더 많이 부딪쳐야 하기 때문이다. 어쨌든 이 글이 '좌충좌돌' 하느라, 기업과 자본에 대한 요구와 비판을 크게 하지 못한 점은 사실이다. 이 글이 위의 대책들을 집중적으로 논의한 이유는, 진보에 부딪치더라도, 아니 어떤 점에서는 바로 진보에 부딪치면서, 그것들을 논의의 전면으로 끌어내야 한다는 내 나름의 절박함 때문이었다.

2005년 기아차 노조비리가 터졌을 때, 전순옥 참여성노동복지터 소장은 "노동운동이 지나치게 몰매 맞고 있다는 주장이 많다"는 기자의 말에 대해 다음과 같이 말했다. "쓴소리는 더 필요하다. 친노조 쪽인 한 언론매체도 '지금 두들겨 맞고 있으니까 우리는 좀 가만 있자'고 한다는데, 갑갑하다. 자본과 정부가 더 나쁘다는 논리만 반복한다면 지금의 위기는 끝내 극복하기 어렵다." 나도 이 말에 전적으로 동의한다. 자본과 기업과 정부가 더 나쁜 면이 크다. 그러나 그 말만 반복하면, 그것도 우스꽝스럽다. 남 탓하기 전에 누구든지 자신의 윤리를 돌아봐야 한다.

그러나 다른 한편으로 이 글은 단순히 윤리에 호소하는 수준에 머물고 싶지 않다. 이 책 첫 부분에서 논의했지만, 현재의 정치적이고 사회적인 갈등들은 윤리와 도덕에 호소하는 것만으로는 해결하기 어렵다. 이게 정말 속 쓰린 사실이다. 윤리적인 성찰이 일차적인 쓴소리라면, 윤리를 넘어서는 성찰이 2차적인 쓴소리라고 할 수 있다. 한 예를 들자면, 파트타임을 정규직으로 만드는 일은 이제까지의 삶의 윤리를 여러 가지로 넘어가며 또 알게 모르게 이제까지 당연하게 여겼던 삶의 방식을 비트는 면이 있다. 총체적인 윤리를 넘어, 전략과 정책의 차원에서 기술적인 접근이나 타협이 필요한 지점들이 사회적 논의에 등장하는 것이다. 일반적으로 나이가 들면서 연공에 따라 급여가 높아지는 것이 이제까지 한국적 관행이었다. 그것이 바뀐다면, 알게 모르게 여러 가지 변화가 수반될 것이다. 또 사회구성원이 전체적으로 똑같은 시간에 일할 뿐 아니라 너무 많이 일하는 관행에 대한 사회적 수술이 필요하며, 밤늦게까지 노는 '역동적' 관행에 대한 수술도 필요할 것이다. 어쩌면 지엽적으로 보일 수도 있지만, 식당이나 유흥업소의 영업시간을 제한하는 일도 결코 사소한 일이 아니다. 과잉노동이 과잉유흥으로 이어지기 때문이다.

최근에 보수 언론들도 젊은 세대가 일자리를 얻기 어려운 상황에 점점 주목하고 있다. 송희영『조선일보』논설실장의 말이다. "20대 백수가 등장하면서 비정규직·인턴·알바의 불만을 조직화하는 움직임이 심상치 않다. (…) 젊은 빈곤층이 뭉치는 저항 운동에서 70년대 민주화운동, 80년대 말 노동운동의 초기 증상을 보는 기분이다."(조선일보, 2009년 5월 9일) 일차적으로는 젊은 세대가 점점 커다란 정치적 발언을 할 것에 대한 두려움 때문에 그에 관심을 가진다고 할 수 있지만, 어쨌든 보수층이 비정규직에 관심과 주의를 기울이는 건 나쁜 일이 아니다. "이명박 정권은 비정규직·인턴·알바처럼 유통기한이 짧은 근로자 세력을 소수 집단이라고 착각하지 말아야 한다. 정부는 비정규직이 이제 3할이 넘었다고 하지만, 현장에서는 이미 정규직보다 많은 다수파가 됐다. 이런 변화에 맞춰 노동관련법 전면 개편은 필수적이다." 보수도 노동관련법을 비정규직에 유리하도록 개편하는 데 찬성하는 분위기인 것이다. 그들은 일차적으로 정치적 전략 차원에서 그것이 필요하다고 느끼는 것이며, 그것은 이차적으로 윤리적 효과를 가져올 것이다.

야당과 진보 쪽에서 제기한 등록금과 복지 문제에 보수가 관심과 주의를 기울이는 정치적 형국이 여기서도 반복된다. 이 과정은 실질적으로 '역사적 진보'가 일어나기 위해 매우 필요하다. 실제로 보수는 서구에서도 정치적 전략의 관점에서 사회 문제에 관심을 많이 쏟는데, 그것이 결과적으로 민주주의와 인권에 이로운 쪽으로 작용하는 것이다. 사회민주주의의 발생지이자 발전소인 유럽의 독일과 프랑스 등에서도 사실 보수 및 중도 정권이 더 오래 집권했다는 점을 잊지 말아야 한다.

… 08

# 불패신화와 거품붕괴론 사이에 낀 부동산 경제

### 부동산 문제, 진보의 아킬레스건

　부동산으로 부양되는 경제는 민감한 문제다. 과도하게 부동산으로 부양되는 경제가 미국에서도 금융위기를 불러왔다는 점에서, 그리고 그것이 미국만의 문제가 아니라 한국을 비롯한 많은 나라의 경제의 숨통을 쥐락펴락한다는 점에서, 부동산은 이제 단순히 투기의 문제가 아니라 경제의 핵심적 문제다. 그러나 이것이 상당히 '나쁜' 문제라는 데 많은 사람들이 동의하는데도, 왜 그 문제는 고질적일까? 그리고 한국뿐 아니라 많은 나라들이 그 고질적인 경제적 병에 시달리면서도 왜 그것을 고치지 못할까? 이상하지 않은가?

　무엇보다 한국에서는 고질적인 이념 대립이 그 고질적인 병에 대처하는 태도를 다시 경직시키고 단순하게 만들고 있는 건 아닐까? 보수는 익히 아는 대로, 부동산시장을 되도록 시장원리에 맡겨두자는 주장을 반복하는 편이다. 수요와 공급의 질서를 정부나 제3자가 왜곡하지만 않으면, 시장은 그 질서에 따라 작동할 거라는 믿음이 그 논리에 깔려 있다. 한동안 중대형 아파트값이 많이 뛸 때도 보수 쪽 사람들은 투기 때문이라기보다는 공급이 받쳐주지 못하기 때문이라는 이야기를 많이 했다. 기본적으로 부유층이 소비를 많이 하면 건설 분야에서 그 효과가 아래쪽으로도 흘러갈 것이라는 '흘러내림'의 원칙에 대한 믿음도 거기에 있다.

그런 주장들에 대해 그동안 개혁·진보 쪽은 다음과 같은 지적이나 비판을 했다. "그러나 한국 사회가 부동산에 의해 부양되는 정도가 너무 크고 그 속도도 너무 가파르다는 점에 보수 쪽은 주의를 기울이지 않는다." "부동산값이 미쳤다고 할 정도로 뛰어서 그 폭등에 따른 부의 축적이 합리적인 시장경제를 이끌기보다는 건전하지 못한 투기경제를 확대하였다. 그래서 자본주의적 시장질서가 너무 천박하게 돌아간다." 비슷한 비판은 많았다.

일반인들도 한국의 땅값이 얼마나 높은지 대충 알고 있다. 통계청이 2008년도에 발표한 2007년 기준 한국의 명목 GDP 대비 토지자산 배율은 3.7배로 프랑스의 3.0배, 미국 2.8배, 일본은 2.4배, 캐나다 1.1배에 비해 높다. 한국의 부동산거품이 어떤 나라보다 심각한 상태라는 의미다. 더욱이 우리나라는 토지자산 가격을 실거래 가격인 시가보다 크게 낮은 공시지가로 계산하는 반면, 미국 등 대다수 선진국의 경우 시가로 계산하고 있어 우리나라의 실제 토지거품은 몇 배나 큰 것으로 추산된다. 특히 사람들은 위의 통계수치보다는, 토지가격으로 따지면 한국보다 100배나 큰 캐나다 국토를 2번 사고도 남는다는 말에 매우 놀랐다. 또 이 같은 토지자산은 이보다 거품이 더 큰 아파트 등 주택자산은 제외한 것으로, 주택자산까지 합할 경우 우리나라의 부동산거품은 지구촌에서 최대 규모로 추정되고 있다.

그러나 이 비슷한 지적이나 비판 속에서도 한국의 부동산값은, 2007년 미국의 금융위기가 오기 전까지는, 끊임없이 올랐다. 다수의 사람들은 우리 땅값과 아파트값이 매우 비싸다는 것을 알면서도 그래도 사고팔았으며, 따라서 그런 상승세가 계속 이어졌다. 다르게 말하면, 개혁·진보 쪽에서 아무리 부동산거품을 비판하고 암울한 비난을 퍼부어도 부동산 경제의 기를 꺾지는 못했다. 냉정한 비판과 불길한 예측이 사람들의 실질적인 행동에 큰 변화를 주지 못했다는 얘기다. 부동산거품에 대한 불길한 예측이 끊임없이 있었지만, 그것과 반대되는 예측이나 판단, 곧 부동산값은 그래도 아주 떨어지지는 않을 것이며 설혹 떨어진다면 그런 위기 속에서는 다른 것도 어쩔 수 없을 것이라는 예측이나 판단이 언제나 있었다.

사실 저 위의 말, 곧 한국 땅값이면 우리보다 100배 큰 캐나다를 두 번 사고도 남는다는 말은 처음 들으면 놀라 자빠질 지경이지만, 그 놀라움은 사람들의 행동의 변화를 가져올 정도로 놀랍지는 않은 듯하다. 캐나다는 인구가 우리보다도 적어서(3500만 정도) 인구밀도가 낮으며 더욱이 북쪽의 땅은 사람이 살기도 힘든 추운 곳이니, 땅값이 쌀 수밖에 없다는 것은 조금만 생각하면 누구나 알 수 있다. 그래도 사람들은 그런 말을 듣는 순간, 많이 놀라지 않는가? 그런데도 왜 사람들의 행동은 바뀌지 못할까? 무서운 점은, 이 놀라움이 사람들로 하여금 부동산거품을 빼게 하기보다는, 오히려 거꾸로 불안과 공포를 유발하여 집을 사는 데 더 매달리게 하는 효과가 적지 않다는 것이다. '경제는 심리'라는 말이 그래서 생기는 것이다.

어쨌든 지난 세월 동안 보수는 부동산 경제에 대한 믿음을 과도하게 가졌고, 진보 쪽은 공식적으로는 부동산 경제를 비판하고 거품을 불길하게 예측하는 쪽으로 기울어졌다. 그런데, 이제 와서 되돌아보건대, 진보 쪽의 혹독한 비판과 암울한 예측은 불행하게도 주로 말뿐이었고 상황을 통제할 힘은 가지지 못했다고 여겨진다. 거꾸로 말하면, 부동산에 관한 한국인의 삶은 비판적 혹은 윤리적 이론이 가리키는 쪽으로 흘러가지 못하고, 천박하고 '더러운' 쪽으로 흘러갔다. 나는 서로 다른 방향으로 가는 이 두 과정의 엇갈림을 분석하고 싶다.

우리 사회는 1980년대 이후 민주화를 이루기는 했지만, 그 이후 실제 삶은 좌파적인 이론이나 담론이 가리키는 방향과는 다른 방향으로 갔다. 윤리적이거나 근본주의적인 이론이나 이념이 부족한 것은 아니었다. 토지 공공성 같은 개념은 진보적 언론에서 자주 등장했다. 그러나 실제 상황은 다른 방향으로 흘러갔다. 그런 이론과 담론을 말하는 사람들도 실제 상황 속에서는 이론이나 이념에 따라 생동하지는 못했다. 이것은 물론 그들의 윤리적 부족함의 문제가 아니다. 사회가 천박해지고 사회조직은 점점 기업처럼 되어가는데, 개인들이 무슨 용빼는 재주가 있겠는가? 그러니 그들 탓을 할 건 아니다.

문제는 보수와 진보로 나뉜 사회에서, 특히 경제에 관한 한, 진보적 이론이나 개념들이 점점 무력한 꼴을 보이거나 경직된 모습을 보인다는 것이다. 신자유주의와 자유무역을 다룬 글에서도 지적했지만, 비판적 이론들이 특히 실물경제에서 적절한 실용성과 개혁성을 놓치는 경우가 많다. 비판을 한다는 사람들은 상황을 통제할 힘과 실력을 익히지 못한 채, 한편으로는 관료들에게 휘둘리고 다른 한편으로는, 경직된 개념과 암울한 예측을 퍼붓곤 한다. 물론 이런 일이 벌어지는 배경에는 물론, 앞에서 말했듯이, 무서울 정도로 천박하고 더러운 방향으로 나아간 우리 사회가 있다. 그러나 그런 상황을 바로 보아야 하는 게 아닐까. 바로 그 천박함과 더러움을 직시하고 그것을 통제하거나 관리하는 일이 무엇보다 중요한 게 아닐까?

### 성급한 기대와 저주 사이에 있는 부동산

부동산 경제가 무섭고 끔찍하게 변해가는 실제상황에서, 자칭 진보 쪽은 그것을 관리하고 통제할 힘과 실력을 갖추지 못한 채, 비판과 비난만 하는 관념적 비판의 매너리즘에 빠진 것이 아닐까? 정부가 쉽게 부동산부양책을 써서 경제를 살리려고 할 때 비판하는 것은 좋다. 그러나 진보 쪽도 그런 비판에만 너무 쉽게 익숙해져서 타성만 생긴 것은 아닐까? 사실 그런 비판을 하는 것은 어렵지 않은 일이다. 그러나 언젠가부터 부동산 거품이 빠져야 한다는 좋은 의미의 경고가 그저 파국이 올 것이라는 무책임한 저주로 쉽게 변질되곤 했다고 할 수 있다.

이런 저주는 매우 많지만, 한 예를 들어보자. 우석훈은 부동산 가격이 떨어지던 2010년 한국의 부동산 가격이 "6분의 1까지 떨어질 수도 있고 일부 아파트 단지는 슬럼으로 전락해 가격이 0원이 될 수도 있다"고 말했다.(미디어오늘, 2010년 9월 12일, '하우스푸어' 토론회를 다룬 기사) 가격이 0원이 되는 아파트가 될 수도 있다? 이런 발언은 좋은 뜻의 예측이나 경고를 한참 지나, 무책임한 선동에 가깝다. 부동산거품을 비판만 하는 사람들은 언젠가부터 그저 부동산 경제는 망할 것이다, 혹은 망했으면 좋겠다라는 식의 선동적인 발언을 하는 경향이 있다. 그는 또 "우리나라는 아르헨티나처럼 국민소득이 떨어지고 역성장하는 우울한 시나리오로 갈 가능성이 크다"고 전망했다. 이런 무책임한 발언을 하는 사람이 진보적인 경제학자일까?

  그는 실제로 많은 칼럼에서 경제상황을 정확하게 분석하기보다는 분석하는 시늉을 하면서 주먹구구식의 저주와 협박을 예측의 형식으로 내놓곤 한다. 「'아파트 공화국', 파국이 다가온다」는 칼럼을 읽어보자.(프레시안, 2010년 6월 22일)

> 한국형 공황의 발발에 대해서 구체적인 작동 메커니즘을 아주 세밀하게 묘사해보고 싶은 충동을 들게 만든다. 나는 정부가 현재까지의 추세대로라면 (…) 2011년 하반기, 대체적으로 7월부터 12월 사이, 즉 이명박 대통령의 임기가 아직 1년여 남아 있는 사이에 진짜 'IMF급'의 부동산발 경제폭락을 맞이할 가능성이 높다고 생각한다.

  "아주 세밀하게 묘사해보고 싶은 충동을 들게 만든다?" 그렇지만 왜 그렇게 하지 않는가? 공황의 발발 가능성이 있다면, 세밀하게 묘사하거나 분석하면 될 일이다. 냉정하거나 불길한 예측을 하더라도, 성실하고 책임 있게 해야 할 것이다. 그러나 우석훈식의 저주는 성실하고 책임 있는 예측과 거리가 멀다. 차분하게 분석한 후에 진단을 하기보다는 우선 선정적인 이슈를 던져놓고 보자는 식이다. 무책임한 저주의 전도사 노릇으로 보일 지경이다. 그런 행위는, 세상의 멸망이 온다면서 면죄부를 팔려는 교회들의 행태와 크게 다르지 않을 듯하다. 그리고 그가 예측한 시기에 가까운 지금 부동산 폭락의 기미는 보이지 않는다.

  오해 없기 바란다. 나도 부동산 거품이 빠져야 한다고 믿는 사람이다. 그러나 그렇게 파국을 유도하고 저주를 남발하는 방식은 무책임하다고 본다. 경제가 파국에 이르면 누가 더 피해를 보는가? 당연히 약한 사람들이 더 피해를 본다. 그러니 부동산거품이 미쳤다고 여기더라도, 책임 있게 거품을 빼는 방식을 고민해야 한다. 경제학자라면 특히 더 그래야 한다. 김대중 정부와 노무현 정부는 이제까지 제일 서민에 가까운 정부였는데도, 부동산대책을 세우지 못했다. 물론 나도 노무현이 대통령 시절 부동산 문제에 대처한 태도가 실망스럽다고 보는 편이다. 그는 갈팡질팡했다. 대통령이라면 말을 그냥 던지기보다는 관료들을 장악하여 책임 있는 정책을 펴는 능력과 권한을 보여줘야 한다. 어쨌든 개혁과 진보에 그나마 가까운 정부가 두 번이나 집권했는데도 부동산 문제에서 책임 있고 일관된 정책을 펴지 못했다는 사실은, 부동산 경제를 말로만 비판하고 비난하는 일이 능사가 아님을 알려준다. 아니 부동산부양책이나 부동산 경제에 대한 비판과 비난만으로는 문제를 해결하기 어렵다는 점을 인식하는 게 중요한 듯하다.

또 솔직한 태도가 필요하다. 아파트를 비롯한 부동산값이 요동을 칠 때, 거기 편승하는 사람들, 곧 어떤 이유로든 아파트를 사는 사람들, 특히 강남에서 아파트를 사는 사람들은 모두 나쁜 사람들이고 투기꾼들일까? 강남이 부동산 폭등을 유도하는 면이 크고 따라서 강남이 사회적 갈등을 유발한 면이 컸지만, 그렇다고 그들이 다 나쁜 투기꾼들은 아닐 것이다. 물론 그런 사람들도 꽤 있긴 할 것이다. 특히 고위공무원이라는 신분이나 직업과 관련해서 얻은 정보를 이용해 전문적으로 투기를 한 사람들은 비난을 받아 마땅하다. 상습적으로 그런 짓을 한 사람들은 고위공직에 임용되지 못하는 사회적 상식이 자리를 잡아야 한다. 그러나 그런 사람들 말고도 요동치고 폭등하는 부동산값이 무서워 그저 자신이 살 집을 빨리 하나 장만하는 일을 한 보통 사람들도 있다. 물론 이런 보통 사람들도 일정하게 부동산으로 부양되는 경제구조에 참여한 셈이다. 그러나 이들까지 싸잡아 비판하거나 근거도 없이 부동산 값이 80% 이상 떨어지리라고 섣부르게 예측하거나 저주를 퍼붓는 일은 피해야 할 일이다. 능력 있고 책임 있는 경제학자라면 점진적으로 거품이 빠지도록 유도하는 정책을 만드는 데 애써야지, 선정적인 방식으로 폭락을 예측하거나 부추기는 일은 하지 않을 것이다. 예측을 하더라도 냉정하고도 차분하게 해야 할 것이다. 아니, 거품이 많이 꼈더라도 실제로는 공황을 유발할 정도로 폭락하지는 않기를 바라고 또 그렇게 되도록 노력해야 할 것이다.

현재 부동산 대출 규모가 심각하게 크고 따라서 가계의 부채가 계속 확대되고 있다. 여기에는 정부의 무능도 책임이 있다. 그러나 시민들이 그저 무책임한 탐욕에 빠져서 이런 일을 하는 것은 아니다. 통계에 따르면, 2000년대 들어 베이비붐 시대에 태어난 40~50대 가장들의 가구 숫자가 늘어났고, 이들은 집값이 불안한 상황에서 집을 장만하는 쪽으로 행동했다. 그들의 행위는 나름대로 어쩔 수 없고 합리적인 면도 있다는 것이다. 이 점에서 다시 인구학적 측면에 주의를 기울이는 일이 필요하다. 이 관점에서 다음의 주택분석을 읽어보자.(송태정. 인구구조로 본 가계부채, 한겨레, 2011년 4월 4일)

> 2000년대 들어 우리나라 가계부채가 급증한 원인에는 베이비붐 세대가 주축이 된 인구구조의 변화와 같은 구조적, 환경적 요인도 크게 자리 잡고 있다. 따라서 개별 소비자들에게 왜 빚을 많이 가지고 있느냐고 탓하기도 어렵다. 개별 소비자 입장에선 집값이 오르기 때문에 빚을 내서라도 집을 사야겠다는 생각이 있었을 뿐 아니라, 저금리와 금융사의 대출 확대로 빚

「한겨레」 2011년 4월 4일자. 부동산 거품을 단순히 맹목적 투기의 문제로만 볼 수 있을까? 부동산 문제는 어느 정도 소비자들이 합리적으로 선택한 결과다.

을 얻기 좋은 여건이 마련되었던 것이다. 자신의 여건이나 환경, 미래에 대한 기대 등을 통해 개별 소비자들은 합리적인 의사결정을 했다고 볼 수 있다. 개인적으로는 합리적 의사결정을 했지만 인구구조와 같은 환경변화 등의 영향으로 거시경제 전체 차원에서는 문제가 된 것이다.

내가 보기에 이런 분석과 진단이 부동산 경제를 싸잡아 비난하면서 파국을 부추기는 자칭 진보적 관점들보다 훨씬 합리적이면서도 책임을 직시하는 태도다. 나아가 이 관점은 그저 합리성을 옹호하는 데 그치지 않으며, 개인의 합리성이 가지는 한계 역시 냉철하게 짚고 있다. 개인의 합리적 행동은 거시경제의 비합리성을 피하거나 극복하지 못한다. 그 사이에는 균열이 있기 때문이다. 이렇게 한편으로 개인의 다소 이기적이거나 합리적인 행동을 인정하면서도, 그것과 거시경제 사이에 벌어지는 거리와 균열을 외면하지 않는 관점은 말하자면 중도적 관점이다. 우파는 가만히 두면 시장이 저절로 조절될 것이라고 믿는 경향이 큰 반면에, 좌파는 개인들의 다소 이기적이면서도 합리적인 행동의 다양성을 제대로 인정하지 않고 믿지도 않는다.

개인의 다소 이기적이면서도 합리적 행동? 이것의 범위가 얼마나 넓은지, 그리고 어느 정도의 범위까지 정당화될 수 있는지 한번 살펴보자.

### 부동산 경제의 '인질'은 누구인가

아주 질이 나쁜 투기꾼을 제외한, 보통 사람들은 대체 누구일까? 투기를 동반한 경제에 조금은 참여하고 조금은 기여한 채, 그래도 악마는 되지 않으려고 노력하거나 혹은 악마는 되지 않기를 바라는 사람들, 그들은 누구일까? 지난 세월 한국 사회가 가난에서 벗어나 상당한 풍요에 이르는 데 그 나름대로 기여하고, 또 자신이 살 괜찮은 집이나 어엿한 집을 한 채 장만함으로써 그 열매를 맛본 사람들은 대체 누구일까? 이들은 부동산 부양을 강요하는 경제에 인질이 되어 있는 것일까? 우석훈이 아파트값이 6분의 1 이하로 떨어질 것이라는 무책임한 발언을 한 토론회에서 선대인 김광수경제연구소 부소장은 사람들이 "스톡홀름 증후군에서 벗어나야 한다"고 조언했다.

스톡홀름 증후군이란 인질이 납치범에게 정서적으로 동화되는 비이성적

현상을 말하는데 이 경우는 부동산에 '올인'을 하고 곧 오를 거라고 자기합리화를 하는 자가당착적 상황을 의미한다. 정부가 뭔가 '한 방'을 터뜨려주지 않을까 하는 기대도 스톡홀름 증후군을 강화하는 요인이 된다. 선 부소장은 '더 늦기 전에 냉정하게 현실을 직시하라'고 강조했다.

정말 사람들이 부동산부양 경제에 인질이 되었을까? 그렇게 미친 듯이 오르는 부동산에 '올인'을 하고 따라서 부동산값이 오르기만을 기다리는 사람들도 꽤 있었을 것이다. 그러나 부동산 경제에 어떤 방식으로든 참여한 사람들이 다 거기에 '올인'을 한 것은 아니다. 나는 근거 없이 세상 사람의 반 이상이 착한 사람이라고 생각하는 사람은 아니다. 그렇지만 자신이 살 집 한 채를 산 사람들 상당수를 그렇게 어리석은 인질이나 혹은 병리적 심리상태를 가진 인질이라고 볼 필요는 없다. 내가 보기에 상당수의 사람들은 그런 투기적인 인질이라기보다는 생계형 이기적 인간이거나 합리적으로 이기적인 인간에 가깝다. 다만, 불안한 상황이 오래가면, 그들은 점점 이기적으로 행동하는 경향이 있을 뿐이다. 이 점을 한번 살펴보자.

부동산값이 오르고 또 사람을 불안하게 만드는 상황이 지속되니, 그들은 어쩔 수 없이 대출을 받아서라도 집을 산다. 일단 그렇게 집을 산 사람은 집값이 유지되면 안심하게 될 것이다. 집값이 조금 오르면, 기분이 조금 좋을 수도 있다. 많이 오르면서도 경제 지표가 좋은 상태이면, 그들은 '이거 뭐가 이상한 거 아니야?' 하면서도 '모든 게 잘 되면 좋겠다'라는 막연한 생각을 할 수 있다. 그렇게 그들은 보통의 방식으로 조금 이기적이고, 조금 개인적으로, 자신의 운을 즐길 것이다.

그러나 그들이 꼭 그렇게 부동산 가격이 오르는 것만을 바라지는 않을 것이다. 적지 않은 수의 사람들은 부동산값이 합리적인 방식으로 조정되거나 거품이 빠지는 것이 좋겠다고 생각할 것이다. 그러나 설혹 조금씩 거품이 빠지는 것은 용인하더라도, 폭락이 오거나 급락이 오는 상황을 반기지는 않을 것이다. 물론 있는 돈을 모으고 모은 후에 대출을 받아서 집을 산 사람은 실제로 거의 '올인'한 것과 크게 다르지 않을 수도 있다. 이 경우 부동산에 '올인'했다는 것의 정의도 모호해질 수 있다. 그럴 경우 소극적으로나마 혹은 의도하지 않았더라도 인질이 된 사람들도 상당수 있다고 판단된다. 그렇지만 전문적으로 투기를 하며 여러 채 집을 사거나 쉬지 않고 옮겨 다니며 올인을 한 사람과, 결과적으로 있는 돈 없는 돈을 끌어 모아서 겨우 자신이 살 집 한 채를 사는 사람은 구별될 수 있다. 서울의 자가自家 소유율이 65%에 이르는 상황에서, 아마도 적지 않은 숫자는 후자의 부류에 속한다고 가정할 수 있다. 이 사람들은 부동산값이 꼭 오르기를 기대하는 건 아니다. 치솟는 부동산값이 불안해서 사는 것이고, 일단 산 후에는 급락하거나 폭락하지 않기를 바랄 것이다. 집이 한 채 있는 사람은 부동산값이 오른다고 무조건 자신에게 이익이 되지 않는다는 것쯤은 안다. 더 큰 집은 더 오르고, 그러면 큰 집으로 가기는 더 어려워진다는 것 정도도 일정 기간이 지나면 학습이 된다.

앞날이 불안해서 부동산 경제에 참여하는 보통 사람은 부동산값이 급등하는 것도 불안하고, 폭락하는 것도 불안하다. 이런 사람들을 그저 적으로 삼거나 그들이 어리석거나 병리적 심리상태에 빠진 인질이라고 보는 자칭 지식인들의 비난이나 비판은 과장된 허위의식일 수 있다. 객관적인 경제학이나 정책이라면 그런 사람들의 행위를 사실적으로 파악하는 것이 필요하다. 또 일단 그런 일이 생겼더라도, 그런 사람들의 지지와 동의를 얻어, 부동산 경제를 진정시키고 이른바 연착륙을 하도록 유도하는 게 좋은 경제학이나 정책일 것이다. 연착륙을 한다는 확신이나 신뢰가 있기 전에는, 이미 불안에 조금이라도 사로잡힌 사람들의 행동은 잘 바뀌지 않을 것이다. 사람들을 윽박지르거나 협박하는 경제학은 쓸모가 없다.

부동산값이 사람들을 불안하게 만드는 데도 부동산에 의한 혼란이 계속되는 이유는 어쩌면 일부 투기꾼 때문만은 아닐 수 있다. 또 시장에 권력이 넘어갔다고 믿는 정치가들 때문인 것만도 아닐지 모른다. 우파는 적극적이고도 뻔뻔하게 국민이 국민경제의 인질이 되기를 부추기고 강제한다. 그런 불안한 부동산 경제의 와중에서 사실 집을 안 사면 불안하고, 대출을 받아 집을 사면 구차스럽다. 불안감은 구차스러움을 유도하고, 구차스러움은 뻔뻔해지기 쉽다. 그동안 성장에 몰두한 한국경제에서 정부 관료나 건설업체들은 이 불안감을 이용했다고 할 수 있다.

그러나 거꾸로, 개혁과 진보를 바라는 사람들 가운데 다수도 구체적인 대안이 부족했다고 할 수 있다. 혹은 정치적으로 그런 우파의 정책을 바꿀 정치적 동원에 크게 성공하지 못했다. 솔직하게 말하면, 아마도 개혁·진보 쪽의 상당수도 아파트를 샀을 것이다. 교육 분야에서 개혁·진보들의 상당수가 실제로는 우파와 별반 다르지 않게 행동을 하면서 기껏해야 말로만 교육공공성을 외친 것과 비슷한 형국이 벌어졌다고 할 수 있다. 교육에 투자하는 개혁·진보가 아무리 교육 개혁을 말해도 사회적 효과가 없었던 것처럼, 자신들도 아파트에서 살거나 심지어 강남에 사는 강남좌파들이 부동산 경제를 비판하는 말을 해도 사회적으로는 별 효과가 없었을 것이다.

이 강남좌파들을 비판하거나 비난하자는 게 아니다. 다만 개혁·진보의 상당수도 부동산값이 미친 듯이 뛰는 상황에서, 불안에 떨지 않기 위해 혹은 결과적으로 피해를 보지 않기 위해, 집을 사지 않을 수 없었다는 것이다. 그래서 결국 지난 성장기 동안 개혁·진보가 정치적으로 대안을 마련할 힘이 부족했고, 또 다수 시민을 동원하여 정치적이고 사회적인 변화를 유도할 힘과 여유가 부족했다는 것이다. 그 상황에서 진보를 자처하거나 진보 진영의 논리를 대변하려는 사람은 자신도 모르게 이념적인 비판 쪽으로 기울어졌을 것이다. 부동산 경제는 파국을 맞이할 것이라는 협박투의 진단이나 예측이 쏟아지게 된 것도 그런 와중이었을 것이고.

여기서 몇 가지 유형이나 개념을 구별할 필요가 있다. 부동산 경제에 이런저런 방식으로 참여했다고 해서 모두 인질범과 한패가 돼버린 인질이라고 보기는 어렵다. 전문적으로 혹은 상습적으로 투기를 하면서 정부가 뭔가 한 방을 터뜨려주기를 애타게 기다리며 꾸준히 작전을 짠 사람은 그렇게 부를 수 있을 것이지만, 그렇지 않고 다소 영리하거나 운이 좋아서 강남에 살게 된 사람들까지 그렇게 부를 필요는 없을 것이다. 물론 사람 심리라는 것은 상당히 모호하기 때문에 이 집단도 명확히 두드러지고 구별되는 것은 아닐 것이다. 운이 좋아서 있는 돈으로 혹은 이재에 다소 밝아 돈을 빌려서라도 땅을 사놓았는데 운이 좋아 그 땅값이 오른 경우도 있을 것이다. 그런 게 한 건이라면 크게 문제가 되지 않겠지만, 두 건 이상이면 의심을 살 만하다. 그렇게 두 건 이상으로 거래를 연속적으로 하면서, 부동산으로 경제를 부양하는 정부의 정책에 모든 것을 건다면, 그는 인질범과 한패가 된 인질이라고 할 수 있을 것이다. 부동산으로 경제를 부양하려는 정책에 강하게 매달리는 정부는 그런 사람들을 인질로 삼는 인질범인 셈이고.

그렇지만 이제까지 많든 적든 부동산 부양책을 사용한 모든 정부가 인질범의 역할을 했다고 말하는 것은 지나친 판단일 것이다. 그럴 경우에는 자신이 살 집 한 채를 산 모든 사람이 인질 역할을 하게 될 터이니. 정부야 부동산뿐 아니라 어떤 영역으로든 경제를 부양하려는 의도를 가질 만하다. 경기와 경제를 부양하려는 모든 정책을 국민을 인질로 삼는 정책이라고 부르기는 어렵다. 특별히 국민과 시민을 볼모로 삼는 정책이라야 그렇게 부를 만하다. 예컨대 정부가 대기업 위주로 예산 지원을 하면서도, 대기업이 불법적이거나 탈법적인 행위를 할 때 혹은 부실경영을 할 때에도 대기업에 끌려가는 경우가 그렇다. 혹은 특별히 기만적인 사업을 국가가 특혜를 주어 지원하는 경우에는 정부가 국민을 인질로 삼고 있다고 부를 만한다.

### 이기적 인간을 바라보는 중도의 관점

아예, 전혀, 인질이 되지 않기는 힘든 세상인 듯하다. 은유적으로 말하면, 거의 모든 시스템들은 그 안의 개인들을 볼모로 삼고 있어서, 개인들에게는 도망갈 틈이 점점 좁아지는 듯하다. 그러나 그런 수사학적 표현과 분석적 개념은 조금 달라야 할 것이다. 수사학적으로 보면, 서울과 수도권은 국가와 국민을 인질로 삼아 부동산 게임을 한다고 말할 수 있을 것이다. 서울과 수도권 집중 현상을 오래전부터 비판한 강준만은 서울과 수도권이 지방을 일종의 '식민지'로 삼고 있다는 비판을 하기도 했다. 그만큼 서울과 수도권 집중은 폐해를 유발한다. 인구학적으로 전 인구의 반이 서울과 수도권에 몰리다보니 지대가 높아지고,

그에 따라 지대 상승을 이용한 경제부양책이 손쉽고 효과 빠른 좋은 정책으로 자리 잡았으며 또 관료들에 의해서도 선호되었을 것이다. 그렇게 보면 서울과 수도권에 모여들어 좋은 일자리를 얻으려는 국민의 반이 부동산 경제의 반#자발적인 인질인지도 모른다. 지방에서는 비교적 부동산값이 요동치지 않았지만, 그렇다고 사람들이 인질이 되지 않은 것에 그저 안도하기만 한 것은 아니다. 서울과 수도권의 아파트값이 몇 배 뛰는 동안 자신들의 부동산 가격은 제자리걸음을 하는 것을 보면서, 그들도 차라리 '몸값이 나가는 인질'이 되고 싶어 했을지도 모른다.

그렇게 인질이란 표현을 확장하면, 근대 이후의 모든 국가가 국민을 인질로 삼는 정치 체제일 것이다. 또 대부분의 국민경제도 국민을 볼모로 삼으면서 국민에게 혜택을 나누어준다는 점에서 인질범 역할을 한다고 할 수 있을 것이다. 그러나 그럴 경우 우리는 인질범과 인질 사이의 병리학적 얽힘을 너무 확대하거나 그것으로 모든 면을 뒤덮는 위험을 자초할 수 있다.

한국의 부동산 경제에 비정상적인 면이 있었고, 정부가 부동산을 통한 경제를 부양하려는 정책을 너무 쉽게 사용한 면이 많았던 것은 사실이다. 그렇지만 모든 정부의 부동산정책과 국민들의 내 집 마련 욕망 사이의 관계를, 인질범과 인질의 관계로만 단순화하기는 어려울 것이다. 부동산값이 뛰어도 그것이 경제에 유리하게 작용하는 면이 크다는 믿음을 사람들이 가지고 있는 동안, 부동산 가격의 상승은 경제를 이끌면서 구매력과 소비력의 확대에도 도움이 되었을 것이다. 아마도 자의반 타의반으로 그들은 집을 구입하게 유도하는 정부의 부동산정책과 같은 배를 타고 갈 수밖에 없었을 것이다.

그러나 이제 서서히 부동산 거품은 빠지고 있다. 부동산 가격상승으로 혜택을 본 세대들의 시대는 끝나고 오히려 그것 때문에 피해를 보는 세대들의 시대가 오기 시작한 듯하다. 거품이 중장기적으로 빠질 수밖에 없다고 인식되면, 사람들은 부동산에 투자를 덜하기 시작할 것이다. 그래서 다시 부동산 가격이 떨어지겠지만, 급락과 폭락이 아니라면 사람들은 받아들일 것이다. 그렇게 차분하게, 그리고 고통을 분담하는 방식으로, 거품이 빠지도록 유도하는 게 바람직하다. 물론 기대했던 것 이상으로 가격이 폭락하고, 그 기간도 오래갈 수 있다. 그리고 그 경우에 피해는 잔혹하게도 약자들에게 더 돌아간다.

부동산 경제의 성격은 매우 복합적이고 복잡하다. 드러내놓고 투기를 하거나 의도적인 투기꾼이었던 사람들을 예외로 하고, 그 밖에 사람들은 그저 어리석거나 정신 나간 인질로 매도당할 필요는 없다. 비록 나중에는 전반적으로 비정상적이고 병리적 상태에 빠지게 된 면이 있겠지만, 그들은 처음부터 병리적인 심리상태에 있었던 것은 아니었다. 그들은 아주 자발적인 결정을 내린 것도 아니지만, 그저 수동적인 존재도 아니었을 것이다. 하루 단위로 바뀌는 환율과 주가에 따라 외환과 주식이 매일 거래되는 경제상황 속에서, 그리고 부동산값도 자고 나면 뛰는 상황 속에서, 사람들은 더 이상 과거의 보편적 심성을 가진 사람들이 아니다. 그들은 신속하게 흐름과 동향을 타는 존재들로 서서히 변해갔다. 그런 그들의 행위는 어느 정도 생계를 위해 합리적으로 이기적인 행동을 하는 인간의 행동으로 보는 것이 좋을 것이다.

인질에 대한 관점을 비교적 상세하게 다룬 이유는 그들이 단순히 정부의 수동적이고 병리적 인질은 아니라는 것 때문만은 아니다. 그들 다수는 더 이상 보수와 진보라는 고정된 이념이나 가치의 인질도 아니다. 그들은 이 이념이나 가치로 평가되거나 동원되기 어려운 사람들이다. 정말 보수적인 사람들이라면 집을 그렇게 정처 없이 자주 옮겨 다니지 않았을 것이다. 거꾸로 정말 미친 투기경제에 반대하는 좌파적인 사람들이라면 거기에 아예 참여하지 않았을 것이다. 그러나 이런 매끈한 경계선으로 나눌 수 있는 사람들은 현실에서 얼마 존재하지 않는다.

다르게 말하면, 우리는 여기서 다시 중도적 관점이 필요함을 느낀다. 그 관점으로 다소 이기적이고 합리적인 인간들의 모습과 동시에 그들의 합리적 이기성과 거시경제 혹은 사회경제 사이에 벌어지는 거리와 균열을 관찰할 것이다. 단순히 보수와 진보 사이에서 산술적으로 계산되는 중도가 아니라, 그들과 우충좌돌하면서 확보되는 까칠한 중도. 이 중도적 관점은 그들을 단순히 인질로 비판하는 대신, 그들을 경제적 주체로 여긴다. 그렇지만 이 중도적 관점은 다소 이기적이고 합리적인 이 개인들이 옳다고 말하지는 않는다. 하물며 그들이 윤리적으로 훌륭하다고는 말할 까닭도 없다. 다만 투자와 투기가 구별되기 힘들 정도로 인접한 세상에서 그들 개인을 실증적이고도 실용적으로 평가할 필요가 있다고 믿을 뿐이다.

### 근거 없는 부동산 불안을 조장하지 말자

부동산 가격에 의존한 투기경제는 사실 한국만의 문제는 아니다. 서울과 수도권에 과밀하게 인구가 집중된 상태이니 한국에서 문제가 더 심각하지만, 세계적인 대도시들은 지난 한 세대 동안 차이는 있더라도 부동산개발을 이용한 개발 및 투기경제에 상당 부분 의존한 게 사실이다. 부실한 부동산 대출 때문에 금융위기의 진원지가 된 미국은 말할 것도 없고, 캐나다의 대도시들도 그랬으며, 파리를 비롯한 유럽의 대도시들에서도 그런 일이 벌어졌다. 과거 임대주택에 살던 노동자들도 자기 집을 소유하는 매력에 사로잡혔고 그 부유함을 누렸다. 이런 것들이 지난 시절 이른바 신자유주의적 흐름을 강하게 만들고 일상적으로 만든 요인들이다. 다르게 말하면 일반 노동자나 중간계급들도 신자유주의적 흐름의 어떤 부분들에 참여했고 그럼으로써 투기경제에 많건 적건 손을 담갔다.

영국의 예는 상징적이다. 대처 정부의 신자유주의적 정책은 단지 경제의 많은 부분들을 민영화하는 데만 놓여 있지 않았다. 민영화 정책은 공공주택을 세입자들에게 광범위하게 판매함으로써, 많은 지지를 얻는 데 성공했다. 공공주택의 민영화 정책은 10년 동안에 주택소유자 수를 급속히 증가시켰다. 자신의 주택을 가지는 것은 노동계급의 꿈이었고, 개인 재산의 소유권을 강조하는 전통적 이상도 만족시켰다. 이런 주택 소유 열풍은 주택시장에 새롭고 때로는 투기적인 역동성을 도입했다. 이 투기적 상황은 자신들의 재산가치 상승을 경험한 중간계급에게 높게 평가되었다. 최소한 1990년대 초 재산붕괴 이전까지는 그랬다.(데이비드 하비, 『신자유주의』, 한울, 2007)

경제는 글로벌금융에만 많이 의존했던 것이 아니라, 구조적으로 부동산 경제에도 의존했던 셈이다. 이 상황에서 거품을 빼야 하고 위험 요인도 줄이는 것이 마땅하지만, 조심할 필요가 있다. 섣부르게 저주를 퍼붓거나 쉽게 이슈를 선점하는 방식으로, 파국과 몰락을 예단하거나 부추기는 일은 바람직하지 않다. 그런 태도는 경박한 선동이나 선정주의일 뿐 아니라, 정책으로서도 무능한 것이다. 그리고 급격하게 경제 구조를 바꾸는 일도 쉽지 않을 것이다. 사람들은 이미 상당히 고

소득·고소비에 의존하는 습관에 익숙해져 있고, 경제는 사람들의 그런 생활과 착착 연결되어 있다. 나쁜 습관이지만, 급변이나 폭락은 불안과 공황을 유발하기 쉽고, 심리적 공황은 다시 실물경제를 요동치게 만든다. 거품을 중장기적으로 빼는 정책이 필요하다.

서브프라임 부동산 대출에 의해 촉발된 미국의 금융위기 이후, 일정하게 거품이 빠지는 것은 바람직했다. 미국이나 한국의 부동산시장은 20~30% 정도의 가격인하를 겪고 있으며, 거기서 조정을 거듭하는 형국이다. 조정 상태에서 더 거품이 빠질 수 있다면, 빠져도 좋을 것이다. 그러나 어쨌든 더 이상의 급락은 대다수 사람들이 원하지 않을 것이다. 앞으로도 마찬가지일 것이다. 떨어지면 부동산값만 떨어지는 것이 아니기 때문이다. 다른 지표들도 같이 떨어지면, 경제는 더 혼란에 빠질 것이고 불안은 공황으로 이어질 수도 있다. 차분하고도 지속적인 개혁이 요구되며, 그를 위한 구체적이고 실제적인 대책들이 필요한 것이다.

폭락이나 공황에 가까운 상황이 오지 말아야 한다는 말인가? 전혀? 그건 아니다. 올 수도 있다. 그리고 그럴 경우에도 사람들은 받아들일 수밖에 없을 것이다. 드러내놓고 말은 안 하지만, 그럴 수도 있다고 사람들은 생각한다. 자신만 당하는 것이 아니라 세상이 전체적으로 무너지는 일일 것이라고 사람들은 어림짐작한다. 그리고 아마도, 그것이 전혀 예상 밖의 일이라고도 여기지 않는다. 보통 사람들도 그저 바보는 아니다. 불길하면서도 근거는 없는 예측을 하는 자칭 학자들보다 감이 떨어지는 것도 아니다. 다만 경제를 비평하는 것을 업으로 삼지 않았을 뿐이다. 사람들은 이미 투기경제 혹은 카지노경제라 부르는 이 세상에 대해 알 만큼은 안다.

미국에서 부동산 열풍이 일어났을 때도, 비판적인 지적이나 예측이 없었던 것은 아니다.『월스트리트저널』을 비롯한 언론들도 집값이 너무 상승한다는 지적을 했고, 부동산 시장이 조정을 겪어야 한다는 의견을 내놓았다. 심지어 폭락을 예측하는 사람도 꽤 있었다. 그러나 다른 한편으로는 그래도 결정적인 폭락은 오지 않을 거라는 의견이나 판단도 많았다. 다르게 말하면, 투자와 투기가 맞물린 경제를 결정적으로 막거나 정지시킬 지적이고 제도적인 권위는 없었다는 것이며, 지금도 사정은 비슷하다. 조금 비판적으로 말하면, 불안을 조장하는 경제 안에서 사람들은 불안과 싸우기 바쁘다. 그리고 그런 사람들 탓을 하기도 어렵다. 오늘날 불안은 투자와 투기가 맞물린 경제를 돌아가게 만드는 강력한 내재적 동기이자 요인이다. 차분하게 예측을 하는 대신에 어깨에 힘을 주며 선정적으로 암울한 예측을 하는 사람들도 가만히 보면 이 불안 체제의 마케터에 속할 뿐이다.

### 부동산 지위경쟁에서 벗어나기

조금 더 구조적인 관점에서 말하자면, 위험요인을 줄여야 하지만 우선 현재의 경제구조에 리스크가 상당히 높게 내재해 있다는 점, 그리고 역설적이게도 바로 그 때문에 그 리스크를 급격하게 줄이는 일은 상당히 힘들 것이라는 점을 인식하는 일이 필요하다. 부채를 짊어진 채 집을 소유하는 경향은 지난 세월 동안 세계 도처에서 일어났으며, 그 재산가치의 상승에 힘입어 소비가 늘어났고, 또 그래서 개인들이 그 여력으로 교육을 비롯한 사회적-상징적 자본에 많이 투자를 한 것도 사실이기 때문이다. 다르게 말해, 부동산 경제는 지위경쟁과 소비

경쟁으로 이어졌고, 이것은 알게 모르게 개인의 자유를 높이 평가하는 경향을 뒷받침한 토대이기도 했다.

우파든 좌파든 극단적이거나 공허한 태도에서 벗어나는 게 필요하다. 정직한 우파라면, 세금을 적게 내려는 뻔뻔함에 빠지지 말아야 한다. 그러나 좌파도 일정하게 인식하고 인정할 일이 있다. 단순하게 부동산 경제를 비판하거나 비난하기보다는, 리스크가 높은 경제와 개인의 자유와 책임을 높이 평가하는 사회적-문화적 경향 사이의 끈을 인식하고 그것을 관리하고 통치할 능력과 실력을 갖추는 것이 필요하다. 특히 불안이 거세지고 소비가 사회적으로 권장되는 사회에서, 사람들은 알게 모르게 지위를 드러내는 소비에 빠지는 경향이 있다. 크고 비싼 주택의 소유는 대표적으로 그런 국지적 지위경쟁을 자극하고 또 부추기는 대상이다. 되도록 그런 소비를 안 하는 게 바람직하겠지만, 일단 소비 경쟁이 그런 지위경쟁으로 이어지면, 사람들은 다른 사람의 행위를 모방하기 쉽다. 이 상황에서 사회적 변화를 일으키려면, 사람들의 행위를 선순환의 방식으로 바꿀 일련의 대안들과 정책들을 모색해야 한다.

지위경쟁을 비롯한 경쟁들이 순환적인 고리 속에 있다는 것은 아무 대책 없는 이론에 그치는 건 아니다. 개인들 모두가 악순환과 선순환의 고리를 구성하는 주체들이다. 개별적인 주체 몇몇의 자율적인 의지나 결정에 의해 큰 변화가 온다기보다는 그런 주체들의 상호관계와 연쇄반응이 비로소 어떤 변화를 야기할 것이다. 이 관점은 희망적일 수도 있고 비관적일 수도 있다. 관계 속에서 작용하는 수많은 자발성들에 많은 것이 달려 있으므로, 그것들이 움직이는 방향에 따라 경쟁의 방향도 변하고 폭력적 위험의 정도도 변할 것이다. 이 관점은, 단순히 도덕적으로 선한 의지에 호소하는 이론보다 더 실제적이며 실재에 가깝다.

다만 지위경쟁 같은 경쟁들이 군비경쟁arms race과 비슷한 면이 많다는 점을 이해하고 인식해야 한다. 군비경쟁과 비슷하다고 해서, 무조건 해롭고 나쁜 것은 아니다. 많은 사람들이나 많은 국가가 스스로 지위경쟁을 덜하고 또 서로에게 폭력적인 짓을 억제하는 노력을 하면, 우리는 평화에 가까이 갈 수 있다. 거꾸로, 어떤 이유로든 사람들과 국가들이 스스로 지위경쟁에서 유리한 위치에 서려고 하고 또 지위경쟁이나 무기경쟁에 몰두하는 행태가 늘어나고 그 정도가 심해지면, 폭력적 위험은 증대할 것이다. 서로 간의 의지와 노력, 절제와 양보에 달린 것이다. 그것이 현실 모습이 아닌가?

여기서 주택 소유 경향에서 나타나는 지위경쟁적 측면을 보자. 로버트 H. 프랭크는 『부자 아빠의 몰락』에서 주택의 크기를 가지고 경쟁하는 모습에 대해 설명한다. 그 경쟁은 여러 모로 상대보다 더 강한 군사력을 보유하려는 군비경쟁의 모습과 닮았다.

> 우리는 주택의 선택에서 아주 유사한 문제점을 볼 수 있다. 나는 내 집의 크기를 선택할 수 있지만, 여러분 주택의 크기를 결정할 수는 없다. 우리는 각자가 더 작은 주택을 보유하거나 (…) 그 돈을 다른 방식으로 사용하면 좋을 것이라고 말할 수도 있다. 그러나 개인으로서 나는 그렇게 할 힘이 없다. 나는 오직 내 주택의 크기를 결정할 수 있을 뿐이다.

지난 시대 한국뿐 아니라 세계 많은 곳에서 집은 개인과 가정의 행복을 표시하고 과시하는 가장 효과적인 소비재이자 지위재였다. 사람들은 그런 행복에 몰두하고, 그런 행복으로 평가되고 싶어 했다. 소비가 점점 지배적인 경향이 된 사회에서, 그리고 정신적인 가치는 점점 쪼그라든 사회에서, 대중민주주의가 허용하고 부추긴 것이 그런 행복이었다. 진부한 현실이었다. 그러나 그것을 단순히 매도하고 비난만 할 일도 아니다. 초월적이고 정신적인 가치의 퇴조는 나름대로 이유가 있는 현상이기도 했다. 물질적인 행복은 진부한 것이지만, 그것 없이는 보통 대중들의 행복도 사정없이 쪼그라들고 말 것이다.

어쩌면 이 진부한 물질적 소비를 인정하는 일도 진부할지 모른다. 그러나 그럼에도 불구하고, 그 진부한 소비에 대한 의지나 욕구는 일정하게 인정되어야 한다. 부동산 경제가 천박하고 진부한 모습을 하고 있지만, 그것을 단순하게 비판하거나 비난하는 일이 어려운 것도 이 이유에서다. 다수의 진부한, 너무도 진부한 행복에 기대어 발달한 게 민주주의 아닌가?

### 실용적 부동산 정책이 필요하다

개인의 다소 합리적이지만 이기적인 행위를 길게 서술한 이유는 그것을 일정하게 인정할 필요가 있기 때문이다. 그리고 이 글이 기본적으로는 우충좌돌의 움직임을 하면서도 좌파의 상대적인 무력을 지적한 이유는, 경제활동의 흐름이 매우 빨라지고 모습도 복잡해지는 과정에서 이론적 비판보다는 관리와 통치의 비중이 점점 커지고 중요해지기 때문이다. 비판적 이론이 가치가 없다는 말이 아니다. 다만 상황을 통제하거나 방향을 신속하게 바꾸는 일이 점점 중요해지는 상황에서, 비판에 치우친 이론은 힘을 발휘하지 못하는 경향이 커진다. 또 투자와 투기가 구별되기 힘든 상황에서, 비판적 이론은 보통 사람들을 설득할 힘도 점점 잃어간다.

그래서 개혁·진보에 속하는 사람들이 실질적인 정보와 지식을 갖추는 것이 중요하다. 투자와 투기의 경계선에서 머뭇거리며 움직이는 사람들이 다수를 구성하는 세상이다. 이들을 섣부르게 가르치려드는 대신, 중도적인 경제적 주체로 여기는 지혜가 필요하다. 그런 점에서 개혁·진보는 정말 실질적이고 실증적인 실용성을 확보해야 한다. 그래야 경제를 관리하고 통치할 정치적 힘도 확보한다. 한 예를 들면, 1990년대와 2000년대 들어서도 토지공공성에 대한 추상적인 말이 적지 않았다. 이 점에서 개혁·진보는 상대적으로 정말 필요한 정책을 도입하는 데 둔하거나 무력했다고 볼 수 있다. 그래서 부동산실거래가 신고제도나 종합부동산세를 비롯한 제도가 매우 늦게 혹은 부실하게 도입되었다. 이론적인 이념에 매달리는 대신에, 그런 실질적인 정책을 빨리 도입할 정치적 힘이나 구체성이 있었더라면 좋았을 것이다.

마지막으로 한 가지 문제만 짚어보자. 위에서 부동산값 상승과 폭등이 세계적인 경향이라고 말했다. 그런데 이른바 선진국 가운데에서 그나마 그 경향에 덜 사로잡힌 나라가 독일이었다. 대도시가 별로 없고 지방분권이 잘 돼 있는 상황이 결정적인 도움이 되었을 것이다. 이 점에서는 무엇보다 인구학적 과밀화와 대도시 중심 생활습관을 바꾸는 것이 필요하다. 허나 이런 발견 아닌 발견은 중요하기도 하면서도, 우리 마음을 다시 무겁게 한다. 우리 사회는 서울과 수도권에 의해 지배되는 사회이기 때문이다. 거의 일극一極 사회라 할 수 있다. 어쩌면 한국의 부동산자산 비율이 상대적으로 높은 것도 아주 이해가 안 되는 것은 아니다. 이런 과잉집중의 예는 찾아보기 힘들 정도이기 때문이다. 부동산 가격이 높은 것이 어쩌면 정상일 것이다.

그래서 '지방은 식민지'라는 정당한 비판이 나왔지만, 다른 한편으로 이미 수도권에 들어와 살고 있는 사람들에게 그런 비판은 한 귀를 통과해 다른 귀로 나가기 쉽다. 경제력이 과밀 집중된 상태에서 그것을 분산시킬 실질적인 정책이나 제도가 효력을 발휘하지 못하는 한, 사람들도 어쩔 도리가 없을 것이다. 그래서 불안을 관리하고 다스릴 정치경제적인 지식과 기술이 점점 필요하고 중요해진다는 것이다.

독일은 대도시에 의존하지 않을 정도로 지방분권적이고, 정치적으로도 철저한 비례대표제다. 반면에 한국은 큰 흐름에서 그와 거꾸로 가고 있다. 독일식 제도와 체제가 좋다는 걸 알면서도, 따라가기 힘들다. 어쩌면 좋을까? 과밀 집중을 비판하는 일은 옳지만, 실제상황을 바꾸기는 힘들다면? 대학들도 서울에 집중돼 있어서, 공기업들이 지방으로 이전한다 해도 엄마와 아이들은 서울에 남고 남자들만 지방으로 가는 경우가 많다면? 한국의 나쁜 경로를 부분적으로 인정하면서, 대안을 세우는 일이 필요할 것이다.

과밀 집중에 대한 비판은 계속되어야 한다. 그러나 동시에, 서울과 수도권이 합리적으로 관리되고, 친환경적 주거환경이 확대되도록 힘을 쏟는 일도 필요할 듯하다. 주차도 안 되는 빌라들이 난립하는 풍경이 한쪽에 있는가 하면, 바로 옆에는 뉴타운이라는 이름으로 주민들을 내쫓는 개발사업이 벌어지고 있다. 이런 무질서와 이질감을 관리하고 통제하고 조정할 지식과 기술이 필요하다. 그리고 이 점은 지방도시에도 적용될 것이다. 사는 사람들이 즐겁고 숨을 편히 쉬면서도 잘 관리되는 도시는 그 자체로 경쟁력이 있는 도시다. '국제 경쟁력'을 억지로 끌어댈 필요도 없다.

이런 복잡하고 복합적인 지식과 기술을 익히고 적용하는 일도 중도적 관리와 통치에 속하는 일이다. 물론 중도적 관리와 통치는 높은 윤리적 기준을 만족시키기는 힘들 것이다. 그러나 정치적으로 다중민주주의가 중요하듯이, 다중경제의 차원에서는 다수의 일자리와 이익을 관리하고 통치하는 지식과 기술이 제일 시급하고 중요할 것이다. 그렇다고 경제에서 윤리가 뚝 떨어져나가는 건 아니다. 좌파는 윤리를 조금 양보해야겠지만, 우파는 윤리를 조금 더 받아들여야 할 것이다.

# 09
# 신자유주의 반대와 찬성의
# 이분법을 벗어나자

### 신자유주의, 보수와 진보의 경계선

신자유주의 역시 한국의 보수와 진보 사이에서 동네북 역할을 한다. 양쪽 다 자신의 동네에서 각자의 방식으로 북을 때린다. 그래서 북은 각자 자신들 진영 안에서 둥둥둥 울릴 뿐, 그들을 넘어, 그들을 가로질러, 서로 반향을 일으키지 못한다. 일반적으로 우파는 국익에 도움이 된다면 자유무역을 비롯한 신자유주의적 정책을 얼마든지 추진하고 확대하려고 한다. 거꾸로 '신자유주의 반대'라는 말은 진보 쪽에서는 아주 흔한 말이다. 직접적으로 군사적인 폭력이 아닌, 거의 모든 미국의 횡포가 '신자유주의'라는 말과 동일하게 여겨질 정도로 이 말은 좌파 진영에서는 일종의 똥개 취급을 당한다. 말하자면, 정치적 집단의 집단논리가 가장 단순하고도 전형적으로 재생산되는 지점 가운데 한 곳이 여기다.

물론 이런 스케치 자체가 조금 단순화된 면이 있을 수는 있다. 우파라고 그저 맹목적으로 자유무역이나 신자유주의를 언제나 긍정하면서 마치 그것이 오류가 전혀 없는 경제원리라고 생각하지는 않는다. 『조선일보』를 비롯한 보수 언론이라고 신자유주의가 일으키는 문제나 갈등에 전혀 눈길을 주지 않는 것도 아니다. 예를 들면, 『조선일보』는 신자유주의를 많이 비판하는 내용이 들어 있는 『왜 세계의 절반은 굶주리는가』라는 책의 서평기사도 싣는다. 이 책에는 '유엔 식량특별조사관이 아들에게 들려주는 기아의 진실'이란 부제가 붙어 있다. 기사는 책의 내용을 요약한다. 그 가운데 일부는 다음과 같다.

> 비극은 끝없이 반복돼. 기아를 근본적으로 해결하려면 각국이 자급자족 경제를 스스로의 힘으로 이룩해야 한단다. 인간을 인간으로서 대하지 못하게 된 살인적인 사회 구조를 뒤엎어야 해. 인간의 얼굴을 버린 시장원리주의경제(신자유주의), 폭력적인 금융자본 등이 세계를 불평등하고 비참하게 만들고 있어. 신자유주의는 국가를 헐뜯고, 민족주체성을 헐뜯고, 선거를 통해 확정된 제도, 영토적인 경계짓기와 인간이 만든 민주주의적 규범을 헐뜯으면서 계몽주의의 유산을 파괴하고 있지. 그래서 결국은 자신의 손으로 자신의 나라를 바로 세우고, 자립적인 경제를 가꾸려는 노력이 필요한 거야.

그리고 그 기사 안에서 그 책에 대한 서로 다른 의견들을 담았다. '기아문제를 다룬 탁월한 저작'이라는 시각과 '강남좌파 지식인들이 습관적으로 하는, 단지 구두선에 지나지 않는 접근'이라는 시각이 동시에 주어져 있다. 기사를 쓴 기자는 더 이상 개입하지 않은 채, 그 상반된 시각을 던져놓는다. 때로는 사실을 사정없이 비튼다는 평을 듣는

『조선일보』조차 세계경제의 잔인함이나 신자유주의에 대해 그저 무식하고 거친 접근을 하는 것은 아니다. 어떤 점에서 보면 독자의 자유로운 선택을 존중하는 세련되고 중립적인 기사로 보인다.

마찬가지로 진보 쪽이 그저 신자유주의 반대만을 외치는 건 아니다. 진보 매체들도 현대자동차나 삼성을 비롯한 국내 대기업이 좋은 실적을 냈거나 외국에 성공적으로 진출했다는 기사를, 우파 매체처럼 자주 쓰지는 않지만, 종종 내보낸다. 심지어 애플의 아이폰을 비롯한 유명 신제품에 관한 기사는 너무 자주 싣는다고 할 정도로, 때로는 '신자유주의'를 아예 괄호 안에 넣은 채 경제를 중립적이고도 사실적으로 묘사한다.

그렇지만 이른바 진보적인 지식인들은 신자유주의에 대한 비판적인 언급을 지식인의 상징이자 상장인 것처럼 입에 달고 다니는 경향이 크다. 세계의 많은 문제가 마치 신자유주의 때문에 생긴 것처럼 말하는 매너리즘이 자칫 진보 쪽에 널리 퍼져 있다고 할 수 있다. 그런 태도는, 미국 중심의 현 세계질서에 과도하게 의존하는 우파 지식인들의 태도 맞은편에 있는 듯하다. 이 점에서 보면 세계경제나 신자유주의에 대한 우파와 좌파의 태도 차이는 단순히, 우파는 너무 순진하게 그것을 믿고 좌파는 너무 그것을 불신하는 식의 양적인 차이에 있지는 않을 것이다. 다르게 말하면 단순히 대상을 믿거나 인정하는 데서 양적인 차이가 결정적인 것은 아니다. 실물경제의 한복판에서는 이념적인 단순화나 지적인 이분법이 별 영향력을 미치지 못한다. 삼성전자의 실적이나 지표는 엄연한 사실로 존재한다. 진보 쪽에서도 그것은 사실로 인정된다. 실정법을 위반하지만 않으면, 또 불법적이거나 파렴치한 행위를 저지르지만 않으면, 대기업의 실적은 국내에서든 국제적으로든 사실로 인정된다. 다만 지적인 담론 차원에서, 곧 개별 기업이나 실물 경제의 가시적인 차원을 넘어가는 이론의 차원에서, 신자유주의나 자유무역 등의 개념들이 회오리바람을 일으키고 거센 먼지를 눈에 끼얹는다.

이 점은 가만히 보면 이상한 점이다. 우파만 경제가 제일 중요하다고 생각하는 건 아니다. 진보적인 매체에서도 경제학자나 기자들이 우익을 표적으로 삼아 쓴 '바보야, 문제는 경제야!'라는 식의 글을 우리는 드물지 않게 본다. 우파가 경제적 이익을 중요하게 생각한다는 것은 새삼스러운 게 전혀 아니다. 공공연한 사실이니까. 또 우파는 경제 못지않게 국가의 이익을 최고로 여긴다. 그 점에서도 오해는 별로 없다. 따라서 우파가 자유무역이나 신자유주의에 접근하는 방식은 마음에 들지 않을 수는 있고 또 사실을 편향되게 과장하는 등의 문제는 있을 수 있지만, 헷갈리거나 모호하지는 않다. 이기적이거나 뻔뻔하기는 하지만, 모호함이나 이중성은 상대적으로 적다는 것이다. 그것과 비교하면, 자칭 좌파가 경제적인 주제들에 접근하는 방식에는 모호함과 이중성이 상대적으로 많이 끼어든다. 기업들이 거둔 개별적인 실적은 중립적인 사실로 받아들이면서도, 다른 한편으로는 매우 가치평가적인 이론이나 비평을 경제적인 주제들에 들이대곤 한다. 미국과의 자유무역이나 신자유주의가 그렇다. 미국과 무역에서 한국의 흑자가 늘었다는 것에 대해서는, 다들 크게 따지지 않고 뿌듯해한다. 그러다가 사회정책과 연관된 토론이나 발표회를 하면, 지식인들과 정치인들은 신자유주의 반대나 한미 FTA 비판을 마치 정답인 양 늘어놓는 경향이 크다. 신자유주의나 한미 FTA 자체에 대해 반대하는 것과 협정체결 과정에서의 한국정부의 비굴함이나 비전문성을 비판하는 것은 서로 다른 일인데, 많은 경우 이 둘이 서로 뒤섞인다.

　이 글도 기본적으로 우충좌돌의 전략에서 출발한다. 우파는 단순히 미국에 과도하게 의존하는 정도가 아니라 미국 중심의 질서에 매달리지 않으면 아무것도 안 되는 것처럼 여기는 경향이 크다. 그리고 모든 것이 이기적인 이익과 경제적인 효용으로 귀결되는 것처럼 여기는 뻔뻔함이 크다. 그와 비교하면, 자칭 진보는 실물경제의 장점은 누리면서도 이론과 담론 차원에서는 현존하는 경제 질서를 쉽게 비판하는 경향이 크다. 모호함이 애매함으로 이어지고, 심지어 이중플레이로 이어질 수 있는 대목이다. 또 그런 모호함과 이중성은 '자칭 진보들' 사이에서 공허한 소음을 일으키는 원인이기도 하다. 한쪽은 경제적 이익과 기득권을 누리면서도 진보로 자칭하고, 다른 쪽은 그것을 거부한다는 이유로 진보를 자처하니까.

　이것이 단순히 개인들의 치사한 성격이나 도덕성의 문제에서 기인하는 걸까? 그렇지 않은 것 같다. 우선 보수와 진보의 경직된 진영 논리가 굳어져서 사람들이 거기 갇히게 되는 답답한 상황이 있다. 그리고, 개혁·진보 진영에서 진보의 가치 혹은 판타지를 너무 단순하고도 독단적으로 숭배하는 경향이 있다.

### 경제적으로 무능한 진보 진영

　자칭 진보는 특히 경제적인 의제에서 모호함을 드러내고 실력을 펼치지 못하는 점이 실제로 있다. 혹은 위에서 언급했듯이, 실물경제에서 대기업의 실적은 거의 숫자대로 받아들이면서 지적인 이야기에서는 미국 중심의 신자유주의를 호되게 비판하는 경향은 다소 이중적이다. 특히 미국 중심의 신자유주의에 대한 태도에서 그 모호함이 숨어 있고 또 드러나는 듯하다.

김대중 정부와 노무현 정부가 경제정책에서 거의 우파적인 정책을 많이 사용한 것도 우연이 아니다. 지적 이론이나 담론 차원에서는 세계경제 질서에 대한 비판이 있을 수 있지만, 정부는 이론의 주체가 아니다. 아무리 개혁적이고 진보적인 정권이라고 하더라도, 일단 경제를 다루는 실력이 있어야 한다. 특히 이 두 정부에 이른바 개혁적이고 진보적인 지식인들이 많이 참여하면서, 역설적으로 경제 정책과 경제적 의제에 관한 모호함과 이중성이 오히려 이전 보수적인 정부에서보다 더 많아졌다고 할 수 있다. 이제까지 보수적인 정부는 성장에 치중하면서 기업의 이익에 비해 노동자들의 이익은 경시하거나 무시하는 경향을 보였다. 그것은 보수 정부의 경제정책의 큰 문제로 남는다. 아무리 성장을 해도 노동 문제를 무시하는 태도는 정당화되기 어렵다. 그래도 최소한 성장을 하면서 실물경제에서 아주 무능하지만 않으면, 보수 정부는 그 나름대로 할 말이 있었다. 성장이 일자리를 만들고 소비를 확장하여 생산에 도움이 된다고 말할 수 있었다. 그러나 개혁·진보를 표방하는 정부는 경제 영역에서 보수 정부보다 더 섬세하고도 복잡한 싸움을 해야 한다. 일정하게 성장을 하면서 동시에 무능을 경계해야 하고, 또 실제로도 가장 크게 문제되는 것은 결국 무능일 터이지만, 다른 한편으로 이론적이고 철학적인 모호함과 헷갈림과도 싸워야 한다. 특히 경제정책에서 무능함이 드러나고 갈팡질팡할수록, 모호함과 이중성에 대한 싸움이나 갈등도 심해진다. 노무현이 부동산과 대기업 문제를 잘 다루지 못하면서, "권력이 시장으로 넘어갔다"고 허망하게 말했을 때, 개혁·진보 진영이 들끓은 것도 그런 이유가 크다. 실제로 부동산 시장을 비롯한 경제 분야에서 능력을 보이고 있을 때 그가 그런 말을 했다면, 상대적으로 별 문제가 없었을 것이다. 무능할 때, 이념적 문제는 더 시끄러워진다. 사람들은 자신들의 무능을 감추기 위해서, 이념 논쟁을 하거나 부추기는 면이 크기 때문이다. 이론적으로 비판적인 말을 많이 하던 지식인이라고 하더라도, 정부에 들어가 참신한 능력을 보여주면 별 문제가 없을 뿐 아니라 어떤 점에서는 오히려 훌륭한 모델이 될 것이다. 그런데 비판적인 지식인들이 정부에 들어가서도 어떤 이유로든 능력을 보여주지 못하면, 결국 권력은 관료들에게 돌아가기 십상이다. 여러 이유로 김대중 정부와 노무현 정부 시절 실제로 정부에 들어간 지식인들이 실물경제를 비롯한 경제문제를 잘 다루고 장악했다고 보기 어렵다. 대통령들도 결국은 관료들에게 많이 의존하고, 그들에게 권한을 많이 넘겨주었다. 이 점은 앞으로도 자세히 분석되어야 할 주제로 남는다.

무슨 말인가? 진보 지식인들은 비판에는 능숙하다. 그러나 글로벌 경제 분야에서든 실물 산업분야에서든, 비판이 경제와 시장을 돌아가게 하는 건 아니다. 경제와 시장을 다루고 관리하며 통치할 실력이 필요한 것이다. 이 지점에서 자칭 진보는 무능력과 모호함을 드러낸다. 실물 경제와 관련된 도전들을 다루고 해결하려면, 기존의 시장원리에 대한 비판을 넘어 시장을 관리하고 장악해야 한다. 또 경제 및 시장과 맞물린 사회정책에서도 자칭 진보는 모호한 태도를 보이기 쉽다. 예를 들면, 앞서 본 비정규직 문제가 그렇다. 기업과 정부를 비판하기는 쉬워도, 직접 자신이 관련 문제를 다루고 관리하고 해결하며 통치하는 데는 미숙하기 쉽다. 과도한 지적 비판의 매너리즘에 빠진 채, 평소에 시장을 관리하고 장악하는 통치하는 기술을 익히지 못했기 때문이다.

애초에 그런 기술을 익히는 데 관심이 별로 없다고도 할 수 있다. 그러나 그 점은 진보에게 점점 커다란 약점으로 작용할 것이다.

이 책은 한편으로 정치와 윤리 사이에 끼어드는 차이와 균열을 서술한다. 마찬가지로 이 책은 경제와 윤리 사이에서도 비슷한 차이와 균열을 인식하고 인정한다. 윤리나 도덕의 잣대로 시장이나 경제 혹은 국제무역관계를 재단하고 결정할 수 없는 면들이 많다. 시장에서 윤리를 찾고 그것이 작동하게 하려는 일을 포기해야 한다는 것이 아니다. 다만 경제 외부에서 그것을 찾을 일이 아니라, 내부에서 찾아야 한다는 것이다. 우파도 경제적 합리성이나 경제 안의 공정성을 제대로 실행하고 구성하는 데 애를 써야 하지만, 그들 못지않게 진보도 비슷한 노력을 해야 한다. 그리고 이렇게 노력을 하다보면, 내가 보기에 어떤 진보 세력이 집권하든, 단순히 좌파적인 정책만으로는 정부나 기업 그리고 시장을 관리하기 힘들 것이다. 그들은 모호하고 복잡한 중도의 영역 속으로 던져진다. 이론이 아닌 정치는 아직까지는 모두 개별적인 국가의 틀 안에서 이루어지고 따라서 주로 국민의 이익에 봉사하기 때문이다.

그래서 이 장에서는 진보적이기만 한 개념은 어떻게 경제적인 주제에서 모호해지고 헷갈릴 수 있는지, 그 개념들이 실제로 해결해야 하는 도전은 어떤 성격을 가지는지 살펴보고자 한다. 경제에서 이념적 개념은 자칫하면 모호함을 낳고 이것은 무능과 맞물릴 수 있다.

### 세계화의 딜레마

미·중·일이라는 세계 경제대국에 의해 둘러싸인 지리경제학적 위치는 국내에서 일어나는 위험의 모습에 여러 영향을 직간접으로 미친다. 경제대국들에 둘러싸인 형국은 한국 사회에 이로움도 주지만, 해로움도 준다. 이미 대외무역에 의존하는 경제의 의존도가 50% 이상으로 매우 높은 상황에서, 한국은 글로벌경제의 흐름에 매우 예민하게 반응하고 대응하는 나라이고 앞으로도 한동안은 그럴 것이다. 세계화에 편입되고 흡수되는 정도가 매우 심한 것이다. 미국에서 시작된 글로벌 금융위기를 겪으면서도 이 점은 두드러지게 나타났다. 외국자본에 의존하는 정도와 양상이 다른 나라들과 비교해 월등하게 높고 따라서 위험하다. 흔히 사람들이 자부심을 느끼는 굴지의 대기업들의 외국자본율이 평균 50%일 정도로, 많은 기업들이 외국자본에 통합되어 있거나 흡수되어 있는 형국이다. 금융기관들의 해외자본비율은 더 높다. 국민은행은 82%에 이른다. '국민'이란 이름이 버젓이 들어가는 은행이 사실은 국민의 것이 아닌 셈이다. 그리고 주식시장에서 매수에 나서거나 매도에 나서는 외국자본은 국내경제를 하루살이로 만들고, 하루가 멀다 하고 요동치게 만든다. 따라서 세계화 과정으로부터 쉽게 거리를 두기는 불가능한 일이지만, 그렇다고 지금까지처럼 서구가 유도하는 대로 세계화 과정에 빨려 들어가기도 어려운 상황이다. 이 특징을 극단적으로 특수한 세계화의 딜레마라고 부르자.●

특수한 세계화의 딜레마는 그 자체로는 크게 문제적이지 않은 듯하다. 어떤 점에서는 세계화 과정에 참여하고 거기 통합되는 것은 당연

---

● 울리히 벡이 말하는 '위험사회'는 현대화·합리화·산업화·세계화 과정이 고도로 진행한 글로벌한 현상을 말한다. 물론 그 위험들은 한편으로 글로벌하지만, 특정 지역에서 강하게 나타날 수 있다. "현대화의 위험들은 동시에 지역에 특수하면서, 특수하지 않게 일반적으로 등장한다." 이런 현상은 기본적으로 한국에서도 나타난다. Ulrich Beck, *Risikogesellschaft*, Suhrkamp, 1986, P. 36.

한 일로 여겨질 수도 있다. 그러나 이 문제를 매우 날카로운 갈등의 대상으로 만드는 쟁점이 있다. 그것은 '신자유주의'라는 이념 혹은 구호다. 보수는 자유주의나 신자유주의를 거의 역사에서 최종적으로 승리한 정치경제적 원리로 생각하는 반면에, 진보·좌파는 과도하게 '신자유주의 반대'로 쏠려 있는 형국이다. 물론 말로는 그 구호를 외치기 쉽다. 그러나 경제활동에서 대기업의 몫이 매우 크고 또 그 대기업들의 외국자본비율이 높은 상황에서, 과연 진보·좌파가 외치는 '신자유주의 반대'는 얼마나 의미 있는 행동이 될 수 있을까? 이념 정당으로서는 그런 구호를 외칠 수 있을 것이다. 그러나 대중적 다수를 추구하는 정당이라면? 만일 경제적인 세계화 과정의 핵심 축 가운데 하나가 신자유주의라면 혹은 거꾸로 신자유주의의 핵심적 과정 가운데 하나가 세계화라면, 그런 구호는 얼마나 효과적인 대책을 제시할 수 있을까?

나는 이미 이전의 책에서도 진보·개혁 세력이 일반적이거나 총체적인 방식으로 '신자유주의 반대'라는 구호나 정책에 사로잡히는 일을 경계하고 비판했다. 여러 이유를 들 수 있다. 첫째, '신자유주의'라는 것이 존재한다고 하더라도, 그것은 지금 막 태동하는 단계에 있는 어떤 싹이 아니다. 신자유주의가 1970년대 이후 전 세계에서 여러 모양으로 진행되어온 실제적인 경향이자 역사적 과정이라면, 그것에 그저 반대하는 일이 큰 의미를 가지기는 힘들 것이다. 실제로 한국은 1997~1998년 IMF로부터 구제금융을 받은 이후, 신자유주의적 경향이 매우 강하게 나타난 나라로 꼽힌다. 그럼 그 이전의 한국경제는 신자유주의적 질서에서 벗어나 있었을까? 물론 간단하지 않은 물음이다. 그러나 1960년대 이후 정부가 주도하는 강력한 수출입국의 정책에 따라 대기업들의 무역실적에 크게 의존해서 발전해온 한국 사회가 단순히 신자유주의를 반대한다고 말하는 것도 여러 점에서 공허하고 낯간지러운 말일 수 있다. 물론 지금부터라도 금융시장의 확대를 막고 대외무역의존 비율을 낮추자는 시도의 일환으로 그런 구호나 정책을 내걸 수는 있을 것이지만, 그럴 경우에도 '신자유주의 반대'라는 말은 너무 포괄적이어서 공허할 정도다. 구체적으로 글로벌 금융에 의존하지 않을 수 있는, 그리고 대외무역의존도를 낮출 수 있는 대책과 정책을 마련하지 않는 한, 한국은 대기업의 힘에 과도하게 의존하는 국제무역 게임에서 쉽게 빠져나오지 못할 것이다. 게다가 대외무역 의존도를 줄이려면 거꾸로 국내 소비시장을 확대해야 할 터인데, 이것은 가뜩이나 과소비 상태에 시달리는 사회를 또 다른 악마에게 던져주는 꼴이 될 것이다.

우리는 또 흔히 '미국 중심의 신자유주의'를 비판한다. 그런 것이 존재하지 않는 것은 아니겠지만, 너무 편의적으로 그것을 설정하는 경향이 크다. 비록 미국이 세계적으로 신자유주의를 확대하는 데 막대한 혹은 주도적인 영향을 미쳤다고 할 수 있겠지만, 그렇다고 신자유주의가 오로지 미국에 의해서만 도입되고 확대되었다고 말하는 것은 지나치게 단순한 논리다. 70년대 중반 이후 세계화된 국제경쟁에 활발하게 참여하는 국가들이 모두 '신자유주의 국가들'은 아니겠지만, 다수는 그런 경향을 가진다고 할 수 있다. 한국은 말할 것도 없고 중국도 그렇다. 신자유주의는 이 점에서 국가주의나 국민주의와 결합하여 나타나며, 더 나아가 여러 나라에서 다양한 모습으로 신보수주의와 결합하는 것이다. 이 점에서 신보수주의가 미국에서 생기고 미국적인 성격만을 가졌다고 생각하는 단순한 관점도 위험하다.

신자유주의의 확산뿐 아니라 그 와중에서 미국이 한 역할을 비판하는 데 적극적인 데이비드 하비도 너무 단순하게 미국의 문제로 몰아가는 것에는 신중하거나 반대하는 편이다.(데이비드 하비, 『신자유주의』, 한울, 2007) 1970년대 중반 이래 전 세계에 걸쳐 신자유주의적 국가형태가 급속하게 증식된 이면에 미국의 제국적 권력의 무자비한 확산이 있었지만,

> 미국의 제국적 권력의 영향력이 상황 전체를 구성하는 것은 아니다. 게다가 1979년에 미국이 영국의 대처에게 신자유주의적 경로를 선도적으로 택하도록 강제하지 않았다. 미국이 중국으로 하여금 1978년 자유화의 경로를 설정하도록 강제한 것도 아니었다. 1980년 인도와 1990년대 초 스웨덴에서의 신자유주의로의 부분적인 이행이 미국의 제국적 힘의 확산에 기인했다고 쉽사리 말할 수는 없다. 세계무대에서 신자유주의의 지리적 불균등발전은 다원적 결정요인들과 적지 않은 혼돈 및 혼란을 초래한 매우 복잡한 과정임이 분명했다.

지리적으로 불균등한 요인들이, 국제무대에서 경쟁하는 여러 국가들이 서로 다른 모습으로 신자유주의를 선택하도록 유도하거나 강제했다는 것이다.

또 신보수주의가 오로지 미국에서 나타나고 미국의 힘에 의해서 강제된 것도 아니다. 어떤 점에서 보면 미국 못지않게 중국은, 비록 미국과는 다른 방식을 취하기는 하지만, 지난 몇십 년 동안 신자유주의와 신보수주의를 결합한 국가의 두드러진 예일 것이다. 그러나 오늘날 그런 중국의 경로나 역사를 비판하는 목소리는 별로 없다. 물론 단순하게 비판하기도 어렵다. 이 점에서는 러시아도 예외가 아니다. 그러니

미국이 처음에 가장 큰 역할을 했다고 해도, 신자유주의와 신보수주의를 미국 탓으로만 돌리기는 어려운 일이다. 칠레의 예도 여러 생각할 점을 준다. 피노체트 정권 이후 칠레는 신자유주의를 적극적으로 받아들였다. 그렇다면 피노체트 이후 다행스럽게 진행된 칠레의 민주화 과정에서 자유무역을 비롯한 신자유주의적 체계로의 통합은 그 나름대로 큰 역할을 한 셈이다.

> 이러한 신보수주의적 전환이 미국에서만 예외적이거나 특이하게 일어난다고 이해하는 것—비록 다른 곳에서는 나타나지 않는 특이한 요소들이 여기서는 작동하고 있을지라도—은 잘못이다. 미국 내에서 도덕적 가치에 대한 이러한 단언은 국가·종교·역사·문화적 전통 등의 이상에 크게 호소함으로써 이뤄지고 있으며, 이러한 이상들은 결코 미국에 한정되지 않는다. (…) 분명히 특정한 국민주의와 결합된 신자유주의적 난봉에는 위험이 있지만, 국민적인 도덕적 목적의 열렬한 신보수주의적 포용이 훨씬 더 위협적이다. 각기 엄중하고 강제적인 실행을 준비하는 한편, 그 자신만이 우월하다고 여기는 도덕적 가치를 신봉하며 세계무대에서 경쟁하는 많은 국가들의 모습은 위태로워 보인다.

결국 국민주의 및 신보수주의와 결합한 신자유주의는 국제관계에서 국가의 강력한 주도 아래 자유무역을 확장하면서 성장하고 발전한 거의 모든 나라의 정체성을 많건 적건 밑바닥에서부터 구성하고 있는 셈이다. 한국 사회는 그 한가운데 있다.

모든 것이 신자유주의 탓?

그렇다고 국제경쟁이 심해지는 상황 속에서 시장을 개방하고 수출주도적인 일반적인 경향을 보이는 모든 나라들을 신자유주의 국가로 부르는 일은 피상적인 일일 것이다. 여기서도 국가와 사회마다 서로 다른 체제와 발전 경로를 구별할 필요가 있다. 신자유주의에 비판적인 역사를 그리는 데이비드 하비도 1980년대에 미국과 영국에게 희생을 요구한 서독과 일본의 경로, 그리고 나아가 그 당시에 성장한 한국 등의 모델을 신자유주의의 일반적인 모델과 구별하기도 한다.

> 사실 1980년대에는 일본, 동아시아의 '호랑이' 경제, 그리고 서독이 세계 경제의 경쟁적 발전소 역할을 했다. 아무런 대대적인 신자유주의적 개혁도 없이 이뤄낸 그들의 성공은, 신자유주의가 경제적 침체에서 벗어나기 위한 완화책으로 증명되었기에 세계무대에서 발전했다고 주장하기 어렵게 만든다.

서독과 일본, 그리고 한국도 수출주도적 성장이란 업적을 달성했는데, 이것을 단순히 신자유주의화라고 부르는 일은 신자유주의라는 말을 너무 쉽게 혹은 피상적으로 사용하는 일이라는 것이다. 1980년대의 일본에서와 같은 국가주도적 성장은 신자유주의화에 의존하지 않았다는 것이다. 따라서 신자유주의 개념을, 국제경쟁이 심화되는 와중에서 일본·서독·아시아 '호랑이들'의 수출주도적 경제가 성장할 수 있게 있게 해준 시장의 더 큰 개방이라는 의미로 정의하는 것은 피상적이라는 말이다.

그러나 하비는 일본과 서독 같은 나라들이 그 이후 보다 강력한 신자유주의적 경로를 택했다고 본다.

1980년대 말보다 강력한 신자유주의적 경로를 택했던 이 국가들은 여전히 경제적 난국 속에 있었던 것 같다. 서독 및 동아시아적 축적 '체제regime' 는 국제 경쟁에서의 겨루기에서 보상받을 만했다고 결론을 내릴 수 있다. 따라서 많은 유럽 국가들은 신자유주의적 개혁에 반대했고, 서독 모형을 포용했다. 아시아에서는 일본 모형이 우선 '4인방Gang of Four(한국·타이완·홍콩·싱가포르)'에 받아들여진 후, 태국·말레이시아·인도네시아·필리핀에서도 폭넓게 도입되었다.

국제 시장에서 수출을 강화하며 경쟁하는 모든 모습을 신자유주의화로 총칭할 필요는 없다. 시장 개방과 시장 자유화를 특별히 강조하며 사회적 불평등을 조장하는 형태, 그리고 국가 보수주의와 강하게 결탁하는 경향을 그 이름으로 부르는 것이 적절하다는 말이다. 데이비드 하비의 관점으로는 1980년대 서독과 일본 모형은 계급 권력의 회복을 조장하지도 않았고, 당시 미국과 영국에서 나타났던 사회적 불평등의 증대도 억제했다. 어떤 나라가 신자유주의로 나아갈지는 국가와 사회체제에 따라 서로 다른 변수에 의존할 것이다. 그것은

국가의 자본가계급(대만과 한국에서 매우 강력하게)에 상당히 의존하겠지만, 또한 계급 사이의 힘의 균형에도 의존했다(서독과 스웨덴의 강력한 노조 조직은 신자유주의화를 저지했다).

서독처럼 수출을 확대하면서도, 사회적 불평등의 확대를 억제하는 방향이 바람직한 방향인 듯하다. 그러나 1990년대 이후 한국은 시장을 많이 개방했는데, 불평등이 심해지는 과정을 겪고 있다. 이것이 큰 문제인 것은 사실이며, 이 점을 신자유주의적 특징이라고 부를 수는 있을 것이다. 그러나 대기업 위주의 실적에 많이 의존하면서 발전한 경제구조를 단순히 신자유주의라고 부르고 비판하는 것만으로는 충분하지 않다.

신자유주의의 폭력적인 경향을 비판하고 줄이거나 늦추는 일은 그 나름대로 중요하다. 시장 자유화와 개방을 무조건 요구하는 일에 반대하는 일도 중요하다. 하지만, 거대담론으로 신자유주의를 반대하는 일은 공허하다. 신자유주의의 길과, 국제적으로 경쟁력을 확보하는 일이 같을 필요는 없다. 그러나 어쨌든 경쟁력을 일정하게 확보하는 일은 중요하다. 그리고 확실한 정치경제적 대안이나 정치적 대안이 없는 한, 한국 사회는 일정하게 성장을 하는 방향으로 움직일 경향이 크다. 급격하게 방향을 바꾸거나 멈추기는 매우 어려울 것이다. 그런데 국제적 경쟁은 점점 치열해진다. 여기서 매우 까다로운 문제는, 한국 사회가 이미 여러 영역에서 상당히 신자유주의적 경향을 띠고 있으며, 국가 경쟁력은 이러저러한 경로로 그 경향과 맞물려 있다는 것이다. 그렇다면 중요한 것은 바로 이 지점에서 개입하면서 변화를 모색하는 일일 듯하다.

서독과 같은 방향으로 가면 좋지만, 서독은 여러 점에서 또 너무 먼 모델인 듯하다. 서독 기업들의 상당수는 주식회사가 아니라 유한책임 회사의 형태를 띠고 있다. 서독과 비교하면, 한국은 유감스럽게도 미국 쪽으로 너무 많이 움직여왔다. 이 상태에서 무조건 신자유주의를 비난하고 반대하기보다는, 일정하게 신자유주의와 수출주도 체제가 복합된 체제를 구성하는 게 필요하고 바람직할 수도 있다. 신자유주의가 이미 존재하고 또 그것을 쉽게 바꾸기 어려운 영역에서는, 차라리 그것의 개혁과 개선을 추구하는 것이 차선책일 수 있으니 말이다.

노무현 정부도 '금융허브'니 어쩌니 하는 말을 많이 했다. 그리고 실제로 지금 금융부문이 해외자본에 가장 많이 포획되어 있다. 국민은행을 비롯한 은행들의 해외지분율은 일반 대기업들의 50% 선보다 훨씬 높은 70% 수준이다. 이 상황에서 신자유주의 반대라는 말이 무슨 의미를 가질까? 나는 진보 쪽에서 이런 문제에 구체적인 대책을 내놓을 수 있어야 한다고 본다. 이미 해외자본에 많이 포획되어 있고 그 경향을 바꿀 수 없다면, 어쩔 것인가? 영국 런던은 금융허브를 확대하는 쪽으로 성공했다. 독일도 일반적으로는 미국식 주주자본주의를 따르지 않지만, 프랑크푸르트는 세계적 금융 중심지 가운데 하나다. 이미 신자유주의적 경향을 띠는 부문은 나름대로 효율과 힘을 갖추는 일이 필요할 듯하다.

내가 보기에 진보라고 자처하는 지식인들은 과도하게 일반적인 구호나 이념에 사로잡혀온 경향이 크다. 세계화의 위험 속에서 그런 구호가 사람들을 동원하는 데 도움이 된 면도 있겠지만, 언제부턴가 좀 더 구체적인 대책과 정책에 주의를 기울이는 일이 필요해졌다. 또 그런 총체적이며 공허한 구호나 이념을 반복하는 일은 정치적으로 대중을 동원하는 일에서 실제로 이로운 것도 아니다. 오히려 많은 경우 무능하거나 무력하다는 점이 드러났다고 할 수 있다. 왜냐하면 실제적으로 중간층 다수가 이미 대기업과 대외무역의 성과에 크게 의존하고 있는 마당에, 허구적이거나 공허한 구호와 이념을 내세우는 일은 대중민주주의적 동원에 크게 도움이 되지 않기 때문이다.

　신자유주의를 합리화하자는 말이 아니다. 구체적이고 실제적인 대안을 제시하지 못하는 상태에서, 혹은 실제로 정권을 잡아 구체적인 정책을 제시하지 못하는 상태에서, 이념적인 구호를 너무 앞세우는 경향이 크다는 것이다. 게다가 그런 구호가 양심의 가책을 덜어주는 일종의 면죄부 역할을 하는 건 아닐까? 그렇다면 그 말을 하는 진보 지식인들은 신자유주의를 유지하거나 확대하는 데 자신도 모르게 기여하는 것일 수도 있다. 나도 개혁과 진보를 원한다. 그러나 우리는 좀 더 솔직하고도 구체적인 논의를 해야만 한다. 대외무역이나 대외투자 의존도가 세계적으로 높은 수준인 국가가 그 의존도에서 벗어나려면 좀 더 진지하고 중장기적인 구조개혁을 준비해야 할 것이고, 다수의 정치적 동의를 확보해야 할 것이다.

　상당수의 자칭 진보적 지식인들은 진보 진영 안에서의 자신들의 이익과 권력을 위해 총체적으로 신자유주의 반대나 신보수주의 반대를 외치는 경우가 많다. 또 실제로는 시장과 기업의 이익을 추구하는 (신)자유주의적 경향을 보이면서도, 말로는 '신자유주의 비판' 혹은 '신자유주의 반대'라는 구호를 외치는 경우가 많다. 실제 예를 들어보자. 국내 굴지의 출판사인 '창비'는 잡지나 단행본의 차원에서 미국 중심의 신자유주의를 비판하는 일을 많이 한다. 좋다. 그것 자체는 문제되지 않는다. 그러나 실제로 '창비'는 문학시장에서 승자독식 경향을 부추기는 마케팅을 최고 수준으로 하는 편이며, 출판사업도 대체로 비슷한 경향을 많이 띤다. 이런 모습은 혼란스럽다. 과연 신자유주의를 반대한다는 움직임이나 조직이 진실로 그러기를 바라는지, 아니면 진보 진영 안에서의 이념적 인정투쟁의 일환으로 그 일을 하는 것인지 모호한 것이다. 무엇보다 솔직하지 못하다. 보수가 위악적인 경향을 띤다면, 진보는 바로 그런 점에서 위선적인 경향을 띠기 쉽다. 물론 단순히 위선이라고 볼 것만은 아니다. 세계화의 칼 혹은 신자유주의의 돈이 매우 날카롭게 사람들의 행동 사이사이를 비집고 들어온 것이 가장 큰 이유일 것이다. 그런데 진보를 자처하는 사람들은 이 칼과 돈에 대해 솔직하게 논의하지 않는 경향이 크다.

또 우리는 미국 중심의 신자유주의는 쉽게 비판하면서 다른 것은 놓치는 경향이 있다. 사실 현재의 신자유주의적 질서에서 가장 이득을 보고 또 그것을 국가 중심의 신보수주의와 가장 험악하게 결합한 나라는 중국이다. 미국에서 출발하기는 했지만, 신자유주의의 최대의 수혜자이자 최강의 프로듀서는 중국인 셈이다. 중국은 한국의 최대교역국이기도 하다. 그런데 진보 진영조차도 중국식 신자유주의에 대해서는 별다른 대응을 하지 못하고 있다. 우파든 좌파든 중국과의 교역에서 한국이 흑자를 보는 한 괜찮다는 식을 벗어나지 못하고 있는 듯하다. 미국식 '신자유주의' 탓을 하려면, 지금은 그 못지않게 중국식 신자유주의(더하기 신보수주의)도 비판해야 한다. 엉뚱하게 폭력적인 때도 많았지만, 그래도 미국의 민주주의와 자유주의는 여러 나라에게 그 나름대로 꿈과 희망을 주었다. 중국은 아직 그런 꿈과 희망도 주지 못한다.

무조건 중국을 멀리하거나 비판하자는 게 아니다. 다만 지금, 그리고 앞으로 한동안 미국발 신자유주의 못지않게 위험하거나 심지어 더 위험한 것이 중국발 신자유주의일 것이라는 말이다. 모든 것을 미국의 신자유주의 탓으로 돌리는 게으른 습관과는 안녕이 필요하다. 중국의 억압적 정권은 여러 이유로, 또 여러 핑계를 대며, 신자유주의적 경제력을 사용하고 남용할 것이다.

## '어떤' 자유무역이냐가 중요하다

세계화에 발을 맞추는 일도 어렵고 발을 맞추지 않는 일도 어렵다. 정말 그렇다. 보통 사람들은 어느 장단에 발을 맞춰야 할지 잘 모른다. 이 점은 미국과의 자유무역협정에서도 드러난다. 한국은 이미 노무현 정부 시절에 미국과의 자유무역협정FTA을 체결하고 국회 비준까지 받았다. 그 후 대통령이 된 오바마가 조약이 수정되어야 한다고 주장하면서, 협정은 지연되고 있다. 오바마가 자신의 정치적 이해관계가 걸린 자동차 부문에서 양보를 요구하는 것이야 정치가로서 할 수 있는 일일 것이다. 그런데 그 와중에 이명박 정부는 미국의 요구에 맥없이 끌려 다니면서, 자동차와 소고기 부문에서 비굴한 양보를 하는 모습을 보이고 있다. 또 최근엔 통상교섭본부가 어처구니없을 정도로 형편없이 한-EU 자유무역협정문을 번역한 것으로 드러나기도 했다. 정부의 이런 비굴한 태도나 무능력은 매우 혹독하게 비판받아야 한다.

한국은 이미 칠레와 자유무역협정을 체결했고, 사람들은 칠레산 농산품을 즐겨 소비한다. 프랑스 와인이 상대적으로 비쌌던 국내 와인시장에서 칠레산 와인은 와인가격을 낮추는 데 큰 역할을 했다. 아마도 우파와 중도적인 사람들은 자유무역협정을 하더라도 국가에 이익이 되는 방향으로 잘하기를 바란다는 점에서, 비교적 단순한 관점을 취한다고 볼 수 있다. 그런데 개혁·진보 진영 사람들은 자유무역협정에 대해 쉽게 태도를 취하기 어렵다. 노무현 정부가 한미 자유무역협정 체결을 추진할 때부터, 개혁·진보 진영 안에서는 서로 다른 목소리들이 들리기 시작했다. 당시에도 진보를 자처하는 사람들의 상당수는 은근히 혹은 드러내놓고 협정에 반대한 경향이 있다. 여기에 또 모호한 부분이 있다. 그들은 정말 한미 FTA 자체를 근본적으로 반대하자는 것인가, 아니면 비굴한 협정은 반대하면서 국가적인 이익을 당당하게 주장하는 협정을 요구하는 것일까? 모호하다. 나는 미국에 대해 비굴하게 굴거나 혹은 실질적인 이익도 챙기지 못하는 협정에는 반대한다. 그러나 자유무역협정 자체에 강력하게 반대해야 하는지에 대해서는 확신하지 못하는 편이다.

자유무역 문제는 이론적으로는 애덤 스미스와 데이비드 리카도까지 거슬러 올라가는 문제다. 애덤 스미스는 자유무역에 상대적으로 단순하고 낙관적인 견해를 가졌었다. 각 나라들이 자신에게 유리한 물품과 상품을 수출하면 서로 이익이 되지 않겠느냐는 것. 그러나 현재의 문제는 그런 이해 수준을 훨씬 넘어간다. 지금의 문제는 자유무역을 하느냐, 하지 않느냐가 아닐 것이다. 자유무역은 저절로 모든 나라에 이익을 가져다주지는 않는다. 그렇게 주장하는 우파는 정말 잘 모르거나 솔직하지 않은 것이다. 그와 비교하면 진보 쪽은 자유무역이 그저 모든 나라에 이로운 것만은 아니라는 주장만을 반복하는 경향이 크다. 그러나 진보가 거기에 계속 머물러 있다면, 지적 게으름에 빠지는 것이다.

무역에서 개발도상국의 권리를 강조하면서 공정한 무역의 가능성을 타진하는 스티글리츠는 앤드루 찰턴과의 공저에서 다음과 같이 말한다. "왜냐하면 대부분의 국가들이 고민하고 있는 이 문제는 '무역을 하지 않는 자급자족이냐 아니면 자유무역이냐'라는 양자택일의 문제가 아니라, 오히려 다양한 수위의 자유무역 체제 가운데 하나를 선택하는 문제이기 때문이다."*

지금은 자유무역이 이롭냐 해롭냐를 따지는 단계를 벌써 지났고, 특정 국가가 어떤 분야의 산업을 보호해야 하느냐 마느냐의 문제를 따지는 일, 말하자면 유치산업의 보호 문제도 이미 지났다고 할 수 있다. 어떤 선진 국가든 정통적인 자유무역의 원칙에 따라서만 발전한 나라는 없다. 이 점을 후발국의 관점에서 장하준이 잘 보여주었다. 그러나 우리는 거기서 머물 수 없고, 더 나아가야 한다. 문제는 어떤 수준의, 어떤 복합적인 형태의 무역을 각 나라가 선택하고 또 실행하느냐일 것이다. 그리고 이 문제는 보편적인 원칙만 강조하는 이론에 의존해서 풀 문제가 아니다. 특히 미국에 가서 이론만 공부하고 또 계속 이론만 따라가는 경제학자들에게 의존하는 단계는 지났다. 거꾸로 자본주의의 단점이나 어두운 점을 비판하는 일에 머무는 것도 충분하지 않다. 그런 일만 한다면 이론은 점점 무력한 말이 되어버릴 것이다.

스티글리츠와 찰턴도 무역자유화가 즉각적으로 "긍정적인 영향을 미친다는 증거는 없다"고 말한다. "무역자유화가 성장에 가장 중요한 요인이라는 확실한 증거는 없다." 그들은 무역자유화 대신, 수출을 통한 통합과 관리를 추천한다.

> 성공한 국가들의 경험을 통해 개혁과정은 점진적이고 조심스럽게 관리되어야 한다는 것을 알 수 있다. 동아시아 사례에서도 나타나듯이 수출을 통한 통합은 급속한 자유화를 통한 통합보다 훨씬 설득력이 있다. 한마디로 무역자유화는 맞춤형 정책이어야 하며 누구에게나 통하는 정책이어서는 안 된다.

●조지프 E. 스티글리츠·앤드루 찰턴, 『모두에게 공정한 무역』, 지식의숲, 2007, 49쪽. 명확성을 위해 번역문을 부분적으로 수정했음을 밝힌다.

무역자유화는 모든 나라가 저마다의 특수한 상황에 맞춰 스스로 복합적으로 선택하고 조정할 정책인 셈이다. 보편적인 이론은, 아무리 그것이 과거에 이미 그 성과를 증명했더라도, 보편적으로 적용되기 어렵다. 경제정책과 무역정책이 점점 고난도 복합기술을 요구하는 것은 이 때문이다. 이런 상황에서 개혁·진보는 상세한 논의와 정확한 대안 없이 무역자유화에 대해 총론적인 비판만 하는 수준을 넘어서야 한다. 단순한 이론은 점점 무력해지기 때문에, 실제 상황을 관리하고 통제할 전략적 지식과 기술이 필요하다. 특히 경제와 무역 분야에서 더욱 그렇다.

사실 국가 사이의 자유무역은 국가들의 국제적인 이해관계에 의해서만 규정되거나 결정되지 않는다. 자유무역은 상당 부분 국가 내 집단들의 서로 다른 이해관계에도 영향을 받는다. 자유무역이 실시되었을 때 산업 영역에 따라 이익과 손해가 서로 다르게 나타나기 때문이다. 그 이질적인 이해관계를 무시하고 일반적인 찬성이나 반대를 외치는 것은 다소 공허한 일이다. 다른 말로 하면, 단순히 '국익'에 도움이 되는 방향을 설정하기가 어렵다는 것이다. 한 부분에서 이익이 되더라도, 다른 부문에서는 손실이나 피해를 예상하거나 감수해야 할 상황이 벌어지기 마련이다. 우파는 단순히 국익을 위한다는 주장을 반복하는 것으로는 충분하지 않다. 마찬가지로 개혁·진보 세력도 단순히 '자유무역의 반대'를 외치기보다는 이 이질적인 영역들 사이의 이해관계를 조정하고 보상할 까다로운 대책들을 마련하는 데 애써야 할 것이다.

그런데 내가 보기에, 보수 세력뿐 아니라, 개혁·진보 세력도 이런 복잡하고 까다로운 대책에 주의를 잘 기울이지 않는다. 보수 세력이 그저 자유무역이 전체적으로 이익을 가져올 것이라고 모호하게 말하는 반면에, 진보 세력 쪽은 거꾸로 자유무역으로 이익을 보는 분야에 대해서는 잘 말하지 않고 피해를 보는 분야에 대해서 많이 말하는 경향이 있다. 자유무역을 맹목적으로 숭배하거나 긍정하는 일도 공정하지 않지만, 피해만 과장하는 태도도 공정하지 않을 것이다. 각 분야들의 이질적이고 복잡한 이해관계를 세밀하게 다루는 것은 이 책의 주제와 나의 능력을 벗어난다. 그런 부족한 수준에서 자유무역협정에 대해 말하는 것에 부끄러운 점도 있지만, 우충좌돌의 전략이 필요하다는 것을 일정하게 말해본다. 말을 하지 않고 피해가는 것은 더 부끄러운 일일 터이니까.

다르게 말하면, 한국은 미국과의 자유무역협정에서 일방적으로 손해를 보거나 이익을 보는 것은 아니다. 자동차를 비롯하여 여러 산업 분야는 이익을 기대하지만, 농업 분야를 비롯한 여러 분야는 피해를 예상하는 상황이다. 일방적으로 한국에 불평등한 협정이 아니라, 분야에 따라 불평등을 야기하는 무역협정, 이것이 까다로운 것이다. 틀림없이 한미 사이의 무역자유화는 국내에 불평등을 유발한다. 문제는 한국 정부가 솔직하고도 정의롭게 불평등이 야기되는 분야와 이익을 기대하는 분야 사이에서 조정을 하고 보완 대책을 마련하는 일이다. 그런 것이 정부의 의무다.

공정한 무역이 가능하다고 주장하는 스티글리츠 등도 결국은 이런 말을 한다.

> 무역자유화는 불평등에도 영향을 미친다. 무역을 개방한다고 해서 한 국가의 모든 사람들이 이전보다 잘살게 되지는 않는다. 그보다 개방은 소득 분배 구조를 바꾸고 승자와 패자를 만든다. 표준 경제이론에 따르면, 무역

자유화에서 발생하는 순純 이득이 흑자이므로 이익을 본 사람들이 손해를 본 사람들에게 보상을 해주고 이전보다 한 나라를 전반적으로 더 잘살게 할 수 있다. 그런데 유감스럽게도 그런 보상은 좀체 발생하지 않는다. (…) 모든 사람을 더 잘살게 하는 것은 불가능할 수 있다.

까다로운 국면이고 복잡한 상황이다. 이득을 보는 분야에서 손해를 보는 분야로의 보상은 잘 이루어지지 않는다. 이익과 손해의 이질적이고 비대칭적인 파도들, 흡사 쓰나미 같은 충격 앞에서 사람들은 머뭇거리고 우왕좌왕한다. 문제는 정부가 이 갈등과 위험을 해결할 능력이 없어 보인다는 것이다. 한 재벌총수가 수년 전 냉소적으로 언급했듯이, 그나마 2류를 달리는 기업과 비교하면 정치는 4류 수준이다. 그러면 지식인들은 나은가? 크게 다르지 않다. 기껏해야 행정과 비슷하게, 3류일 듯하다. 기업보다 생산성이나 순발력에서 떨어지는 것은 확실하므로.

이것이 지금 우리가 맞닥뜨리고 있는 상황이다. 우리는 종종 그 재벌총수의 모습을 비웃는다. 그러나 그나마 기업이 제일 앞서 있다는 그의 주장을 확실히 반박할 실력을 다른 분야가 보이지 못하는 것도 사실이다. 우파 지식인이 세계화와 정보화를 인정하고 그 효용을 과도하게 긍정적으로 평가하는 반면에, 개혁·좌파 지식인은 일종의 딜레마에 빠져 있는 듯하다. 세계화와 자유무역을 강력하게 거부하지는 못하는 상태에서 어정쩡하게 원칙적인 이야기만 반복하는 모습을 보이고 있다.

### 세계화, 좌파와 우파 사이의 좁은 길로 가자

기본적으로 우리는 우충좌돌의 전략에서 출발했고 그 방향은 큰 그림에서 유지되었다. 점점 좁아지는 세계에서 무역을 하는 일은 이분화된 지적 담론의 해안 사이로 흐르는 물결에 몸을 맡기는 일이기 때문이다.

스티글리츠와 찰턴도 우파와 좌파 사이의 두 극단 사이로 가야 한다고 말한다.

> 여전히 우익에서는 개발도상국에 압력을 가해 즉각적이고도 단호하게 자유무역을 시행하라고 주장한다. 또 좌익에서는 개발도상국을 돕는 길은 개혁과 자유화 세력으로부터 자국을 강력하게 보호하는 것이라고 믿는 사람들이 있다.
> 이론적 증거와 경험적 증거가 모든 쟁점을 명확하게 밝혀주는 것은 아닐지 모르지만, 분명 양쪽의 극단적인 입장들을 배제하기는 한다.

보수와 진보의 양극단적인 관점을 피하면서, 어떤 속도로 어떤 정책과 대응책을 마련하느냐가 중요하다.

> 많은 개발도상국에게 이 논점은 대체로 자유화를 향한 어떤 조처들이 타당한가에 관한 것이며, 속도와 순서 정하기에 관한 것이다. 또 자유화 이전에 무엇이 이루어져야 하며, 자유화 구상이 얼마나 빠르게 추진되어야 하는가에 관한 것이다.
> 무역자유화 지지와 세계화 반대라는 극단적인 입장 사이에는 중도적인 입

장이 있다. 궁극적으로는 자유무역이 바람직하다는 것을 인정한다 하더라도, 이 중도적인 입장은 서둘러 진행되는 무역자유화는 해로울 수 있다는 것을 인식하는 일이다.

중도적인 관점은 단순히 자유무역 지지와 자유무역 반대 사이에서 기계적으로 균형을 잡는 일이 아니다. 장기적으로는 무역자유화가 바람직하다고 생각하더라도, 졸속으로 진행되는 자유무역은 해롭다는 것을 아는 일이다.

이 중도적인 관점은 그러므로 그저 양쪽 사이에서 타협하는 것이 아니다. 오히려 극단적인 두 관점이야말로 편하고 안정된 육지에서 자꾸 진영 논리와 집단 사고를 쉽게 반복한다. 중도적 입장을 취하는 것은 고정된 두 극단 사이를 흐르는 위험한 물살을 타는 일이다. 서로 다른 이질적이고 비대칭적인 이익과 손해의 파도 사이에서, 속도와 순서를 예측하고 규정하는 일은 위험하고 복잡한 일이다. 그러려면 먼저 이질적이고 비대칭적인 이익과 손해들의 대차대조표를 솔직하고도 제대로 기록해야 한다. 정부뿐 아니라 지식인과 학자들도 그런 일을 도전으로 생각하고 받아들여야 한다. 그런데 아직도 양극단에서는 딱딱하게 굳어버린 집단사고를 반복하는 일이 너무 많이 일어난다.

물론 장기적으로 바람직한 자유무역과 중단기적으로는 신중하게 대해야 할 자유무역 사이에서 균형을 잡는 일도 쉽지 않으며, 이론異論이 없는 것도 아니다. 전작인 『기우뚱한 균형』에서도 세계화의 여러 도전과 문제들을 다루기는 했지만, 구체적인 문제들은 여전히 까다롭다. 한-EU 자유무역협정문의 한글본 번역에 오역이 많다는 것을 밝힌 송기호 변호사는 한국과 유럽연합 사이의 자유무역협정에 의해 피해를 볼 분야를 대표적으로 3개를 꼽았다. 기업형슈퍼마켓을 규제하는 국내법이 무력화된다는 점, 학교급식에서 국산 농산물을 우대하지 못하게 된 점, 그리고 농업. 최소한 이런 문제들에 대해서는 좌우를 막론하고 일정한 합의가 이루어져야 마땅할 것이다. 유럽 여러 나라들은 농업에 엄청난 지원을 한다. 그래서 비교적 풍요로운 농촌이 존재한다. 우리는 그것을 왜 못하는지 답답하다. 특히 보수의 고향도 농촌이 아닌가? 진보도 원칙적인 이야기만 반복하는 수준에서 벗어나 직접 구체적인 대안을 보여주고 실행하는 데로 나아갔으면 좋겠다.

송기호 변호사는 자유무역협정에 반대하는 말을 했다. "국제통상규범을 주도할 여력이 없는 한국은 다자주의로 가야 한다. 양자주의, 자유무역협정은 안 된다." 한국이 국제무역을 주도하기 어려운 것은 사실이지만, 과연 그럴까? 우리가 자유무역을 해야 한다와 자유무역을 하지 말아야 한다 사이에서 양자택일을 해야 하는 것일까? 다자주의라고 한국이 주도할 수 있는 것도 아니지 않은가? 또 한국이 과거의 다자주의 체제에서 수혜를 입은 것은 사실이지만, 앞으로도 그런 다자주의적 환경이 가능할지는 또 따져봐야 할 문제다. 유감스럽게도, 이 장은 여기에서 더 나아가지 못하고 멈추어야 할 듯하다. 앞으로 더 나아갈 준비를 하는 중간지점으로 생각하자.

# 10

# 너무 많은 경쟁,
# 또 너무 적은 경쟁

*경쟁은 나쁘기만 할까?*

한국 사회는 극한의 경쟁 사회다. 경쟁을 동반하고 또 그것에서 기인하는 폭력성이 사람들의 삶을 피폐하게 만들고 있다. 안 해도 되는 경쟁을 하는 경우가 너무 많다. 그러나 모호한 점이 있다. 전반적으로 경쟁이 너무 심하니, 그것을 완화하기만 하면 되는가? 그건 아니다. 경쟁이 심하기는 하지만, 원인들이 단순하지 않을 뿐 아니라 발생 원인과 성격이 서로 다르다.

그런데 많은 사람들이 이 차이를 인식하지 못하는 경우가 많다. 특히 보수와 진보의 이분법이 횡행하는 가운데, 우파들은 오로지 혹은 과도하게 시장에 의한 자유경쟁을 주장하는 경향이 심하고, 거꾸로 진보와 좌파를 자처하는 사람들은 무조건 경쟁을 줄여야 한다는 말을 반복하는 경향이 심하다. 이 두 관점이 정형화된 채, 반복을 거듭하며 헛돌고 있다. 그래서 사람들은 경쟁에 대해 편향된 관점을 계속 가지고 있으며, 언론조차도 이 편향된 관점들을 교정하거나 균형감을 찾아주지 못한 채 해오던 관행을 반복하며 앞으로 달려간다. 시장 안에서의 자유로운 경쟁만 보장되면 문제없다는 보수적 관점만 반복하는 사람들의 편향성도 위험하지만, 그에 못지않게 무조건 경쟁을 줄여야 한다는 자칭 진보적인 말만 반복하는 사람들의 편향성도 위험하다. 특히 '경쟁에서 상생으로' 같은 구호들은 그 취지가 아무리 진보적이거나 인도주의적일지 몰라도, 경쟁방식에 대해 오해와 왜곡을 불러일으킬 수 있다. 왜냐하면 일반적으로 모든 분야에서 경쟁을 줄이고 상생을 늘이는 방식으로 개선이나 개혁이 일어나야 하는 건 아니기 때문이다. 특히 국내 상황이 그렇다.

경쟁의 서로 다른 모습에 대해 아는 게 필요하다. 우선 시장 자체가 경쟁을 유발하는 경우가 있다. 2010년 이마트가 피자를 싸게 팔아서, 시끄러웠던 적이 있었다. 대기업이 피자까지 싸게 팔면서 중소기업의 밥그릇을 훔친다고 비난하는 사람들이 많았지만, 그것은 문제가 되지 않는다는 의견도 많았다. 또 비슷한 시기에 롯데마트가 치킨을 5000원에 판다고 해서, 난리가 났던 일도 있다. 중소치킨업체들은 그 판매가 공정하지 않다며 제소하겠다고 나섰지만, 롯데마트는 5000원이 원가 이하의 부당한 가격은 아니며 또 자신들의 판매량이 전체 치킨 판매량의 4%도 안 되기에 공정거래를 위반하지도 않는다고 반박했다. 이 경쟁들은 시장을 장악하려는 대기업과 중소기업 사이에서 일어난다. 경쟁은 처절하지만, 시장 내부에서 일어나고 있다.

그렇다면 이런 경우에 경제적 효율성과 소비자의 선택이 유일한 기준일까? 시장을 숭배하는 보수주의자나 자유주의자는 그런 말을 반복하는 경우가 많다. 그러나 여기서 '경제적 효율' 혹은 '시장의 효율'이란 말은 애매하다. 과연 대기업 중심의 거래가, 그것만이, 시장의 효율과 경제의 효율에 도움이 될까? 현재 한국의 시장경제는 과도하게 대기업 중심으로 돌아간다. 수출에서 상위 대기업들의 실적이 압도적일 뿐 아니라, 전체 GDP에서 대기업이 차지하는 비율도 상위 대기업에 쏠려 있다. 다르게 말하면, 중소기업을 보호하고 키우는 사회적-경제적 장치들이 필요한 것이다.

중소기업을 보호하고 키우면 불필요한 경쟁이나 갈등은 줄어들 수 있겠지만, 그렇다고 그 일이 단순히 시장경쟁을 완화하거나 줄이는 길은 또 아닐 것이다. 오히려 시장에서의 경쟁을 다양하게 만들고 또 경쟁의 방식도 건전하게 만들면서 시장의 효율을 높이는 길일 것이다. 대기업들은 무역경쟁에서는 현재 상당히 큰 도움을 주지만, 그렇다고 일자리를 다양하고도 지속적으로 만들지는 못한다. 대기업 중심의 산업구조는 첨단기술에 의존하는 수준이 높고, 첨단기술에 많이 의존하는 산업은 자동화 수준도 높을 수밖에 없다. 그런데 자동화 수준이 높은 산업은 일자리를 새로 만들기 어렵다. 또 국제경쟁에 치중하는 대기업들은 다국적 기업구조를 가지는 경향이 크다. 그런 기업은 공장을 해외로 이전하는 경우도 많다. 국내에서 일자리를 지속적으로 만들지 못할 뿐 아니라, 경제적 이익도 국내에 집중되지 않는 것이다.

어쨌든 경쟁에 관한 시장의 효율은 겉으로 보이는 것처럼 단순하지 않다. 대기업들도 비교적 건전한 경쟁을 유지하는 경우가 있을 것이다. 대기업들이 장기적인 계획을 세우고 그에 따라 시장 전략을 세운다면, 또 그러면서도 중소기업들과 좋은 관계들을 유지한다면, 대기업들도 건전한 경쟁 속에서 그 나름대로 합리적인 시장의 게임 규칙을 따른다고 할 수 있다. 그런데 유감스럽게도 국내 대기업들은 중소기업

2010년 통큰 치킨은 압도적으로 저렴한 가격으로 소비자들을 공략하면서, 중소자영업자의 생존권 침해라는 논란을 일으켰다. 대기업의 시장 장악에 대한 논란은 아직도 진행 중이다.

들과 좋은 협력관계를 유지하지 못하고 착취하는 경향이 많다. 이 점에서는 '상생'이 좋은 목표일 것이다. 무엇보다 시장의 효율과 경제적인 지표에서도 나쁜 것은 대기업들이 단기적이거나 초단기적인 목표에 따라 움직인다는 것이다. 이 점은 특히 하이테크 산업에 해당된다. 안철수의 말을 들어보자.(한겨레, 2011년 3월 25일)

한국 아이티산업의 문제는 첫째 대기업 위주, 둘째는 하드웨어 위주, 셋째 정부든 기업이든 초단기 목표를 향해서 나아가요. 삼성전자가 차지하는 수출액 비중이 너무 커서 그 회사가 기우뚱하면 한국경제 자체가 충격파를 크게 받게 돼 있어요. 정부가 방조했죠. 중소기업과 벤처기업을 튼튼하게 해놓아야 대기업이 힘들어도 장기적으로 안정된 구조로 갈 수 있어요.

삼성전자가 한동안 잘 나갔던 자사의 핸드폰을 위해 아이폰이 국내 시장에 들어오지 못하게 막았다는 것은 이제는 너무 잘 알려진 사실이다. 결국 다른 나라에서는 다 시장에 나온 애플 제품이 국내 시장에는 3년 정도 늦게 들어왔다. 이제 다급해진 나머지 아이폰을 베끼느라 바쁘다는 것도 알 만한 사람은 다 아는 일이다. 결국 삼성은 건전한 시장 경쟁을 정부와 짜고 막은 것이며, 그 결과 뒤늦게 허겁지겁 쫓아가고 있다. 국민경제에 이익이 된다는 엉터리 핑계를 대며 정부가 삼성전자의 뒷배를 봐준 셈이고, 결과적으로 시장에서의 건전한 경쟁을 해쳤다. 공정과 경쟁과 실력으로 시장을 지배하는 기업을 사람들은 존중한다. 그 기업 때문에 개인적으로 쓰라린 경험을 한 사람들이라도 객관적으로는 그 실력과 경쟁을 존중하는 것이다. 그러나 그렇지 않고 정부와의 유착을 통해 억지로 기득권을 보호하는 기업은 시장에서 퇴출돼도 싸다. 안철수의 말을 더 들어보자.

삼성한테 독이 됐죠. 기득권이 과보호되면 기득권에도 치명적인 독이 되죠. (…) 미국의 예를 들면 포레스터가 생기고, 마이스페이스가 포레스터를 제치고 1위가 됐는데, 페이스북이 나오면서 1위가 바뀌었습니다. 절대 강자 구글도 빙(마이크로소프트)이 위세를 떨치자 검색 알고리즘을 재정

비하는 등 치열한 경쟁이거든요. 과보호석에서 그냥 편하게 1위 하는 게 아니라 실력으로 1위를 유지하죠. 그게 건강한 생태계입니다.

생태는 꼭 근본주의적 '생태주의'만 소유하는 말이 아니다. '시장 생태계'도 엄연히 존재한다. 비록 때로는 치열하게 보일지라도 건전한 경쟁을 보호하고 보장하는 시장에서, 비로소 시장도 건강하게 돌아가고 시장의 생태계도 건강하게 유지된다. 치열한 경쟁이더라도 게임의 규칙이 공정하게 지켜진다면, 시장참여자들 다수는 경쟁의 생태계에 동의할 것이다.

### 대기업이 주도하는 왜곡된 경쟁

'시장 생태계'란 말과 관점은 우리가 아직도 시장에 대해 제대로 아는 것이 적다는 것을 알려준다. 한 가지 예를 더 들어보자. 삼성전자가 국내시장에서 경쟁력이 높고 또 일반적으로 좋은 인상을 받는 이유는 흔히 말하는 A/S가 좋기 때문이다. 고장이 나더라도 빨리 달려와서 고쳐주는 것이 인상적이고, 최소한 그것이 기업의 경쟁력에 도움이 된다고 많은 사람이 여기는 편이다. 그러나 이 점에서도 많은 사람들은 아직 착각하는 점이 많다. 무엇보다 A/S를 빨리 해주는 것에 대해 사람들은 너무 높은 점수를 부여하기 때문이다. '빨리빨리'라는 강박증 덕택에 생긴 일일 수도 있지만, 그것만이 원인은 아닌 듯하다. 사람들이 대기업의 자금력에 의한 시장 장악을, 경쟁력과 혼동하게 된 것이 큰 원인인 듯하다.

사후 고장 수리를 빨리 해주는 것이 그저 좋은 것일까? 기본적으로는 고장이 나지 않는 것이 좋은 제품에 대한 중요한 지표일 것이다. 그런데도 국내에서 사람들은 제품 불량률에는 큰 주의를 기울이지 않는다. 대기업들이 애초에 제품에 대한 홍보를 할 때, 그 점을 강조하지 않았기 때문이다. 또 사후 고장 수리를 해주는 서비스 지점이 많다고 해도, 그 비용은 고스란히 제품 가격에 포함돼 있는 것이다. 삼성을 비롯한 대기업들이 A/S 지점을 많이 두고 홍보를 대대적으로 하는 비용은 소비자에게 그대로 돌아간다. 빨리 빨리 달려와서 고장을 수리해주는 것도 그리 칭찬할 만한 점이 못되는 것이다.

여기 더 중요한 점이 있다. 빠른 A/S를 당연하게 여길 때, 제품 비용이 높아지는 건 당연하다. 그래서 삼성을 비롯하여 현대자동차 등의 국내 가격은 해외에서보다 높아지는 경향이 크다. 그 기업들은 비슷한 제품을 외국에 수출할 때 값을 내린다. 국내에서는 대기업의 이상한 마케팅에 길들여진 나머지 사람들이 고가품을 선호하는 이상한 경향이 있는 반면에, 외국에서는 기업들이 필요 없는 지출을 줄이면서 합리적인 가격을 제시해야 경쟁력이 있기 때문이다. 여기서 중요한 역할을 하는 것이 의무적인 A/S의 보장이다. 똑같은 삼성전자 제품이더라도 미국이나 캐나다에서는 값이 저렴한 중요한 이유는, 그곳에서는 A/S가 의무적으로 딸려 있지 않기 때문이다. 그쪽에서는 고객들이 구입할 때 자발적으로 A/S 기간을 선택할 수 있다. 아예 A/S를 빼면 가격은 상당히 낮아진다. A/S를 원하는 고객이더라도, 1년에서 3년 정도 기간 내에서 본인이 선택할 수 있다. A/S도 기간에 따라 가격이 정해진, 제품의 부대비용인 셈이다. 설혹 제품이 고장이 나더라도 직접 고치는 것을 선호하거나 좀 더 싼 수리 경로(대기업의 서비스는 대체로 비싸다)를 찾을 수 있는 사람은 대기업의 비싼 A/S를 구매하지 않을 수 있다. 그런데 국내에서 대기업들은 이런 합리적인 구매방식을 도입하지 않는다. 국내소비자가 편한 것을 선호하기 때문에 어쩔 수 없다는 핑계를 대며, 고가 전략을 은근슬쩍 유지한다. 그러나 대기업이 합리적인 구매방식을 소개하지 않기 때문에, 많은 소비자들이 합리적인 구입을 하지 못하는 경우가 많다고 봐야 한다. 물론 소비자들의 소비행위에도 변화가 필요한 점이 많다. 돈을 더 지불하더라도 편하고 유명한 상표를 소비하려는 나쁜 경향이 존재하기 때문이다. 이것은 부분적으로 소비자를 우롱하는 대기업의 상술에서 기인하지만, 다른 한편으로 과도한 지위경쟁에서 기인한다고 보아야 한다. 이 점은 뒤에서 이야기해보자.

기본적으로 좋은 제품을 생산하거나 판매하는 기업이 오프라인에서 매장을 열지 않고 또 A/S 기간에 따라 선택적으로 비용을 부과하면, 제품의 가격은 상당히 떨어질 것이다. 소비자가 그런 상품을 선호한다면, 그 기업의 경쟁력은 높아질 것이다. 그런 식으로 경쟁이 이루어지면서 시장경제가 발전할 수 있다. 그런데 시장을 지배하고 있는 대기업들이 합리적인 경쟁을 하기보다 자신들의 지위에 기대는 왜곡된 경쟁을 하고 있다. 그리고 일괄적인 서비스에 길들여진 국내 소비자들은 많은 매장과 요란한 A/S에 포함된 비싼 비용을 알게 모르게 떠맡는다. 시장에서 합리적으로 소비하는 방식을 훈련하지 못하는 셈이다. 그렇게 해서 시장경쟁이 진화하는 방식에 대해서도 깜깜해진다.

### 국가가 주도하는 왜곡된 경쟁

시장에서의 경쟁이 이런 문제를 안고 있다면 그와 달리, 국가가 인위적으로 경쟁을 제한하기 때문에 생기는 나쁜 문제가 있다. 대표적인 경우가, 변호사자격시험을 비롯한 자격증 시장이다. 2010년에 법학전문대학원생들이 집단으로 자퇴서를 제출하는 일이 벌어졌는데, 그 이유는 정부가 로스쿨 졸업생들의 변호사시험 합격률을 제한하려고 했기 때문이다. 변호사협회를 중심으로 한 기존 업계는 변호사들의 소득이 줄어든다는 이유로 변호사가 늘어나는 것을 막으려 들며, 이를 위해 변호사시장에 진입하는 장벽을 높이려고 한다. 그러나 로스쿨 쪽은 변호사시험이 자격시험의 성격을 가지는 것이 마땅하며, 따라서 정부가 인위적으로 변호사 정원을 줄이거나 제한할 필요가 없다고 본다. 이 사이에 끼인 정부는 졸렬한 결정을 내렸다. '2012년 로스쿨 졸업생은 정원의 75% 합격률, 그 이후는 나중에 논의한다'는 것. 딱 일 년만 통용되는 정책, 그다음에는 또 눈치를 봐서 결정하려는 정부의 정책은 권위가 없는 '시장잡배'의 협잡처럼 보이기도 한다. 2010년도 의사시험 합격률이 92.9%이니, 변호사시험 합격률도 그 정도에서 허용하면 될 터인데 말이다.

 이런 상황이 일단락되는가 싶은 와중에서, 2011년 초 사법연수생들과 변호사들이 시위를 하는 일이 벌어졌다. 법무부가 로스쿨졸업생 가운데서 추천을 받아 검사를 선발하겠다고 발표하면서, 정부와 사법연수생 및 변호사 사이에서 싸움이 일어난 것이다. 정부는 한편으로는 변호사 자격시험을 통제하여 기존 변호사 업계의 요구를 들어주고, 또 한편으로는 공무원인 검사 임용에서는 로스쿨 출신들에게 유리한 결정을 내리면서, 이익들 사이에 끼어 허둥지둥하고 있다.

 변호사시장의 경쟁은 치열하지만, 단순히 시장에서 일어나는 맹목적인 과열 경쟁 때문은 아니다. 기득권자를 제외한 일반 시민은 대부분 변호사 숫자가 늘어나는 데 찬성함에도 불구하고, 정부가 인위적으로 기득권자의 편을 들어 시장진입을 강제로 제한하고 있기 때문에 과열경쟁이 생긴다. 정부가 기득권자들을 보호하기 위해 편의적으로 치사한 정책을 사용하기 때문에, '고시낭인'이라 불리는 사람들이 생기고 로스쿨에 입학하기 위해 과열경쟁이 벌어진다. 검사임용도 마찬가지다. 미국이나 유럽처럼 변호사 자격시험을 확대한 후에, 경력을 가진 변호사 가운데에서 검사나 판사를 임용하면 될 텐데, 그 일을 정부가 적극적으로 하지 않기 때문이다.

무슨 말인가? 때로는 시장 내부의 과잉경쟁이 사회적 갈등을 유발하지만, 때로는 오히려 시장진입을 가로막는 정부의 인위적인 장벽이 갈등을 일으킨다. 시장진입을 가로막는 높은 장벽 때문에 경쟁이 치열해진다면, 시장진입을 쉽게 해주는 것이 해법일 것이다. 아예 시장에 참여하지 못하게 처음부터 장벽을 세우는 일은 부당한 일이며, 기본권 중의 하나인 자유를 제한하는 일일 것이다. 그런데 정부가 기득권의 이익을 위해 혹은 관료들의 이익을 위해 자격증시장을 통제하면서, 시장경쟁조차 방해하는 일이 일어난다. 그러므로 자금력에서 유리한 대기업이 시장을 장악하면서 생기는 사나운 경쟁도 문제지만, 정부의 규제에 의한 경쟁제한도 문제다.

왜곡된 경쟁은 복잡하게 꼬인 상황에서 상이한 이유로 생기며, 따라서 그에 대한 해법도 다를 수밖에 없다. 대기업의 시장독과점이 문제인 곳에서는, 시장경쟁이 가장 합리적이라는 보수적 답안이 정답이 될 수 없다. 중소업체를 보호하는 사회적 정책도 필요하기 때문이다. 거꾸로, 정부가 진입장벽을 높임으로써 자유경쟁을 방해하는 곳에서는, 무조건 경쟁을 줄여야 한다는 진보적 답안도 정답이 되기 힘들다. 이들 분야에서는 오히려 자격시험의 합격률을 크게 높여서 시장진입의 기회를 확대하는 것이 필요할 것이다. 시장진입이 정부의 통제 때문에 막힌 곳에서 생기는 경쟁은 그 나름대로 치열하고 공격적이지만, 시장에서 일어나는 과잉경쟁과는 성격이 다르기 때문이다. 과잉경쟁이 판을 치는 사회라지만, 아직도 정부가 시장에서의 자유로운 경쟁을 가로막는 분야가 많은 것이다.

과잉경쟁에도 차이가 나는 여러 방식이 있는 셈이다. 과잉경쟁의 상이한 발생경로와 존재방식들을 구별해야 하며, 그 차이에 따라 대응해야 한다. 시장경쟁이 너무 지독한 곳이 많은가 하면, 정부가 기득권을 위해 시장경쟁을 가로막는 곳도 있다. 자격증시장을 통제하는 정부는, 잔인한 시장 못지않게 나쁘다.

그런데 자칭 진보 쪽에서는 상대적으로 이 점은 잘 지적하지 않는 편이다. 로스쿨 제도가 뭔가 여러 가지로 잘못되었다는 점을 알면서도, 변호사 시험을 기본적으로 시장에 개방하는 쪽으로 문제를 해결하려는 생각을 적극적으로 하지 않는다. 시장을 통한, 시장 내부에서의 경쟁에 많건 적건 편견이나 거부감이 있기 때문일 것이다. 그러나 지금처럼 국가가 변호사자격증 시험을 통제하는 정책은 앞으로도 계속 큰 문제와 갈등을 야기할 가능성이 매우 높다. 변호사시험을 의사 자격시험처럼 기본적인 자격을 심사하는 과정으로 만들고, 나머지는 시장에 맡기는 것이 훨씬 공정한 경쟁일 것이다. 그런 후에 경력 있는 변호사들 가운데에서 판사와 검사를 임용하는 미국식 방식이 지금의 정부 통제 방식보다 훨씬 합리적이다. 시험만 잘 본 덕택에 판사와 검사로 임용되는 현재의 방식은 시험성적에만 매달리는 한심하고 구태의연한 방식일 뿐이다. 사회 경험이 거의 없는 젊은이들이 젊은 나이에 판검사가 되어 사람들의 죄를 묻고 판결을 내리는 것은 안일하고 위험한 일일 수 있다. 어린 나이에 판검사가 되는 것을 숭배하는 나쁜 사회적 관습이 그 나쁜 경쟁방식 때문에 조장된다고 할 수 있다.

국가도 그 경쟁방식이 위험하다는 것을 간접적으로 고백하거나 증명하고 있다. 시험에 합격한 사람들을 5급 별정직 공무원으로 임명해 사법연수원에서 교육을 시키고 있는 것이 그 증거다. 시험에 합격한 것만으로는 법률 전문가로 활동하기 어렵기 때문에 사법연수원에서 가르치는 것 아닌가. 사실 그들 다수는 사법연수원을 졸업하면 변호사로 개업할 사람들이다. 그런 그들을 국가가 고급 공무원 대우를 해가며 교육을 시킬 필요가 있을까? 국가가 쓸데없이 고급공무원의 경쟁방식을 오염시키고 있는 데서 생기는 문제다.

### 공정하고 다양한 경쟁이 필요하다

사실 이런 어설픈 경쟁에서 기인하는 혼란은 변호사시험에만 국한된 게 아니다. 고시합격자들을 고급공무원으로 채용하는 방식에 대한 비판은 꽤 있어왔다. 그러자 정부는 행정고시와 외무고시를 단계적으로 폐지하는 방안을 내놓았다. 행정안전부가 2010년 8월 내놓은 '공무원 채용제도 선진화 방안'에 따르면 우선 2015년부터 5급 신규 공무원의 절반을 기존의 필기시험으로 선발하고, 나머지 절반은 외부 전문가 특채로 선발한다. 외부 전문가 특채는 서류전형과 면접만으로 이뤄진다. 행안부는 이른바 '외부 전문가 채용'을 2011년에는 선발 정원의 30%에서 시행하고, 단계적으로 확대해 2015년부터는 50%를 채용할 계획이다. 폐지되는 고시는 행정고시만이 아니다. 지난 5월 외교통상부는 2013년부터 외무고시를 폐지하고 특수대학원인 '외교아카데미'를 통해 매년 50명의 외교관을 신규 충원하겠다는 방침을 발표했다. 사법고시 또한 2017년 폐지된다. 맹형규 행안부 장관은 행정고시 폐지를 두고 "상위 직급이 고시 출신 위주로 구성돼 있어 경쟁이 부족하고, 다양한 시각과 경험을 바탕으로 문제를 해결할 수 있는 능력이 부족하기 때문에 피할 수 없는 선택"이라고 강조했다고 한다.

취지는 좋았다. 그런데 바로 그때 유명환 외교부장관의 딸이 부정한 방식으로 5급에 특채된 것이 드러났다. 단순한 필기시험 대신에 '다양한 시각과 경험'을 평가하려는 좋은 방식이 오히려 더 부정하고 부패한 방식으로 나타난 것이다. 사실 '다양한 시각과 경험'을 살리고 평가하려면, 사회적 신뢰가 기본적으로 확보되어야 한다. 그렇지 않으면 오히려 더 부정과 부패가 끼어들 것이며, '다양한 시각과 경험'을 살리려는 제도는 다시 '현대판 음서제'라는 비판에 부딪치게 된다. 이 사회적 신뢰를 확보하는 일은 사실 보수와 진보 사이에 차이나 이견이 있을 수 없는 일이다. 공정함을 지키는 일은 이념에 상관없이 기본적으로 유지되어야 할 덕목이니까. 그리고 공정함만 일정하게 유지되면 사실 경쟁의 치열함은 크게 문제가 되지 않을 수 있다.

공정함을 주관하고 실행할 주체. 이 주체들은 이념에 상관없이 상식적인 공정함만 갖추어도 된다. 관점이나 이념의 차이에도 불구하고, 실력이나 경험을 인정하는 성숙함 혹은 삶의 윤리가 요구된다. 그리고 이 공정함을 실행하고 실천할 주체는 시장이나 정부 어느 한쪽에 독점적으로 속해야 하는 건 아니다. 근대 이후, 국가나 시장 어느 한쪽도 공정함을 실행할 유일한 권위를 확보한 것은 아니기 때문이다. 그러나 일반적으로 정부는 시장에서의 자유로운 경쟁을 보장하고 독과점을 막는 일에 집중하는 것이 합리적인 해결책으로 자리 잡았다고 할 수 있다. 시장과 정부는 서로 보충하고 보완하는 역할을 하는 것이다.

경쟁 자체가 나쁜 것이 아니다. 한국 사회가 유독 경쟁이 심한 면이 있지만, 그 극심한 모습만을 질타하는 것은 크게 도움이 되지 않을 듯하다. 오히려 경쟁을 하는 과정에서 기본적인 공정함이나 합리성이 확보되지 않은 것이 문제이며 위험이다. 그것만 유지되거나 지켜지면 치열함이나 뜨거움은 상대적으로 크게 문제가 되지 않는다. 다르게 말하면, 경쟁이 치열한 것 자체가 문제라기보다는, 게임의 룰이 잘 지켜지지 않거나 일관되게 지켜지지 않은 상태에서의 과열 경쟁이 문제일 것이다. 또 많은 사람들이 비슷한 목표를 향해 획일적으로 경쟁을 하는 것이 문제다. 다르게 말하면, 다양성이 없는 경쟁이 문제다. 시험성적으로 평가하는 경쟁이 벌어지면서, 사법고시를 비롯해 공무원·교사채용 시험에 사람들이 몰린다. 국가가 시험성적으로 변호사와 판검사를 임용하면, 거기에 목을 매는 사람들이 다수 생길 수밖에 없다. 다양한 진입경로를 허용하고 보장할 경우, 획일적인 그리고 사교육에 의존한 경쟁은 줄어들 것이다.

그런데 거기에 초점을 맞추지 않고, 공연히 경쟁 탓을 하는 경우가 많다. 보수가 과도하게 시장의 역할을 믿는 반면에, 진보는 시장의 역할을 무시하는 경향이 있다. 건전한 시장은 그 나름대로 중요하다. 그런 시장을 위해서는 무엇보다 건전하고 다양한 경쟁을 보장하고 지속해나가야 한다. 자연이나 환경만 지속가능해야 하는 게 아니라, 경쟁도 그렇다. 시장에 의한 일정한 합리성은 충분히 가능할 뿐 아니라 필요하다. 나는 그 합리성이 완전하다고, 혹은 충분할 수 있다고 여기지는 않는다. 오히려 맹목적이고 폭력적인 면도 크다고 본다. 그렇지만 자유의지를 실현하려는 개인들의 선택은 많은 점에서 국가보다는 오히려 시장 안에서 잘 이루어지곤 한다. 국가의 역할은 시장에서 공정성이 지켜지도록 관리하는 것일 터다.

### 경쟁의 한국적 얼굴

경쟁의 한국적 얼굴을 제대로 보기가 이 글의 목표다. 경쟁이 과열된 분야도 많지만, 그렇다고 모든 분야에서 혹은 다수의 분야에서 그저 경쟁을 줄이고 상생으로 대체하면 된다고 말할 일이 아니라고 나는 본다.

한국에서 일어나는 경쟁이 세계적으로 유례를 찾아보기 힘든 극단적인 예인 것은 사실일 것이다. 그러나 한국에서 경쟁이 유독 뜨겁고 치열하게 일어나는 일에 대해서는 이해할 만한 점이 있다. 어느 나라든 자신의 특수성을 과장하는 것도 경계해야 할 일이겠지만, 세계 경제대국 1위와 2위 그리고 3위에 지리적으로 둘러싸인 나라, 또 군사대국들에 포위된 나라는 어디에도 없을 듯하다. 그러면서도 인구가 적지도 않다. 그리고 불과 한 세대 전만 해도 한국 사회는 가난했다. 그런데 빠른 성장 덕택에 가난을 극복하기는 했지만, 그 빠른 성장이 여러 곳에서 과잉경쟁을 유발한 면이 있다. 이것 자체를 과도하게 악으로 여기는 것은 옳지 않다. 바람직스런 일은 결코 아니고 천박한 모습이 많지만, 빠른 성장은 불가피하게 장단점을 가지고 있는 듯하다.

자유로운 시장경쟁을 맹목적으로 떠받드는 보수주의적 주장의 단순함은 쉽게 간파할 수 있다. 그러나 상대적으로 한국의 과열경쟁을 지적하는 발언들은, 그것들이 내포한 좋은 취지를 인정하더라도, 혹은 바로 그 좋은 취지 때문에, 많건 적건 편향된 관점을 드러내는 경우가 많다. 이들은 단순하게 선진국의 비교적 덜 과열된 경쟁방식과 국내의 과열경쟁을 대립시키곤 한다. 한 예를 보자. 캐나다 윈저 대학 교수 서상철은 《프레시안》의 한 연재에서 국내의 나쁜 경쟁에 대해 다음과 같이 말한다.

> 한국의 여러 사회 상황을 고려할 때, 한국은 이미 경쟁의 정도가 한계에 이르렀다. 이러한 상태에서는 경쟁의 강도를 증가시키려 하면 성장률보다는 그에 따른 사회 비용 증가율이 더 빠르게 상승하게 된다. 좀 더 성장해서 얻는 이익보다는 성장을 위해 지불하는 사회 비용이 더 커진다는 것이다. (…) 한국은 안정된 사회 그리고 건강하고 행복한 사회로 갈 것인가, 아니면 그 반대로 서로 질투하고 경쟁하는 불안하고 불행한 사회로 갈 것인가의 기로에 있다.

어떤 점에서 경쟁의 정도가 국내에서 심한 것은 맞다. 그러나 모든 분야에서 경쟁이 똑같은 방식으로 생기고 똑같은 방식으로 한계에 부딪힌 것은 아니다. 오히려 어떤 분야에서는 기득권층을 보호하려는 정부가 경쟁을 인위적으로 제한하기에 경쟁이 과열 양상을 띤다. 또 다양한 방식을 통한 경쟁이 이루어져야 하는데, 우리 사회는 그동안 시험성적에 의한 선발이 제일 공정하다고 여겨왔다. 개천에서 용 난다는 신화가 그 대표적인 예일 것이다. 아직도 그것을 신봉하는 사회적 분위기가 많이 남아 있다. 개천에서 용이 나더라도 이제는 동일한 시험을 통한 선발이 아니라 다양한 진입방식을 통한 선발이 이루어져야 할 것이다.

이런 상황에서 무조건 경쟁이 지나치다고 말하는 것은 역사적 맥락은 무시한 채 나쁜 결과만 부각시키는 말이다. 다시 앞에서 언급한 글을 읽어보자.

> 성장의 추구와 함께 경쟁 논리가 강화된다. 현재 한국 사회는 경쟁 논리 만연과 강화가 급속도로 진행되고 있다. 특히 1997년 외환위기 이후에 경제적 대변혁을 겪게 되고, 외부로부터 강압적으로 시장 위주의 논리가 도입되고, 경쟁은 더욱더 강화되었다. 강화된 경쟁 사회에서 살아남기 위해서 사람들은 더욱 경쟁력으로 무장하고, 그 결과 사회는 더욱더 경쟁적으로 변해간다.

한편으론 맞지만, 동시에 너무 단순한 진단이다. 왜곡과 위험을 야기하는 원인들을 보는 관점이 너무 단순하다. 경쟁을 뜨겁게 하고 사납게 한 원인은 시장만이 아니다. 또 단순히 외부로부터 시장원리가 강제되었다고 보기도 어렵다. 기득권을 보호하는 일을 과도하게 하는 국가에게도 책임이 크다. 그리고 가정도 핵심적인 축의 하나다. 곧 시장과 국가, 그리고 가정이 과열경쟁을 야기한 핵심적인 주체들이라는 것이 나의 관점이다. 우파들은 경쟁의 나쁜 측면이나 부작용을 간과하거나 무시하는 경향이 크지만, 진보와 좌파로 자처하는 사람들 다수는 시장에만 책임을 돌리고 국가와 가정의 책임은 간과하거나 무시하는 경향이 크다. 그렇게 책임을 한쪽으로만 돌리는 일은 단순하고 경직된 이념에 사로잡힌 행동이다. 이 점을 살펴보기 위해 교육의 예를 들어보자.

## 우리가 경쟁에 몰두하는 이유

교육현장은 갈등과 폭력을 야기하는 사회적 진원지가 된 지 오래다. 대입시험 때문에 학생들이 우울증이나 자살충동에 빠지는 것은 이제 뉴스도 못되는 진부한 일이다. 2010년 12월 초 잠원동에서는 '묻지마 살인사건'이 일어났다. 피의자 역시 일종의 경쟁의 피해자였다. 그는 서울 한 대학에 장학생으로 입학했는데도, 스카이SKY에 못 갔다는 열등감에 시달렸단다. 미국으로 유학을 갔지만 성공하지 못하고 귀국하면서, 패배감은 배가되었다. 귀국해서 게임에 몰두했지만, 사실은 고교 재학 때에는 게임도 하지 않고 공부만 했던 모범생이었다고 한다. 놀지도 않고 공부만 한 아이? 이런 아이가 나중에 경쟁에서 처질 때는 놀았던 아이보다 몇 배 더 패배감에 빠지게 된다. 따라서 경쟁이 심한 강남에서는 평균 이상의 능력과 스펙을 갖춘 사람들도 열등감에 시달릴 수밖에 없을 것이다.

국가와 사회에 따라 경쟁방식은 서로 다르다. 독일과 프랑스의 경우 대학이 거의 국립대학이어서, 대학들의 서열은 일반적으로 존재하지 않는다. 그만큼 입시경쟁이나 대학별 경쟁이 덜 일어나며, 국가가 그 상태를 관리할 여지가 많다. 그러나 한국은 다르다. 사립대학이 더 많고, 따라서 국가가 공공성을 추구하며 경쟁을 줄이기 위해 개입할 틈이 좁다. 그렇기 때문에 유럽 방식의 공공적인 교육은 한국에서 실현하기 어려운 모델이다. 따라서 '공공성을 회복해야 한다'는 말도 국내에서는 유감스럽게도 제한적인 효과밖에 가지지 못할 수 있다. 우리는 한편으로는 시장, 다른 한편으로는 가정의 역할이 매우 크기 때문이다. 시장과 가정이 많이 개입함에 따라, 기업의 힘이 괴물처럼 커졌으며 동시에 가정 안에서 엄마들의 결정이나 영향력이 압도적인 형국이다. 다른 말로 하면, 구조적인 차원에서 사교육의 과도한 역할이 강력한 축을 형성한다면, 가정의 차원에서는 부모의 욕망과 불안이 또 다른 압도적인 축을 형성한다.

현재의 경쟁사회를 움직이는 개인들의 뜨거운 에너지의 태반은 부모의 불안과 욕망에서 나온다. 사교육 의존도 그것과 뗄 수 없는 관계를 가진다. 불안에서 기인하는 부모의 과잉간섭이 획일적 과잉경쟁을 불러오는 경향이 크다. 그런데 이 사실을 사람들은 잘 인정하려 하지 않는다.

우파는 불안을 경쟁을 위한 자극이나 동기로 합리화하는 경향이 크다. 그리고 희생자가 있더라도, 어떤 값을 치르더라도, 이 불안을 계속 채찍질하려 한다. 그 불안과 공포를 이겨낸 사람들에게 승자의 자격이 있다고 믿는다. 이런 보수적이고 극단적으로 이기적인 경향에 맞서려면 그런 삶의 방식과 다른 방식으로 사는 사람들이 많이 존재해야 할 것이다. 그런데 이른바 개혁·진보의 다수도 이제까지는 불안에 사로잡혀 보수적인 사람들과 비슷하게 경쟁한 면이 많다. 그들 역시도 자녀들을 더 좋은 학교에 보내고 경쟁력을 높이기 위해 사교육에 투자하곤 했다. 겉으로는 진보를 자처하거나 교육이 공공성을 추구해야 한다는 말을 했지만, 실제로는 비슷하게 경쟁을 한 면이 있다는 것이다. 진보는 오로지 윤리적으로 행동해야 한다는 말이 아니다. 다만 '진보'를 말하는 사람조차 경쟁과 불안, 그리고 위험의 긴장관계에서 벗어나기 힘들다는 것이다. 이런 점에서 경쟁은 단순히 기업이나 시장이 일방적으로 강요한 것만이 아니며, 불안에서 벗어나려는 사람들이 때로는 자발적으로 때로는 반 강제적으로 선택한 것이라고 할 수 있다. 특히 한국의 교육경쟁은 그런 면을 단적으로 보여준다.

그렇게 해서 사람들은 경쟁과 사회적 위험, 그리고 불안과 공포 사이의 삼각형에 갇혀 있다. 어느 하나라도 줄이거나 어느 하나에서 벗어나는 사람들이 많아야, 그 삼각형은 흔들리고 무너진다. 그렇지 않으면, 이것들은 서로 꼬리를 물고 맞물린다. 그러면 사람들은 세 변을 따라 무작정 달리고 그 삼각형에 사로잡힌다. 둘 사이에 갇힌 곤경이 딜레마라면, 이것은 셋에 갇힌 꼴이고 따라서 트라이레마인 셈.

한국 사회가 불안을 권하는 사회라는 데는 많은 사람들이 동의할 것이다. 그러나 이제까지는 주로 그 불안이 바깥에서 정당하지 못한 경로로 온다는 한탄이나 투정 혹은 비난이 주를 이뤘다. 그렇지만 중요한 것은 스스로 불안에 사로잡히지 않은 주체가 되는 일이다. 그리고 진보나 개혁을 자처하는 사람들도 불안에 사로잡혀 있는 것은 마찬가지다. 불안에 사로잡힌 사람은 끊임없이 상대적 지위를 과시하는 대상들을 생산하고 소비하는 데, 곧 지위경쟁에 집착할 것이다. 치열한 지위경쟁의 대상에는 집과 자동차 같은 상품만 속하지 않는다. 이상한 일이겠지만, 교육도 치열한 지위경쟁의 대상이다.

사회적 위험과 불안, 그리고 그에 대응하는 개인들의 행동은 서로 뗄 수 없는 관계에 있다. 현재의 치열한 경쟁과 연결된 위험과 불안은 단순히 과거에 '못 먹고 살던 때'의 불안과 위험이 아니다. 남들이 받는 교육과 비교해서 뒤처지지 않을까라는 염려와 공포, 그리고 남들이 다 누리는 문화적인 소비생활을 끝없이 곁눈질하면서 상대적인 박탈감을 느끼는 데서 불안이 생긴다. 한동안은 그 조바심과 염려가 사회적 발달을 이끈 견인차 역할을 했지만, 그 견인차는 쉴 새 없이 불안을 실어왔다. 불안은 높은 성장 및 발달을 끌어당기는 역할을 했지만, 동시에 고비용과 고소비를 낳고 서로 모방하는 지위경쟁을 키우는 역할도 했다.

그런데 이 과정에서 대학이 자극제 역할을 했다. 서로 비슷하게 못 살던 때의 환경에서 벗어나, 서로를 계몽적으로 부추기고 서로를 문화적으로 자극하는 역할. 대학에 못 가면 무시당하고 차별받는다는 불안이 한편에 있고, 다른 한편에는 조금이라도 좋은 대학에 가서 앞으로의 진입경쟁에서 유리한 자리를 차지하려는 욕망이 있다. 다르게 말하면, 대학은 한국 사회를 역동적으로 만든 지적 자본이기도 하지만, 사람들 사이에서 지위경쟁을 표현하고 과시하는 자극제 역할을 제대로 했다.

지위경쟁이나 과잉경쟁은 많은 경우에 사회적으로 큰 영향을 끼치는 원인이기도 하지만, 다른 한편으로는 그것 역시 다른 사회적 갈등이나 장벽들의 결과이거나 증상일 수 있다. 지위경쟁과 과잉경쟁은 이상한 현상이고 부정적인 일이기는 하지만, 사람들이 그런 행동을 하는 이유는 바로 그 경쟁이 유발하는 폭력과 위험 때문이다. 과잉경쟁은 다양한 폭력적 효과와 위험 상황을 유발하는데, 바로 이 폭력적 효과와 위험한 상황에 대한 불안과 공포에 사로잡힌 사람들은 다시 지위경쟁에 사로잡히고 과잉경쟁에 돌입한다.

일단 폭력적이며 위험한 상황이 '지금 여기' 과잉으로 존재하게 되면, 사람들은 불안과 공포 속에서 다시 지위경쟁과 과잉경쟁으로 쏠리는 경향이 있다. 그래야 위험한 상황에서 조금이라도 더 멀리 벗어나 안전해질 수 있다고 믿기 때문이다. 이 셋, 경쟁과 폭력적 위험, 그리고 불안은 서로 맞물리고 서로를 유발한다. 악순환의 고리인 셈이다. 하나는 다른 것을 유발한다는 점에서 다른 것의 원인이지만, 동시에 다른 것에 의하여 파생되고 또 강요된다는 점에서 일종의 결과이며 증상이다.

상대적인 지위를 위한 경쟁과 소비경쟁을 합리적인 수준에서 인정하되 그 과잉을 비판하는 일과, 그것을 아예 무시하고 마치 그런 경쟁이 애초에 잘못되었거나 없어야 한다면서 단순히 도덕적인 당위론만 내세우는 일은 전혀 다르다. 더욱이 지난 세월 동안 한국 사회에는 일정한 성장이 필요했으며 그 와중에 경쟁이 긍정적인 역할을 한 면도 크다. 다만 고성장과 높은 대학진학률이 유감스럽지만 일정한 정도로 지위경쟁과 소비경쟁을 확대하고 재생산했다는 것도 사실이다. 이제 그 경쟁을 영역에 따라 중장기적으로 줄일 대책을 마련하는 길을 찾는 일이 중요하다.

### 경쟁의 참모습을 보자

보수적인 사람들은 일반적으로 경쟁의 필요성을 긍정하는 편이다. 그러나 경쟁이 무조건 필요하다는 관점은 경쟁의 부작용과 상처를 간과하기 쉽다. 거꾸로 소위 진보적인 사람들은, 무조건 교육경쟁을 완화시키고 공공성을 확보해야 한다고 말하는 경우가 많다. '경쟁에서 공존으로' 혹은 '경쟁에서 상생으로' 같은 단순한 구호가 늘어난다. 그러나 무조건 경쟁을 줄여야 한다는 생각도 '자칭 진보'의 단순함이거나 도그마일 것이다.

시장경쟁만을 숭배하는 것은 우스꽝스럽고 어리석은 일이지만, 합리적인 시장경쟁이 언제나 그리고 모든 경우에 시장에서의 독과점이나 승자독식체제로 귀착한다고 여길 필요도 없을 것이다. 비록 시장경쟁체제에서는 많건 적건 독과점의 위험이 상존하지만, 국가는 공정거래를 위한 규제를 통해 시장에 개입할 힘을 가지고 있다. 바로 그 힘을 위해 민주주의가 필요한 것이다.

어쨌든 우파가 시장에 대한 과도한 믿음으로 희생물을 생산한다면, 자칭 진보와 좌파는 시장을 희생물로 삼는다. 이래저래 희생물은 양쪽에 쌓이게 되고, 원한도 같이 쌓인다. 그러나 헛된 희생물 만들기는 원한과 복수의 고리를 점점 늘리고 무겁게 할 뿐이다. 시장에 대한 과도한 숭배도 위험하지만, 시장을 악으로 여기는 우매함 혹은 단순함도 위험하다.

그러므로 상이한 방식으로 일어나는 경쟁의 과열 양상을 분석하고 각각 알맞게 대응해야 한다. 상생하고 행복한 사회와 질투하고 경쟁하는 사회의 단순한 이분법도 도움이 되기보다는 오히려 해로울 수 있다. 특히 선진국과 한국 사회를 단순히 비교하는 일은 신중해야 한다. 한국은 1960년 이후 겨우 산업화를 시작한 사회이고, 매우 빠르게 압축 성장을 한 나라다. 어떤 점에서는 문제가 많을 수밖에 없다. 압축 성장은 공짜로 되는 일이거나 거저 되는 일이 아니다. 필요한 과정을 생략하고 건너뛰었으니, 뒤탈이 나지 않을 리 없고 상처가 생기지 않을 수 없다. 선진국들은 19세기 중반부터 산업화를 시작해서 여러 과정과 단계를 비교적 차분히 지나온 나라들이다. 짧은 시기 동안 매우 빠르게 현대화 과정을 거쳐온 한국 사회는 그 성공신화에도 불구하고, 아니 바로 그 때문에 지금 탈이 나고 있는 것이다.

사실 국내의 이런 복합적이고 복잡한 경쟁의 실제상황에 대해 객관적인 이론이나 종합적인 대책을 제시하려는 일은 말도 안 되게 어렵고 무모한 일일 수 있다. 실제의 모습이 상상하기 어려울 정도로 뒤틀리고 비틀려 있기 때문이다. 과격하게 말하면, 이런 실제 앞에서는 어떤 경제학적 이론이나 철학적 이론도 무용지물일 것이다. 이질적인 이해관계를 가진 복합적인 영역들에서 일어나는 경쟁의 문제에서 종합적인 관찰을 하고 그것들을 종합적인 관점에서 조정하려는 일은 성공하기도 어려운 일일 것이다. 개인적으로 자신이 활동하는 분야 혹은 진영, 곧 보수적인 진영이나 진보적인 진영에서 이익과 명분을 추구하는 게 훨씬 합리적이고 실용적인 태도일 터다. 그러지 않고 현재 여러 분야에서 일어나는 상이한 방식의 경쟁들을 비교·평가하고, 앞으로의 진행방식을 고려하여 상호연관적인 균형을 찾으려는 지적인 시도는 너무 광범위하고 고려해야 할 것이 많은 일일 듯하다.

그러나 그 일은 단순히 서로 칸막이가 쳐진 이질적인 영역들의 정책들을 조정하려는 무모함 때문에만 벽에 부딪치는 것이 아니다. 그 일은 한국 사회가 밟아온 기존의 경로를 유지하면서 기존의 효율성만 강조하는 우파적 관점과도 부딪치지만, 단순히 도덕적인 이상을 내세우는 좌파적 관점과도 부딪치기 때문이다. 곧 그 일은 '우충좌돌'해야 하는 일이다. 그래서 그 일은 양쪽으로부터 외면을 당하기 쉽다. 다수의 사람들은 자신들이 속한 진영 속에서 정치적인 플레이를 펼치기 쉽고, 그것이 실제로 현재 사회에서 일어나는 일이다. 어느 한 집단에 속하지 않으면 따돌림을 당하고, 생존하기도 어렵다. 정치적 이분법 자체가 다양성이 없는 생존경쟁을 부추기는 고질적인 체계다.

무엇보다, 보수와 진보라는 이분화된 집단 논리로는 다각적이고 다면적인 모습으로 벌어지는 경쟁에 제대로 대처하기 어렵다는 것이 내 생각이다. 바로 그 정치적 이분법으로 구획된 집단 사고가 경쟁을 바라보는 단순한 관점을 강요하며, 따라서 다양한 모습의 경쟁에 대해서 너무 진부하고 획일적인 태도를 강요하기 때문이다. 그 이분법을 흔들고 경쟁을 있는 그대로 다양하게 바라보는 일이 필요하다. 이 글에서 진보의 태도를 비판한 면이 있다면, 그런 이유에서였다. 더 이상 '경쟁을 줄여야 한다'는 말만 하는 것은 무력하고 진부하다. 정말 보수적 경쟁에 맞서려면 말로만 반대하지 말고 실제 생활에서 다른 대안을 찾아야 한다.

경쟁이 얼마나 복잡하고 이질적인 모습으로 이루어지는지 한번 살펴보자. 한국 사람들은 노벨문학상이 발표될 때마다 한국 작가가 상을 받기를 기대하고 기원한다. 우리 사회에서는 거의 주술적이고 희극적으로 노벨상에 집착한다. 물론 한국 작가도 충분히 노벨문학상을 받을 만하고, 어떤 점에서는 다른 나라의 수상실적과 비교하면 한국은 한참 늦었다고도 할 수 있다. 그러나 매년 노벨문학상에 목을 매는 상황은 우습고 어처구니없기까지 하다.

어쨌든 이것도 일종의 세계적 경쟁이라 할 수 있다. 노벨상을 가져가기 위한 국가적 경쟁. 국가의 지원을 받는 경쟁에서 개인들은 때로는 무력하게 끌려가고, 때로는 홍보 물결에 휩쓸려가기도 하고, 때로는 그 열광에 동참하기도 한다. 또 한국 작가가 언젠가 상을 받기는 하더라도, 그것은 그 작가 개인의 능력 때문만은 아니다. 수상은 국가의 지원과 국가들 사이의 배분에 의존하는 매우 정치적인 게임의 결과이기도 하기 때문이다. 따라서 어느 한 작가가 상을 받을 경우, 그것은 그 작가의 영예이기도 하지만 동시에 다른 한국 작가들의 땀과 수고 덕택에, 그리고 그것들을 희생하거나 문화적으로 동원하면서, 이루어진 일이다. 무모하거나 어처구니없는 일이 그 사이사이에서 얼마나 벌어지는지! 작가들의 자질과 작품의 질을 제대로 따지는 일이 제일 중요할 터인데, 상을 받는 것에만 신경 쓸 뿐 실제로 이에 대해서는 아예 논의도 되지 못한다. 그런데 노벨상을 위한 경쟁에 대해서는 사람들은 상당히 관대하거나 심지어 국가주의적 관점에서 무차별적으로 동의하고 지원한다.

그래서 나는 몇 년 전 노벨문학상과 종합격투기를 비교하는 글을 쓴 적이 있다.

스포츠가 폭력을 '승화'하거나 '정화'할 수 있는지는 모르겠다. 기어코 승부를 내려고 한다는 점에서는 격투기뿐 아니라 어떤 스포츠도 폭력적일 것이지만, 폭력성을 띠었다고 스포츠를 문화에서 추방하기는 힘들다. '평화'를 사랑한다는 어떤 사람들은 권투조차 추방해야 한다고 말하지만, 그런 태도는 일종의 근본주의가 아닌가. 물론 교육을 비롯한 예술·문화영역도 점점 우월을 나누면서 승자독식하는 경향을 띠는 상황에서, 우리는 지나친 승부주의에 이의를 제기할 수는 있다. 원시사회에서의 놀이처럼 승부에 매달리지 않는 행위를 회복하려고 각자 나름대로 애쓸 수도 있다.

그럼에도 불구하고 경쟁을 피할 수 없다면, 오히려 종합격투기의 승부결정방식은 역설적으로 다른 방식보다 깨끗하고 공정한 듯하다. 승패가 갈라진 뒤에, 승자는 패자를 위안하고 패자는 결과에 승복한다. 아마도 모든 힘과 실력을 남김없이 다 쏟아부었기 때문이며, 판정이 아닌 경우 승부도 대부분 깨끗하게 나기 때문일 것이다. 종합격투기에서 육체의 싸움은 다른 스포츠나 다른 문화영역보다 더 위악적인 모습을 하기는 하지만, 상대적으로 덜 위선적이다. 그리고 무엇보다 개인의 피땀과 실력에 근거한다.

격투기의 상대적으로 존경받을 만하고 공정한 승부를 볼 때마다, 나는 오히려 '문화 속의 비非 정신적인' 평가방식에 실망한다. 예술과 문화처럼 '작품'의 질을 내세우는 분야도 없지만, 요즘 그들처럼 자신들 작품의 질에 대해 기만적인 분야도 없다. 정신적 활동의 다양한 복잡함을 고려하면, 어떤 문화적 활동도 스포츠 경기처럼 확실하고 단일한 기준을 따를 필요는 없다. 그런데도 대부분의 문화산업은 스포츠 경기처럼 '최고의 승자'를 참칭한다.

노벨문학상 예를 들어보자. 웬만한 나라는 다 받는 그 상을 한국도 받을 수 있고 받아야 한다. 그러나 수상자가 그 나라 '최고의' 문인일 필요는 없다. 다른 나라 수상자의 면면을 보아도 그 점은 명확하다. 상대적으로 선진국 언론은 차분하게 보도를 하는 반면에, 한국 언론은 다른 문인들을 초라하게 만들 정도로 호들갑을 떤다. 솔직하게 말해보자. 한국에서 조만간 어떤 수상자가 나오더라도, 그 이유는 그가 '최고의' 작품을 썼기 때문은 아닐 것이다. 다른 문인들이 함께 실존하는 한국 문학의 깊은 풍경 덕택에, 그리고 그들 텍스트의 다양함이 제의적으로 희생되는 덕택에, 이제까지의 한국문학뿐 아니라 가까운 장래의 그것을 대표해서 대신 받는다고 여겨야 할 것이다. 한편으로는 언어적 국가주의와 출판산업의 힘을 빌리면서 동시에 '최고의 작품'이라는 쇼를 벌이려고 할수록, 문학의 미래는 어둡다.

경쟁의 실제 모습은 너무 다양하다. 때로는 잔인한 모습을 가진 폭력적 경쟁이 그래도 점잖은 모습의 '문화적인' 경쟁보다 더 공정성을 가질 정도로, 역설적인 면이 크다. 이 역설적인 모습은 무섭다. 그런데도 점점 그것을 피하기 어려운 풍경이 눈앞에 펼쳐진다. 심지어, 그래도 그 역설적인 모습이 그나마 낫다는 생각이 들 때도 있다. 문화적인 영역에서의 경쟁이 그만큼 공정하지도 않고 때로는 더 천박한 자본주의에 의존하기 때문이다.

# II

# 돈도 세상의 주인이 아니고 인간도 아니다

### 자칭 진보의 오만

이 책을 마무리하면서, 마지막으로 벗어날 진영 논리가 있다. 보수적인 사람들이 시장원리를 과도하게 숭배하기는 한다. 그런데 한국 대기업 회장들은 시장이나 사회에서 영향력을 행사하기는 하지만, 존경을 받는 경우는 드물다. 빌 게이츠 같은 경영자처럼 사회를 위해 통 크게 기부하거나, 에이즈나 에너지 같은 사회적 문제를 해결하기 위해 적극적으로 나서지 않기 때문이다. 물론 세계적 상황에 걸맞게 한국 기업이 경쟁력을 갖추게 만드는 일도 그 나름대로 중요한 일일 것이다. 그러나 그들은 지금까지는 자신들의 부를 자식들에게 물려주는 등 사적인 관심사에만 과도하게 매달렸다. 사회적 책임에 대한 자부심이 별로 없는 것이다. 그 결과 한국의 자본주의는 매우 천박한 모습을 하고 있다.

그 천박한 자본주의의 대표적인 모습이 몇 년 전부터 TV 광고를 장악한 대출업체의 행태일 것이다. 모든 사람에게 무차별적으로 대출을 권하는 무섭고도 천박한 사회가 우리 사회다. 그 광고가 달콤하고 유쾌한 목소리로 대출을 부추기고 또 부추길 때, 나는 때로는 절망적인 기분이 든다. TV를 부수고 싶은 마음이 든다는 사람들도 꽤 있다.

그러면 우파가 신봉하는 시장원리라는 것은 돈이 세상의 주인이라는 원칙에 근거한 것일까? 그런 점이 없지 않다. 우파가 공식적으로 돈이 세상의 주인이라고 선언하거나 주장하지는 않지만, 우파가 가장 믿는 것이 경제와 돈임은 틀림없을 것이다. 그러니까 무조건 시장과 기업을 첫째 원리로 놓고 말하고 행동하는 것일 터다. 그렇지만 시장은 단순히 돈에 의해서 결정되는 것도 아니고, 돈을 위해서만 존재하는 것도 아니다. 돈이 중요하기는 하지만, 그것만으로 시장이 존재하고 또 확대되는 것은 아니라는 말이다. 개인의 자유로운 생산활동 및 교환활동을 촉진하고 유발한다는 점에서 시장은 사람들의 다양하고 폭넓은 지지를 얻는 것이다.

그런데 좌파는 자본주의를 비판한다면서, 돈이 아니라 사람이 세상의 주인이라는 말을 철학적으로도 하고 정치적으로도 한다. 그러나 이런 관점은 많은 오해를 낳는다. 단순하기도 하고 위험하기까지 하다. 이 점을 한번 살펴보자.

다음은 정통 좌파를 자처하는 김규항의 말이다.(한겨레, 2011년 3월 24일)

> 자본주의는 유례없는 물질적 풍요를 가져다주었지만 시장과 경쟁을 기반으로 하기에 불평등과 빈부격차를 수반하는 사회체제다. 죽도록 일하다 죽어버린 다섯 살 아이의 부모가 자식의 고통을 멈춰준 신에게 감사기도를 하던 초기 자본주의의 풍경은 자본주의 본연의 모습이다. 그런 자본주

의가 그나마 사람이 살 수 있는 꼴을 갖추게 된 건 인민의 삶을 반영하는 정치, 좌파정치의 성장 덕이다.

자신이 정통적이라고 여기는 좌파의 관점이 여기 다 들어 있다. 첫째, 자본주의는 시장과 경쟁을 기반으로 하기에 불평등과 빈부격차를 수반하는 사회체제다. 둘째, 노동자를 수탈하는 초기 자본주의의 풍경이 자본주의 본연의 모습이다. 셋째, 그런 자본주의가 그나마 사람이 살 수 있는 꼴을 갖추게 된 건 좌파정치의 성장 덕택이다.

그러나 그런 전통적이며 자칭 정통적인 좌파의 관점은 오늘날은 너무 교조적이고 단순하다. 시장과 경쟁을 기반으로 하는 자본주의 사회체제가 다소 불평등과 빈부격차를 수반하는 것은 사실이다. 그러나 불평등과 빈부격차를 일반적인 사실로 전제할 필요는 없다. 미국을 비롯하여 한국도 불평등과 빈부격차가 큰 것은 사실이지만, 모든 자본주의 사회에서 불평등과 빈부격차가 확대된 것은 아니다. 독일을 비롯하여 사회민주주의가 발전한 유럽의 국가에서는 불평등과 빈부격차가 미국이나 한국보다는 훨씬 덜하다. 그들 사회는 모든 면에서 미국 같은 나라처럼 불평등과 빈부격차를 야기하지 않는다. 그러므로 일반적으로 자본주의 사회를 비난하거나 매도할 필요는 없을 것이다. 그리고 미국이나 한국 사회에서 불평등과 빈부격차가 커지는 경향은 있지만 미국은 미국 사회대로 특유의 역동성과 장점을 가지고 있는 나라다. 3억이 넘는 자국 시민들뿐 아니라 세계 여러 나라 사람들에게 '미국은 자유와 평등이 있는 좋은 나라'라는 희망과 기대를 심어준 것은 나름대로 좋은 점이다. 또 미국은 국제적으로 여러 정치적 폭력을 행사한 나라였지만, 나름대로 일정한 평화를 제공했다고 볼 수 있다. 그러니 미국이 통째로 자본주의 지옥인 것처럼 말할 필요는 없을 것이다. 한국 사회가 불평등이 심하고 차별이 심한 것은 사실이다. 그러나 그것도 오직 자본주의 탓으로만 돌릴 필요는 없을 것이다. 가난한 상태에서 급속히 성장하는 바람에 생긴 부작용으로 이해할 부분도 있다. 그리고 가난한 시대를 경험한 세대들은 한국 사회의 성장을 자부심을 가지고 바라보기도 한다. 그러니 이 모든 다각적인 면들을 무시한 채, 일방적이고 총체적으로 자본주의 탓을 하는 자칭 좌파의 관점은 단순하거나 편향적이다.

또 시장과 경쟁이 그저 불평등과 빈부격차를 야기하는 나쁜 사회적 제도이자 장치라고 여기는 것도 단순하고 공허한 생각이다. 불평등이 자본주의 시대에서만 존재하는가? 그것은 역사의 초기부터 존재했다. 다만 시대와 역사에 따라 방식과 형태가 달라졌을 뿐이다. 어떤 점에서는 과거 신분사회의 불평등이 더 비참하고 억압적이었다. 당시에는 정치적 자유뿐 아니라 경제활동의 자유도 없거나 심하게 제약되었다. 그러니 자본주의 시대에 생긴 불평등이 모든 면에서 나쁘기만 한 것은 아니다. 경제적으로 자본주의라고 불리는 체제는 정치의 차원에서 근대 민주주의의 발전과정과 뗄 수 없는 관계를 가진다. 근대 자본주의와 민주주의 발전 초기에 시민들은 과거의 귀족적 신분사회에 대항하여 자신들의 권리를 창조하고 지키려 했다. 그 후에 다시 부르주아 시민들과 하층 노동자 사이에 계급갈등이 생긴 것이 사실이지만, 현대 사회에서 자본주의와 민주주의의 결합체는 점차 중간층을 확대하는 데 일정하게 성공했다. 물론 여전히 하층이 존재하지만, 사실 이들도 자신들의 정치적인 자유와 경제활동의 자유를 보장하는 사회체제를 원하는 편이라고 볼 수 있다. 정치적 자유와 경제활동의 자유를 그나마 최대한으로 보장하는 사회체제가 다름 아닌 자본주의와 민주주의가 결합된 체제일 것이다. 문제는 시장과 경쟁에서 게임의 질서가 공정하게 지켜지는가에 달려 있다. 다르게 말하면, 게임의 질서가 공정하게 지켜지기만 한다면 사람들의 다수는, 비록 다소 불평등이 야기되더라도, 정치적 자유와 경제활동의 자유가 보장되는 사회체제를 선호하는 경향이 있다는 것이다.

### '돈' 대 '사람'이라는 이분법

그럼 독일과 프랑스를 비롯한 유럽 여러 나라의 사회민주주의는 좌파적인가? 초기에는 자본주의의 모순을 비판하는 등 좌파적 성격을 많이 가졌던 면이 있었다. 그러나 20세기 중반부터 유럽의 사회민주주의는 점점 확대되는 중산층과 중간층을 대변하는 쪽으로 방향을 잡았다. 다르게 말하면, 단순히 자본주의를 비판하거나 모든 악을 자본주의 탓으로 돌리는 관행을 버리고, 중간층 다수의 지지를 얻어 그 힘으로 민주주의적 자본주의 체제를 건설하는 쪽으로 방향을 전환한 것이다. 이것은 북유럽 국가들에서뿐 아니라 다른 나라들에서도 마찬가지였다. 이 방향을 중도좌파적 길이라고 할 수 있다. 위에서 언급했듯이, 1980년대 이후 정당 정치의 틀에서 중도좌파는 좌파와 확연히 분리되었다. 물론 개별 나라에서 조금씩 차이는 있지만, 그때그때의 의제에 따라 선택적으로 협력하거나 정치적으로 경쟁하는 모습이 진화하고 점점 활발해진다고 할 수 있다.

중도좌파가 좌파와 분화하면서 진화하는 과정에서, 자본주의에 대한 그들의 태도가 변했다. 좌파는 자본주의 비판이라는 전통적인 원칙에 매달리거나, 조금 변화해서, 신자유주의 반대라는 원칙에 매달리는 모습이다. 그러나 중도좌파는 그런 경직된 원칙에 매달리지 않는다. 노동자를 혹독하게 착취하는 것이 자본주의 본연의 모습이라고만 말하는 사람은, 자본주의 비판이라는 초기 좌파의 원리에 계속 매달리고 있는 것이다.

그럼, 그런 약탈적인 자본주의가 그나마 사람이 살 수 있는 꼴을 갖추게 된 건 좌파정치의 성장 덕택일까? 자본주의 발전의 모든 단계에서 좌파정치가 그런 역할을 많건 적건 한 것은 사실이다. 그러나 자본주의와 결합한 민주주의가 진화하고 발전하는 과정에서, 오로지 좌파정치만 그런 역할을 했다고 말한다면 너무 단순하거나 독선적인 것이다. 중도좌파적 정치는 자본주의를 단순히 비판의 대상으로만 삼는 데서 벗어나, 자본주의가 각 국가 내부에서 민주주의적 질서와 결합하게 만들었고, 그 결과 중간층을 점차적으로 확대하는 데 기여했다. 또 유럽을 비롯한 정치 선진국에서 우파도, 비록 한편으로는 시장을 강조하면서 동시에 국가의 힘에 의존하는 면이 컸지만, 중도좌파의 정치적 성과를 그저 거부하거나 망가트리지는 않았다. 때로는 정치적으로 거부하며 서로 싸우기도 했지만, 종종 중도좌파의 정치적 성과를 다수의 의지라 여기며 정치적으로 받아들이고 때로는 흡수하기도 했다. 한 예를 들자면, 앞에서 이미 언급했듯이, 사회민주주의가 정착된 독일과 프랑스에서도 실제로 제2차 세계대전 이후 좌파나 중도좌파보다 우파나 중도우파연합이 집권한 기간이 더 길다. 사회민주주의적 성과라고 부를 수 있는 것이 이들의 집권기간에 부분적으로 수정된 부분도 있지만, 다수가 원하는 권리나 혜택은 우파들도 받아들이고 흡수했다.

그러니 오로지 좌파정치가 자본주의와 결합한 민주주의를 살 만하게 만든다고 말할 필요는 없다. 그런 주장은 과장이거나 단순한 자화자찬일 수 있다. 더욱이 다음과 같은 다소 엄살이 섞인 호들갑이 나오게 만들 수 있다. "한국의 자본은 드디어 영원히 좌파정치의 씨를 말릴 기회를 잡았고 천년왕국의 실현을 목전에 두고 있다." 정치적 싸움이나 게임은 단순히 자본과 좌파 사이에서만 펼쳐지지 않는다. 다양한 정치적 관점을 가진 그룹들이 분화하며 진화하는 것이다. 자본과 좌파의 싸움으로만 정치 무대를 그리는 일은 리얼리즘도 아니고 '진보적인' 일도 아니다.

그런 단순화된 관점들이 호소하는 것이 결국 '돈이 아니라 사람이 주인인 세상'이다.

> 과연 한국의 좌파들은 (…) 돈이 아니라 사람이 주인인 세상을 향한 걸음을 지속할 수 있을까?

그러나 '돈이 주인인 세상 대 사람이 주인인 세상'의 이분법은 '자본 대 좌파정치(혹은 진보)'의 이분법만큼이나 단순하고 허무맹랑하다. 그런데 이런 말은 자주 튀어나온다. 세상이 오로지 돈과 자본주의의 패악으로 가득 차 있다고 생각하는 사람들이 그런 말을 던지곤 하기 때문이다. 선거 때에도 그런 말이 나돈다.

물론 때로는 단순한 수사학이 필요한 절박한 상황도 있을 것이다. 그런 점을 인정하더라도, 가능한 한 쓸데없는 선정성에 빠지지 않는 게 좋다고 나는 생각한다. 2007년경 삼성에 대한 김용철 변호사의 내부고발이 있은 후, '삼성 공화국'에 대한 비판이 거세졌다. 기본적으로는 나도 동의하는 일이지만, 삼성의 영향에서 어떻게 벗어날지에 대한 방법과 전략에서 우리 사회에서는 아직도 이의가 존재하는 듯하다. 한 예로 당시 삼성을 비판하는 글 가운데, '돈이 주인이 아니고 사람이 주인인 세상을 만들자'는 주장이 있었다. 나는 이런 거대 담론이 실질적으로 효과적인 전략을 가져올 것이라고 생각하지 않는다.

'사람' 혹은 '인간'이라는 보편성이 전혀 존재하지 않는다고 하기는 힘들겠지만, 역사적이고 사회적인 맥락에서 돈과 단순하게 대립되는 인간의 본성 혹은 본질은 존재하기 힘들다. 역사의 처음부터 지금까지 인간은 여러 방식으로, 그때그때마다, 경제와 연결되어 있었다. 고대 그리스 국가에서는 경제권이 없는 여자와 노예는 아예 정치적 권리를 가지지 못했고 따라서 공적인 인간으로 대우받지 못했다. 이것은 많은 동양 국가에서도 마찬가지였다. 신분사회에서 벗어난 다음 부르주아 사회는 한동안 세금을 내는 사람에게만 정치적 권리를 부여했다. 여자들이 정치적이고 사회적인 권리를 소유하게 된 것, 그리고 그 권리가 점점 확대된 것도 그들이 경제적 독립을 이룬 사회적 과정과 분리하기 어렵다.

지금 시대는 좋든 나쁘든 자기의 책임 아래 자신의 자유를 행사하는 경향이 커지고 있다. 개인의 자유와 함께 부여되는 이 개인의 책임에는 좋은 면도 있고 나쁜 면도 있다. 그런데 좌파나 진보를 자처하는 사람들 가운데 다수는 이것을 또 단순히 신자유주의 탓으로 돌리는 경향이 크다. 과거에 자본주의 탓을 하던 습관이 이제는 신자유주의 탓을 하는 습관으로 바뀐 것인데, 이런 습관도 너무 추상적이고 공허하다. 물론 '개인의 자유'가 신자유주의의 영향을 받은 점이 크다고 할 수 있을 것이다. 그렇다면 신자유주의가 모든 면에서 나쁜 짓을 하는 악인가? 그렇게 보기는 어렵다. 세계화나 신자유주의를 비판할 수 있지만,

그런 거대 구조나 경향을 비판하는 것은 그리 어려운 일도 아니며 실천적 효과도 그리 크지 않다. 거대담론을 피하고, 가능한 한 구체적인 이야기를 하는 게 좋을 것이다.

어쨌든 지금 점점 시장과 기업의 힘이 커지는 경향이 있지만, 그런 경향만 존재하는 건 아니다. 국가의 힘도 많은 점에서 이전보다 커지고 확장되고 있다. 오죽하면 '메가 국가'라는 말이 나오겠는가? 국가가 국민과 시민의 삶의 모든 부문들을 관리하고 통치할 권리나 책임을 떠맡고 있기 때문이다. 또 세계화 과정이 커지고 빨라지는 상황 속에서, 한편으로 국가의 힘이 상대적으로 위축되는 점이 있지만, 또 다른 점에서는 바로 그 세계화 과정을 막는 강력한 벽으로 기능하고 있다. 복잡하고 묘한 형국이다.

마찬가지로 지금 세상의 문제가 오로지 자본주의 때문에 생긴다고 보는 관점은 너무 단순하고 독선적이며, 쓸모도 거의 없다. 극단적으로 단순한 예를 하나 들자면, 지금 돈의 위력이 끔찍하게 커지는 점이 있지만, 동시에 지금처럼 개인들이 자신의 삶을 중요하게 생각하고 또 그것이 인정되는 사회도 없었을 것이다. 돈으로 발광을 하는 인간들이 있고 또 매체들이 그런 사람들의 행동을 화려하게 비추기도 하지만, 보통 사람들 다수는 자신과 사랑하는 사람들의 삶이 일정하게 경제적 독립에 기대어 이루어진다는 점을 안다. 그리고 지금처럼 소박한 삶의 여러 형태들이 각광을 받는 시대도 드물었을 것이다.

그리고 무엇보다 지금의 민주주의가 자본주의적 혹은 자유주의적 경제의 확장과 뗄 수 없는 관계 속에서 진화하고 있다는 것을 인식하는 일이 중요하다. 또 자유주의적 민주주의가 역사의 최종 목적이라고 떠벌일 필요는 없겠지만, 결과적으로 그것을 '극복하거나' 대체할 사회체제는 존재하지 않는 것도 사실이다. 그런 점에서 그것은 역사적 실재다. 이론적으로 비판하자면, 자본주의만 비판의 대상은 아니다. 국가도 그렇고, 가정도 그렇다. 그렇지만 인구 다수의 삶과 일자리를 확보하는 일이 중요 의제로 등장한 후에는, 많은 것이 변화했다. 다수에게 괜찮은 일자리를 제공하는 일이 최대의 과제가 된 것이다. 다르게 말하면 '정신적인 가치'의 중요성은 퇴조하고, 그 대신 다수 인구를 사회적 위험으로부터 보호하는 일은 점점 중요해졌다. 자본주의 비판이라는 지적인 과제의 중요성은 줄어든 대신, 사회적 위험을 관리하면서 다수 인구에게 고용과 복지를 제공하는 과제의 중요성은 커졌다고 할 수 있다.

### 세상의 주인은 누구인가

'돈이 세상의 주인이 아니라 사람이 주인인 세상'이라는 말은 인문적이고 철학적인 차원에서는 '소유냐 존재냐'라는 추상적이고 허무한 이분법에 의해 유발된 면이 있다. 그 허무한 이분법을 유행시킨 사람이 바로 에리히 프롬이었고, 그는 그 이분법을 마르크스의 텍스트를 끌어대면서 구성했다. 이 과정에서 프롬은 마르크스의 텍스트를 과도하게 이분법적으로 쪼개고 짜깁기했다. 프롬은 근본적으로 도덕적이고 종교적인 존재에 집착했기 때문이다. 물론 자본주의 사회에서의 돈의 주술적 위력을 강력하게 비판한 사람이 다름 아닌 마르크스이기는 하다. 그렇지만 마르크스는 젊을 때는 돈에 대해 다소 관념론적인 접근을 하기는 했지만, 후기에는 그런 경향에서 벗어나 자본을 과학적으로 분석하려고 했다.

어쨌든 프롬의 예는 자본주의와 돈에 관한 다소 단순화되고 관념적인 좌파적 경향과 인문학적 경향, 그리고 도덕적-종교적인 경향이 결합한 예다. 그리고 그 비슷한 예는 지금도 재생산되고 있다. 문제는 그런 관념적이고 도덕주의적인 경향이 현재 한국 사회에서 대중·다중민주주의 차원에서 진보와 좌파를 자처하는 사람들 사이에서 많이 퍼져 있다는 것이다.

2009년 4월 7일 『한겨레』에 실린 박노자의 「노예들의 천국」이란 칼럼을 보자.

> 조선시대의 삼강오륜이나 북한의 '우리식 사회주의'가 현실성이 없는 지배자들의 어용이념이라는 것을 십분 아는 우리들은, 우리 자신들의 '자유'가 빈껍데기에 불과하다는 사실을 왠지 잘 인식 못하는 것 같다. 소비의 천국이자 노예들의 천국인 이 세상에서 진정한 자유란 돈과 상품이 아닌 사랑과 배려, 연대를 택하는 시점부터 시작된다.

소비사회가 진부하며 천박한 면이 많은 건 사실이다. 그리고 소비사회가 점점 확대되는 것도 사실이다. 그러나 소비와 상품이 모든 면에서 나쁘다고 믿는 사람은 매우 어리석거나 독선적인 사람이다. 상품을 과도하게 숭배하는 관행이 커지는 경향도 있지만, 그렇다고 상품이 모든 면에서 악은 아니기 때문이다. 또 소비자도 일정한 범위에서 자신들의 권리를 이용하여 합리적인 행동을 한다는 것이 인정되어야 한다. 소비사회에 사는 사람들을 그저 쉽게 '노예'라고 부르는 좌파는 오만방자한 좌파에 지나지 않는다.

그는 '진정한 자유'가 '돈과 상품이 아닌 사랑과 배려'라고 말하는데 이런 이분법도 매우 거칠고 한심한 논리다. 어떤 배려와 사랑이 돈과 상품에서 완벽하게 자유롭단 말인가? 돈의 노예가 되는 사랑이 드물지 않은 세상이지만, 사랑이 돈과 상품을 초월했다고 여기는 생각도 철없이 낭만적이며 공허하다. 실제적으로 남녀의 사랑은 외모와 취향과 나이를 비롯한 여러 조건들에 많건 적건 의존한다. 그리고 그것들은 좋든 나쁘든 일정한 정도로 상품화되거나 자본화되고 있다. 흔히 매우 내면적인 가치라고 여겨지는 '마음씨'도 어느 정도까지 일종의 상징적 자산이나 매력으로 작용한다고 말할 수 있다. 이 점을 인정하지 않는 이론은 자기기만에 빠져 있을 가능성이 크다.

역사의 모든 과정은 크건 작건, 좋든 나쁘든, 돈과 상품을 지배하고 관리하는 과정과 다각적으로 연결되어 있다. 그러므로 일정한 정도로, 최소한이든 최대한이든, 그것들의 끊임없는 개입을 인정하는 관점이 필요할 것이다. 돈과 상품으로부터 완전히 자유로운 '인간'은 철저하게 관념의 산물이다. 그래서 돈과 상품을 숭배하는 자들이 맹목적인 물신숭배에 빠졌다면, 거꾸로 돈과 상품을 완전히 배제한 상태의 '진정한 인간'을 꿈꾸는 자칭 좌파는 공허하게 '인신人神'을 숭배하는 듯하다. 그래서 돈도 세상의 주인이 아니지만 인간도 아니라고, 나는 생각한다.

인간에 대한 극단적인 이미지 가운데 '환경과 이웃 생명체를 파괴하는 파괴자와 약탈자'라는 모습이 있다. 그렇게 극단적이고 종말론적인 이미지로 인간의 본질을 일반화할 필요는 없지만, 실제로 지구상에 존재하는 여러 나라에 있는 수많은 인간들은 알게 모르게 환경을 더럽히고 지구를 위기에 빠트리는 행동을 한다. 이것은 부인할 수 없는 사실이다. 개별 인간들이 그런 나쁜 짓을 의도해서도 아니고, 개인은 착한데 사회가 그런 나쁜 짓을 유도한다고 생각할 필요도 없다. 사실을 말하자면, 서로 다른 이해관계를 가진 국가들에 많은 사람들은 복잡한 문명의 구조 안에서 다소 파괴적이고 약탈적인 행동을 한다. 이것이 인간의 실제 모습이라면, 인간이 세상의 주인이라고 말하기는 어려울 것이다. 그렇다고 전혀 돈과 상품을 사용하지 않고 전혀 이기적이지도 않은 인간의 관념을 설정하고서, 그가 세상의 주인이라고 말하는 것도 우스꽝스런 일이다.

과거 위대한 인간이 꿈꾸었던 '위대한 모험들', 곧 인간 존재의 전체적인 진리에 도달한다는 모험, 혹은 인간 사회를 총체적으로 진리로 이끈다는 모험은 오늘날 거의 헛소리가 되었다. 슬프고 한심한 일이지만, 사실은 사실이다. 만일 그런 모험을 아직도 진정으로 믿는 인간이 있다면, 그는 정신분열이나 과대망상에 시달릴 것이다. 오늘날 '영웅'은 자기 한 몸을 희생하면서까지 혹은 희생할 각오로 다른 사람을 돕거나 구하는 사람의 수준에서만 존재할 뿐이다. 이런 이타적인 모습은 우리를 감동하게 하며 그런 사람들이 아주 드물지도 않다. 그러나 다른 한편으로, 과거 위대한 인간의 위대한 모험과 비교하면 그것은 매우 소박하며 심하게 말하면 '하찮은' 영웅의 모습이기도 하다. 그것은 과거 인간들이 꿈꾸던 '근원적인 진리'나 '위대함'과는 별 상관이 없다. 돈과 상품에서 벗어난 '진정한 자유'는 개인적인 차원에서는 어느 정도 가능할 것이다. 나는 그것마저 부정하지는 않는다. 또 타자를 위해 자신을 통째로 희생하는 수준은 아니더라도, 검박한 삶을 유지하는 개인들도 적지 않다. 그러나 그렇다고 해서 돈과 상품으로부터 완전히 해방된 인간의 모습만을 떠받들어야 하는 건 아니다.

애초에 '세상의 주인'이란 말이 화근인지 모른다. 세상에 뭘 주인이 있을까? '주인'이란 말은 자기 반대편에 노예와 같은 존재를 은근히 가정한다. 가만히 생각해보면, 웃기는 말이고 어처구니없는 말이다. 동어반복이지만, 세상의 주인은 그저 세상일 것이다. '세상'이란 말 자체가 속이 매우 빈, 허망한 관념이다. 그런 동어반복을 피하고자, 세상의 주인은 무無와 허무라고 설파한 철학도 있었다. 오죽하면 무와 허무가 나왔겠는가? 바람은 왜 아니겠는가? 모든 것이 부서지는 흙과 먼지는 왜 아닐까? 잔인하고 무심한 시간은 또 왜 아니겠는가?

각 생명체가 자기 자신의 주인이 되기도 어렵다. 그것이 꼭 좋은 일도 아니고 가능한 일도 아닐 것이다. 인간은 여러 존재자들과의 관계 속에서 자신의 자유를 실현하려고 애쓰는 한 존재일 뿐이다. 하물며, 세상의 주인이 이것이니 저것이니 말로 떠들 일이 무엇일까? 돈과 상품이 세상을 만들지는 않는다. 거꾸로 그것으로부터 철저하게 해방된 인간이 세상을 만들지도 않는다. 이 허무맹랑한 말싸움을 내려놓자.

### 진보, 도덕적 설교를 넘어서자

우리는 첫째 장에서 진보를 과도하게 부풀리는 일과 진보를 과도하게 좁히는 일을 비판적으로 분석했다. 이제 이 문제를 돈과 사람의 이분법의 관점에서, 그리고 정치와 윤리의 관점에서 조금 더 자세하게 분석해보자. 사회적 약자도 아니며 실제로는 자신의 이익과 힘을 위해 애쓰는 사람이 어디서나 '진보'와 '좌파'를 자처하며 '사회적 약자'를 위해 발언한다면, 그는 상대적으로 정치적으로는 좋은 일을 한다고 할 수 있지만 윤리적으로는 꽤 이상한 일을 하는 셈이다. 여기서 정치적으로 좋은 일을 한다는 것은, 그가 정치의 과잉과 '진보' 이념의 과잉을 유발하는 동시에 정치권력이나 상징적 권력을 확보한다는 뜻이기도 하다. 그는 '진보정치'를 과잉소비하면서, 윤리적 책임은 줄이거나 무시한다고 할 수 있다. 거꾸로 사회적 약자를 위하는 길을 충실하게 가면서 개인적으로도 그에 걸맞게 사는 사람만 '진보'라고 자처할 수 있다고 말하는 사람은 윤리적으로는 옳은 말과 행동을 하는 듯하지만, 정치적으로는 조금 '오버한다'고 할 수 있다. 정치는 윤리와 모든 면에서 일치한다고 보기 어렵기 때문이다.

대중민주주의 시스템 안에서 좋은 뜻의 개혁과 진보를 추구하는 사람은 이 사이에서 '기우뚱한 균형'을 잡아야 할 것이다. 때로는 정치적이고 사회적인 외연을 확장해야 하지만 그렇다고 '진보'를 너무 부풀리는 것은 윤리적 책임을 무시하는 일일 것이다. 거꾸로 삶의 윤리적 내용이나 책임을 중시해야 하지만, 그렇다고 그것을 너무 강조하거나 그것으로 정치를 뒤덮으려 하면, 민주주의를 경시하거나 무시하는 일일 것이다.

그런데 현재 '진보'라는 이념은 끊임없이 이 사이에서 과잉소비되거나 거꾸로 과소소비되고 있다. 위에서 우리는 상대적으로 '진보'를 부풀리는 경향에 대해서 말했으니, 이제 다른 방향으로 가보자. '진보를 좁히는' 사람 역시 어디서나 진보를 자처한다. 이들은 민주주의와 윤리 사이에 존재하는 차이와 균열을 인정하지 않는 독단적 경향을 띤다. 물론 이 독단적 경향은 윤리의 과잉이라는 토대 위에서 정치를 구축하려는 욕망 때문에 생긴다.

이들은 진보 혹은 좌파가 정치적 활동에서 그치는 것이 아니라 "인간의 아주 근원적인 문제점들을 해결해주는 '도덕 선생'의 노릇"*을 해야 한다고 여긴다. 개인이나 집단이 윤리적 책임을 잘 실천하면서 사는 사회가 좋은 사회라는 말은 지당해 보인다. 그러나 '진보'나 '좌파'가 정치적 활동에서 그치지 않고 인간의 근원적인 도덕적 문제까지 해결해주는 '도덕 선생' 노릇까지 해야 한다는 주장은 지당하지 않을 뿐 아니라, '진보'나 '좌파'에 대한 상징적 이데올로기를 부풀리는 경향이 있다. 이들은 '좌파'나 '진보'를 윤리적으로 결점이 없는 매우 도덕적인 인간들의 조직으로 여기는며, '좌파'나 '진보'가 절대적으로 도덕적 우월성을 가졌다고 주장한다.

물론 나도 개인적으로 윤리를 중요하게 생각하며 나와 다른 사람에게 일정한 기준을 유지하는 편이다. 그렇지만 그 기준을 대놓고 내세우며 모든 사람에게 강요하고 싶지는 않다. 내가 공개적으로 글을 쓰고 어느 정도 지식인 노릇을 하는 한에서만, 그런 기준이 필요하다고 생각한다. 그래서 나는 모든 면에서 혹은 모든 근원적인 문제에서 '도덕 선생' 노릇을 하고 싶지는 않고 할 필요도 없다고 여기는 편이다.

도덕적 우월성을 '좌파'나 '진보'에 대한 강력한 기준으로 삼는 사람들이 실제로 그런 삶을 유지한다면 존경할 만한 일이다. 그러나 그들은 자기 삶의 도덕성이나 윤리성을 실제로 매순간 증명할 필요는 없고, 입증하기도 어렵다. 다만 그들이 상당히 높은 공직을 맡을 경우에

---

● 박노자의 말이다. 강수돌 외, 『리얼 진보』, 레디앙, 2010, 65쪽. 조국은 『진보집권플랜』에서 이 말을 인용하면서, 거기 동의한다고 말한다.(287쪽) 내가 이 말을 인용하는 이유는 일차적으로 박노자 류의 관념적 진보의 성격을 보여주기 위해서지만, 동시에 조국의 이런 태도를 보여주기 위해서이기도 하다. 조국은 '진보'라는 깃발을 꽂기만 하는 것으로는 충분하지 않다는 점을 모르는 건 아니면서도, '진보'라는 이념의 화려한 매력에 사로잡혀 있다. 그래서 진보적인 윤리에 민주주의를 예속시키면서 진보를 좁히려는 사람들의 진보 좌파주의에 동의하는 것이다. 그러나 그는 바로 그 자리에서 동시에 다른 말을 한다. "진보정당의 목표가 단지 '소금' 역할은 아니겠죠. 정당이라면 집권을 목표로 뛰어야 해요." (287쪽) 위에서 지적했던 '진보'를 좁히는 일과 부풀리는 일의 이중성이 반복되는 것이다. 정당들의 이질적인 권력의지를 인정하면서도, 그는 '진보' 이념의 동질성과 무오류성을 강조한다. 행동으로 공존시키기 어려운 일을 입으로 공존시키는 것이다.

만, 실제적인 검증이 요구될 뿐이다. 그렇다면 일반적인 경우에는 증명할 필요도 없고 입증하기도 어려운 도덕성을 요구하거나 전제할 필요가 어디에 있을까? 물론 윤리적 책임은 공개적으로 증명을 요구받지 않아도, 스스로 실천하는 것이다. 그 점에서 그것의 권위가 있지만, 동시에 그래서 정치적 공공성의 차원에서는 일정한 한계에 부딪친다. 지식인이나 공적인 역할을 하는 사람의 경우가 이럴진대, 보통 사람의 경우에는 말할 것도 없다.

정치적 태도와 윤리적 태도가 일치해야 한다는 '자칭 진보'의 주장은 '진보'의 내부에서도(곧 부풀려진 진보와 좁혀진 진보 사이에서) 벽에 부딪치며, 대중 정치적으로도 벽에 부딪친다. 가능한 한 윤리적인 개인이나 집단으로 구성되는 사회가 바람직한 사회로 여겨질지도 모른다. 그러나 꼭 그런 것만도 아니다. 현대 사회에서 윤리성이나 도덕성은 결코 보편적인 동질성을 가지기 힘들기 때문이다. 직업이나 재산·소득, 더 나아가 국가에 따라 그 기준은 상당히 유동적이며 이질적이다. 예를 들면 부동산거품을 공적으로 비판하는 일은 쉽다. 가계부채가 과도한 상태에 이르렀음을 공적으로 비판하는 일도 어렵지 않다. 그렇다면 이 아수라장의 모습을 띤 부동산 시장에서 끊임없이 불안에 시달리기 싫어 대출을 받아 집을 산 사람의 행동은 윤리적인가, 아닌가? 아니 더 간단하면서도 어려운 물음이 있다. 부동산에 대한 투기가 최고로 일어나는 강남에 사는 지식인은 정말 진보인가, 아닌가? 쉽게 판단하기 어려운 일이다. 대출을 받아 아파트를 산 사람, 더욱이 어떤 이유로든지 투기가 많이 일어나는 지역에서 살면서 알게 모르게 부동산경제에 공모한 사람을 모두 쉽게 '윤리적 인간'의 영역에서 빼버리는 것은 독단으로 이어지기 쉽다. 그래서 나는 '진보' 이념이 과잉 부풀리기에 빠지는 데도 반대하지만 거꾸로 도덕적 과잉 설교에 빠지는 데도 반대한다.

### 중도와의 연대가 필요하다

그렇다면, 우리는 정치와 윤리 사이에 도저히 어떻게 할 수 없는 차이와 균열을 지적하거나 드러내놓는 데 만족하고 마는 걸까? 나는 우리가 윤리나 도덕을 보편적인 가치라고 여기는 한, 윤리는 정치와 어느 정도 분리될 수밖에 없다고 생각한다. 이 책에서 우리가 본 대로, 보통 사람들이 부동산이나 교육 등의 다양한 주제에서 이기적 합리성을 추구하면서도 동시에 비이성적인 불안이나 판타지에 사로잡혀 있다면, 그들이 철저하게 보편적 윤리에 따라 행동한다고 믿기는 어렵다. 그러나 그렇다고 해서 그들이 전혀 윤리적이지 않다는 말은 아니다. 사람들은 다른 한편으로 끊임없이 '정의'나 '공정함'에 대한 요구를 한다. 다만 여기서 정의나 공정함은 일차적으로 좁은 의미의 혹은 보편적인 의미의 윤리나 도덕은 아니라는 것이다. 특히 근대 이후의 역사에서, 사회적 정의는 약자를 포함한 다수가 자신들의 힘과 권력을 확장하는 과정에서 많이 실현됐다. 힘과 권력에 대한 다수의 요구가 사회적으로 인정될 때, 그것이 이차적으로 '정의' 혹은 '공정함'이라는 가치로 인식된다고 볼 수 있다. 그런데, 그런 요구나 의지가 사회적으로 받아들여지지 않을 때, 다르게 말해, 사회적으로 '정의'와 '공정함'이 존재하지 않는다고 여겨질 때, 사람들은 오히려 '정의'와 '공정함'을 비웃고 깔보는 행동으로 기울어진다. 이것이 자유로운 선택을 원하면서도 비이성적인 불안에 시달리는 개인들의 행동방식이라고 할 수 있다. 윤리는 무조건 당위적으로 따라야 할 규범이라기보다는, 자유와 불안, 그리고 이기적 합리성과 공정함에 대한 요구 사이에서 기우뚱거리고 흔들거리는 기준이라고 할 수 있다.

이렇게 우리가 정치와 윤리의 차이를 인식하고 인정한다면, 윤리와 정치 사이에 새로운 관계를 만들 수 있다. 나는 정치적으로 개혁적 중도와 진보 세력, 혹은 중도좌파와 좌파가 연대하고 협력하는 데 한 표를 던진다. 대중 정치적으로 그것을 반대하거나 방해하는 사람들은 어리석거나 독단적이라고 생각한다. 만일 중도좌파와 좌파의 연대가 좌파의 거부 때문에 어렵다면? 그 경우 중도와 중도좌파, 혹은 중도우파와 중도 그리고 중도좌파의 연대나 통합이 실질적으로 요구될 것이다. 그것이 실제로 유럽에서 일어나는 일이다. 또 이들 그룹 사이에 존재하는 정치적 정체성을, 확고하게 고정된 것이라고 여길 필요도 없다. 우파에서는 오른쪽으로 갈수록, 그리고 좌파에서는 왼쪽으로 갈수록, 이념적 정체성은 동질성을 가지거나 굳어진다. 그들과 비교하면 중도는 상대적으로 이념적 정체성에 매달리지 않는다. 이제까지 보수와 진보 진영은 중도를 그저 모호한 부동층으로 여기는 경향이 컸다. 모호한 부동층을 자기 쪽으로 끌어당기는 게 보수나 진보 진영의 기본 논리였다. 그러나 그것은 점점 어리석은 일이 되어간다. 오히려 중도의 여러 스펙트럼들, 곧 빛의 각도에 따라 섬세한 물그림자가 생기고 변화하듯 주제에 따라 조금씩 흔들리는 지점들이 기본적인 항수로 존재한다는 것을 인정해야 한다. 여전히 우파와 좌파가 큰 목소리를 내지만, 실제로는 중도와 연대하고 협력하는 일이 필요할 것이다.

다르게 말하면, 정치와 윤리의 일정한 분리는 대중 혹은 다중민주주의의 폭을 오히려 넓게 만든다. 서로 다른 윤리적 기준을 가졌더라도,

중도와 진보, 혹은 중도우파와 중도좌파가 연대하고 협력할 수 있으므로. 물론 예민한 문제에서 중도적 관점과 좌파적 관점, 그리고 중도우파적 관점과 중도좌파적 관점이 갈릴 수도 있다. 그러나 일정한 수준에서 부패를 없애고 공정함을 유지하는 민주주의의 틀 안에서, 나는 그 차이가 크게 중요하지 않으리라 생각한다. 여기가 대중민주주의가 윤리에 대한 진보적 원칙이나 철학적 원칙보다 우세하다고 볼 수 있는 지점이다.

아직 한국 사회는 부패도 심하고 공정성도 낮다. 그래서 나는 이른바 개혁과 진보 세력이 연대하여 집권하기를 정치적으로 바라는 것이다. 그러나 자칭 진보·좌파의 관념성은, 매우 복잡하고 또 빠르게 진행하는 사회에 적용하기에는 너무 단순한 경우가 많다. 사회를 관리하는 데 무능한 것은 정치적으로 무능한 것이라 할 수 있다. '우충좌돌'의 관점에서 나는 우파에 먼저 부딪치지만, 관념적이고 교조적이거나 위선적인 좌파와도 부딪친다. 조금 극단적으로 보이는 예를 하나 들어보자. 현재 이명박 정부가 한심한 짓을 하고 있다. 보수의 무능력이 내장이 터져 나오듯 드러나고 있는 판이다. 그렇지만 다음에 또 보수정당이 집권할 수도 있다. 설마 싶겠지만, 개혁과 진보 세력이 공허한 윤리적 비판에만 매달리고 별반 다르지 않는 무능을 보여준다면 그럴 수도 있다. 어쨌든 그런 일이 벌어진다면 진보에도 일정한 책임이 있을 것이다. 정치의 수준은 국민의 일반적 수준에 따르기도 하지만, 정치적 파트너들의 수준에 따르기도 한다.

다시 한 번 '어쨌든'을 말하자. 어쨌든 이런 상황이 오지 않으려면, 중도와 중도좌파, 그리고 좌파가 관용하는 태도로 연대해야 한다. 물론 실제 상황에서 이들 정치 세력이 항상 옳거나 잘하는 것은 아니다.

정치나 경제를 잘 관리하지 못하거나 그 밖의 여러 이유에서, 이들도 실수할 수 있고 '찌질한' 짓을 할 수 있다. 그러면 얼마든지 보수 세력, 혹은 보수와 중도의 연합 세력에게 권력이 돌아갈 것이다. 실제 현실로서의 정치는 그런 것이다. 차선과 차악을 선택하는 게임이 공공연히 일어난다.

서로 차이가 있음에도 불구하고 인정하고 연대하기. 이것이 바로 성숙한 수준에서의 윤리이기도 하다. 차이 속에서, 차이에도 불구하고, 정치적으로 연대하기. 이런 정치적 연대를 할 수 있으려면, 삶에 대한 성숙한 윤리가 필요하다. 어떤 정치적 혹은 윤리적 이념이든 그 자체로 해방이나 자유를 저절로 보장하지 않는다는 것을 인식하는 깊이를 가진 윤리. 모든 사람에게 말과 행동이 항상 같이 가지는 않는다는 것을 아는 쓸쓸함을 아는 윤리. 그러나 되도록 자신은 그렇게 하려는 자존심을 가진 윤리. 따라서 입으로 말하는 이념의 거창함보다는 상식적으로 솔직하고 소박한 태도가 더 중요함을 아는 넓이 혹은 관용을 지닌 윤리.

이 윤리는 우리가 위에서 관찰했던, 정치와 분리된 도덕이나 윤리와 다르다. 이 도덕이나 윤리는 보편적인 당위성을 요구하고 그것에 의존하려고 들기 때문에, 정치와 분리될 수밖에 없다. 그와 달리 넓어지고 깊어지면서 때로는 쓸쓸해지고 쓸쓸해진 윤리는, 정치와 보편적 윤리 사이에 거리가 있고 균열이 있음을 아는 성숙함이자 관용이다. 그래서 그 넓어지고 깊어진 윤리는 서로 다른 정치적 관점에도 불구하고 같은 하늘 아래에서 살 수 있다고 생각하는 태도이기도 하다.

언제 어디서나 진보·좌파로 자처하기는 보수와 진보의 단순한 대립을 전제한다. 보수 매체가 쉽게 이념적 대립을 전제하는 경향이 있듯이, 진보 언론도 그렇게 전제하는 경향이 꽤 있다. 보수가 아니면 모두 진보라는 전제, 중도를 인정하지 않고 보수가 아닌 것은 모두 진보의 알갱이가 될 것이라는 전제. 그러나 나는 그렇지 않다고 본다. 중도와 진보·좌파 사이에는 차이가 있다. 그러나 둘은 얼마든지 연대하고 협력할 수 있다. 물론 예리한 문제에서 그들은 다시 갈라질 수 있다.

보수와 진보 사이에서 '우충좌돌'하면서, 우리는 중도를 만나고 그들을 구해낸다. 물론 그렇게 '우충좌돌'하면서만 중도를 만나고 구하는 것은 아니다. 진보를 부풀리는 사람들과 진보를 좁히는 사람들 사이에서 다시 '우충좌돌' 혹은 '좌충좌돌' 할 때, 우리는 그들을 다시 만난다. 싸우는 중도, 까칠한 중도, 빛과 그림자 사이에서 발을 떼고 또 떼는 중도. 이들은 보수와 진보 사이에서 흔들리면서 균형을 잡고, 또 부풀려진 진보와 좁혀진 진보 사이에서도 흔들리며 균형을 잡는다.

### 이분법으로 나눌 수 없는 세상

책을 마무리하는 마당이니, 이론이나 전략에 대해 떠드는 대신 내 이야기를 조금 해보자.

나는 삶에서 시장과 경쟁이 차지하는 면을 일정하게 인정하고 긍정하는 편이다. 복싱이나 격투기를 전혀 하지 못하고 또 어떤 스포츠든 잘하지는 못하지만, 그래도 그들 스포츠가 구현하는 경쟁의 방식이 현대 민주주의의 작동방식에 매우 가까운 것이라는 점을 인정하는 편이다. 또 월드컵 게임에서 나는 신나게 한국을 응원한다. 물론 한국 팀이 못할 때는 아예 포기하고 안 보지만, 잘할 때는 희망을 걸고 열광을 하는 다소 웃기는 행동도 한다. 그러나 그런 태도를 파시스트적이라고 보는 자칭 진보의 관점에는 콧방귀를 팡팡 뀐다. 또 민주주의란 것이 보편적으로 통용되는 가치도 아니라고 나는 생각한다. 기껏해야 국가들 내부에서만 적용되는 가치인 것이다. 민주주의를 오랫동안 실현해 온 선진국들도 국내 문제에서는 인권을 지키고 소수성이나 다양성을 보호하는 데 앞장서지만, 국제적인 관계에서는 자신들 나라의 이해관계를 따지는 데 철저하다. 국가들의 세계 혹은 국제관계는 아직도 민주주의와는 거리가 멀다는 것이다. 그러나 이런 점들을 인식하고 인정한다고 해서, 내가 우파에 가깝냐 하면 그건 결코 아니다. 나는 현재의 우파나 보수와는 거리가 썩 먼 편이다.

나는 진보·좌파를 자처하지는 않는다. 그러나 한국에서 아직 부족한 중도좌파적 관점을 다각적으로 도입하는 데에는 찬성한다. 또 이제까지 유럽에서 중도좌파정당이 집권했던 경험을 한국 사회도 풍부하게 경험하기를 바란다. 그것은 꼭 좌파뿐 아니라 한국 사회가 정치적 한을 푸는 중요한 한 방법일 것이다.

나는 또 생태주의자를 자처하지도 않는다. 그러나 나는 한국 사회가 친환경적이고 생태적인 삶의 방식을 많이 체험하기를 바라며, 그것들을 가능하게 만드는 여러 친환경적 제도를 도입하는 데 적극 찬성한다. 예를 들면, 원자력에 과도하게 의존하는 에너지의 생산 및 사용습관을 바꿔 새로운 재생에너지를 연구하고 개발하는 데 많은 힘을 쏟기를 바란다.

결국 개별적으로 중도좌파적인 정책을 지지하고 생태적 접근에 동의하지만, 진보·좌파를 자처하지 못하고 생태주의자를 자처하지도 못한다는 말인가? 그렇다. 결국 그런 셈이다. 진보·좌파와 생태주의자를 자처하지 못한다는 말은 개인으로서 모든 면에서 그런 가치를 따라 살지는 못한다는 말이다. 또 사회가 모든 면에서 그 원리들에 근거해 운영되기는 힘들 거라고 생각하고 또 꼭 그래야 하는 것도 아니라고 생각한다. 조금 이상한 면이 있기는 하다. 개별적인 정책이나 보완적인 삶의 방식으로는 중도좌파적이거나 생태적 길을 가면서도, 좌파와 생태주의자를 자처하지는 못하니.

그래서 나는 항상 자랑스럽게 진보·좌파와 생태주의자를 진리로 자처하는 사람들과 같은 자리나 같은 편에 서 있지는 않다. 조금 떨어져서 있을 수밖에 없다. 그 사람들은 진보나 생태주의를 자처하는 길이 진리와 정의를 추구하는 길이라 믿으며 자랑스러워하지만, 나는 그런 생각이 들지는 않는다. 나는 진리와 인간성이라는 보편적 가치에 대한 믿음을 많이 잃었다. 아니 잃었다기보다는, 내 삶에서 많이 덜어냈다. 그 일이 마냥 기쁘지는 않지만, 홀가분하고 담담하다.

이 책에서 '우충좌돌'하는 움직임은 오른쪽보다 왼쪽 벽에 많이 부딪쳤다. 오른쪽과 왼쪽에 비슷하게 혹은 공평하게 부딪치지는 못했고, 실제로는 내가 가까이 있는 쪽과 더 많이 부딪치게 된 셈이다. 기본적으로 공평하게 부딪치면서 '우충좌돌'하는 일은 이미 『기우뚱한 균형』에서 시도했기에, 이번에는 조금 다르면서 더 구체적인 일을 해보고 싶었다. 그래도 '우충좌돌'의 전략은 기본적으로 유지되었다고 생각한다. 그것의 대표적인 전략은 우파의 위악에도 부딪치고 좌파의 위선에도 부딪치기였다. 여기서 위악과 위선은 단순히 도덕적인 차원에서만 일어나지 않는다.

우파는 세상의 악의 존재도 인정할 필요가 있다고 말한다. 그러면서 짐짓 위악僞惡스러움을 일종의 전략이나 스타일로 드러낸다. 거기까지는 나름대로 해볼 만한 일이다. 그러나 그러다보면, 정말 나쁜 짓을 하기 쉽다. 짐짓 나쁜 척하기, 곧 위악僞惡이 정말 나쁜 짓하기僞惡로 변하는 것이다. 거꾸로, 진보와 좌파를 자칭하는 사람은 착한 일을 해야 한다고 말한다. 거기까지도 나름대로 해볼 만한 일이다. 그러나 세상을 오로지 착한 의도와 목적으로만 건축하려는 사람은 자칫 가짜놀이를 하기 쉽다. 기껏 논리와 이념의 포로가 되기 쉽다. 착한 일을 하기僞善는 착한 일을 하는 시늉, 곧 위선僞善으로 빠진다. 위선僞善은 꼭 사기나 기만의 의도 때문에 생긴다기보다는, 몸으로 실재에 닿지 못한 채 말과 상징으로만 시늉을 하는 데서 벌어진다.

'우충좌돌'하기는 그와 달리 '실재의 디테일'에 관해, '실재의 꼬불꼬불과 꾸불꾸불'에 관해, 그리고 '갑자기 끊어지기도 하지만 동시에 서로 느닷없이 달라붙기도 하는 실재'에 관해, 그리고 그것들을 위해 싸우는 일이다. 그렇지만 다른 한편으로는 고정된 진리와 생명의 길이 어딘가에 깔려 있다고 생각하지 않기에, 그리 자랑스럽거나 고집스러운 태도는 아니다. 어쨌든 내가 개인적으론 자연적이고 착하고 아름다운 행위를 좋아하면서도, 사회적이고 정치적인 차원에서는 모호하고 진부하며 잡스런 중도적 색채들을 선호하는 일은 일종의 분열 상태임이 틀림없다.

개인들은 사회 속에서 많건 적건 이기적인 행동을 한다. 원래 인간의 마음이 선한지 혹은 악한지, 여기서는 따지지 말자. 어쨌든 사회는 이 이기적인 행동들을 그 나름대로 합리적이라고 여기면서 그것들이 자유와 평등의 결을 확대해가도록 유도하는 게 좋을 것이다. 이런 정책의 방향이, 조금 단순하게 말하면, 기본적으로 19세기와 20세기 초반까지는 자유주의의 틀을 많이 따랐고, 20세기 후반부터는 중도와 리버럴의 방향을 많이 따랐다고 생각할 수 있다. 그런데 사회적 위험과 폭력이 점점 다양해지고 커지는 현재 상황 속에서, 개인의 이기적인 행동들을 합리적으로 관리하기 어려운 지점들이 많이 생긴다. 그리고 세분화된 사회 영역들 내부에서는 그나마 일정하게 합리성이 통하지만, 그 개별 영역들이 합쳐진 사회 전체 차원에서는 그런 합리성마저도 존재하지 않는다. 더욱이 과거에 존재한 고급문화는 점점 허접한 것이 되어가고 있고, 그저 그렇고 그런 상품홍보와 일자리 경쟁이 밀물처럼 밀려왔다 썰물처럼 물러간다.

이 모든 상황이 개인을 진부하고 비루하게 만든다. 사회와 정치 그리고 경제의 차원에서 흔히 말하는 다중의 행동은 한편으로 이기적 합리성을 띠지만, 동시에 진부하고 비루하다. 여기서 비관주의로 가는 길이 있고, 또 낙관주의로 가는 일이 있을 것이다. 혹은 그 두 길의 교차점에서 돌고 또 도는 길도 있다. 한편으로 개인의 이기적 합리성을 인정하는 길은 낙관적 방향으로 돌지만, 그런 이기적 합리성들이 언제나 합리적으로 관리되고 통제되지는 않는다는 것을 인정하는 길은 비관적 방향으로 도는 듯하다. 한편으로 이기적 합리성을 인정하며 동시에 진부함과 비루함도 드러내는 일은 분열적이다.

이런 분열은 때로는, 나도 몰래, 나를 씁쓰레하게 만들고 또 속 쓰리게 만들지만, 나는 그것을 받아들인다. 거기에 지적이며 실천적인 도전이 존재한다고 나는 생각한다. 분열을 비스듬히 바라보는 일은 또 미학적인 도전이기도 하다. 개인적으로 아름다움과 착함을 사랑하면서도, 사회와 역사의 차원에서는 더러움과 삐딱함 때문에 흔들리는 인간 마을의 풍경을 그리는 일이기 때문이다.

우리 인간의 삶에는 많건 적건 판타지가 존재한다. 각자가 어쩔 수 없이 자기 몫의 판타지에 매달리고 때로는 남의 몫의 판타지에 끼어든다. 이 판타지에는 여러 종류가 있다. 정치적 판타지에 사로잡히는 일은 공연한 폭력과 난동을 부르므로, 그것은 되도록 줄이는 게 좋을 듯하다. 번쩍이는 정치적 가치나 이념 대신에, 얽힌 관계 속에서 다양하게 흔들리면서도 사람들의 지속적인 행동을 믿는 게 낫다. 그것들이 때로는 실망스러워도, 그 수밖에 없지 않을까? 그 수준에서 나는 중도의 여러 '갈라지는 길들'을 인식하고 인정하는 일이 중요하다고 생각한다. 그리고 정치적 판타지와 달리, 삶의 작은 판타지들은 소중하게 유지할 수 있다. 그것들을 귀하게 다루자. 연인이든 자식이든 사회든 마음대로 안 되지만, 바로 그 마음대로 안 되는 것을 아끼는 것이 중요한 듯하다.

우화 하나만 이야기하고, 이 책을 끝내자. 무수한 면과 각을 가진 보석이 있다. 크게 보면 엄청난 보석이지만, 가만히 들여다보면, 그 무수한 면과 각들 가운데는 추하거나 더러운 것들도 꽤 많다. 그런데 이 끔찍하게 커다란 보석은 얄궂게도 그런 추하거나 더러운 면들 때문에 더 반짝인다. 불행과 재난 속에서 가족과 사랑이 빛을 발하는 것과 같은 이치다. 이 추하고 더러운 면들을 빼내려고 하면, 보석은 부서진다는 이야기가 전해진다. 실제로 그런 일도 꽤 있었고, 그래서 큰 보석이 깨질 뻔한 일도 드물지 않았다. 물론 아직도 그렇게 큰 보석의 보석다움이 어디서 오는지에 대해서는 정설이 없다. 그 자체로 정말 아름다운 면들의 빛남이 이 큰 보석의 귀중함을 만든다고 여겨지기도 하고, 그 자체로는 아름답지 않은 면과 각을 포함하는 무한한 면과 각에 이 '큰 돌'의 묘한 아름다움이 있다고 여겨지기도 한다. 물론 그것이 정말 큰 보석인지 아니면 그냥 큰 돌인지에 대해서도 아직 왈가왈부하는 사람들도 있다.